Gerald Drews · Christiane Schlüter

# Unsere Diözesen

## Die deutschen Bistümer – Geschichte und Gegenwart

Weltbild

# Inhalt

## Kirchenprovinz Bamberg

## Kirchenprovinz Paderborn

## Kirchenprovinz Berlin

## Kirchenprovinz Hamburg

## Glossar

# Geleitwort

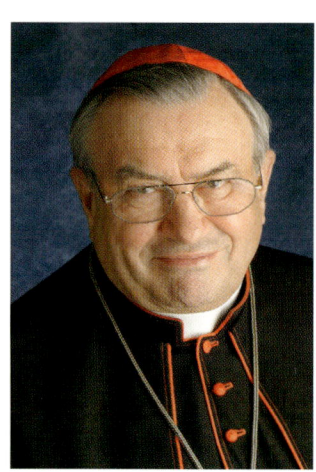

»Kirche« vollzieht sich schon beim hl. Paulus auf verschiedenen Ebenen. Damit ist die konkrete Versammlung der Gemeinde, vor allem auch im Gottesdienst, gemeint. Es gibt ferner die an einem konkreten Ort lebende Gemeinde mit allen spirituellen und alltäglichen Lebensvollzügen, auch der Caritas. Schließlich gibt es die über die ganze Welt zerstreute und doch geeinte Kirche. Die Diözese bzw. das Bistum ist zunächst die Ortskirche vor allem in der Stadt. Diese ist zuerst auch für die Christianisierung und die Seelsorge im Umland zuständig, in dem jedoch allmählich selbstständiger werdende Einzelpfarreien entstehen. Diese wachsen zu einem Bistum zusammen. Die Bistümer sind recht verschieden entstanden. Ihre Einheit wird vor allem durch den verantwortlichen Bischof gebildet, viel stärker als durch geographisch-territoriale Strukturelemente. Dies hat dazu geführt, dass es sehr alte Bistümer gibt, wie z.B. Rom und Mailand, die dann auch als Erzbistümer in einem so genannten Metropolitanverband maßgeblich geworden sind für die anderen Bistümer in der Region. Aber die Tatsache, dass der Bischof in seinem Amt normativ ist für die kirchliche Einheit einer Diözese, hat eben auch dazu geführt, dass die Bistümer von den historischen und kulturellen Gegebenheiten her ziemlich willkürlich zurechtgeschnitten wurden. Es gibt in diesem Sinne einerseits historisch und kulturell gewachsene Bistümer, es gibt andererseits aber auch ziemlich künstliche Gebilde.

In Deutschland haben wir weithin eine sehr alte, ehrwürdige Struktur der Bistümer. Das älteste nachweisbare Bistum

Trier hatte bereits im 3. Jahrhundert einen Bischof. Es ist das große Verdienst des hl. Bonifatius (672/675–754), dass er weniger eine Erstmissionierung durchführte, sondern vor allem das oft schwache und verletzliche Christentum – nicht zuletzt auch durch die Gründung und Erneuerung von Bistümern – stabilisierte, sodass ein kontinuierliches kirchliches Leben möglich war.

In diesem Sinne hat der hl. Bonifatius viele kirchliche Strukturen in unserem Land erneuert und befestigt. So gehen im Kern heute noch die Bistümer Eichstätt, München und Freising, Passau, Regensburg, Salzburg und Würzburg in ihren Grenzen auf diese Zeit zurück. Andere Bistümer sind freilich noch älter, wie das schon genannte Trier, aber auch Köln, Mainz und Augsburg. Nun darf man aber auch nicht übersehen, dass es immer wieder Reformen der Kirchenorganisation und der Diözesanstrukturen gab, auch bis in die jüngste Zeit, als z.B. durch das Preußen-Konkordat im Jahr 1929 Aachen und Berlin neu gegründet und Paderborn sowie Breslau zu Erzbistümern erhoben wurden. Nach dem Zweiten Weltkrieg war das Ruhrbistum Essen lange Zeit die einzige Neugründung (1958). Die deutsche Einigung führte dazu, dass die Zentren der Kirchenverwaltung in der ehemaligen Deutschen Demokratischen Republik zum größten Teil zu Bistümern erhoben worden sind (Erfurt, Görlitz, Magdeburg). In diesem Zusammenhang entstand auch das neue Erzbistum Hamburg (1995), heute das flächenmäßig größte Bistum in unserem Land. Manche herausragenden Eigenschaften, die lange Zeit dem Erzbistum

Breslau zukamen, gingen auf Berlin über, sodass Berlin zum Erzbistum wurde.

Dies alles hat zur Folge, dass die deutschen Bistümer zu einem guten Teil eine eigene, lange Tradition haben. Trotz enger Zusammenarbeit benachbarter Diözesen haben die einzelnen Bistümer eine hohe Selbstständigkeit. Dazu kommt natürlich, dass auch die finanzielle Selbstständigkeit durch die Art der Kirchensteuereinziehung im Vergleich zu anderen Ländern, wo die Bistümer oft zentral unterstützt werden müssen, in Deutschland sehr hoch ist. Stammesmäßige, sprachliche, kulturelle, religiöse und historische Eigenprägungen verstärken die individuelle Gestalt vieler Bistümer. Manchmal zeigt sich dies schon in der Wahl und in den Figuren der Bistumspatrone.

Viele Katholiken haben zwar, gerade in unserer mobil gewordenen Welt, keine besondere Beziehung zu dem Bistum, dem sie angehören. Aber sehr viel mehr Kirchenmitglieder haben eine ausgesprochen tiefe, auch emotionale Bindung an ihr Bistum mit seinen Traditionen und Bräuchen, aber auch namhaften Bischöfen, die den Diözesen ihre Prägung verliehen. Dabei sind auch die namhaften Domkapitel nicht zu übersehen, genauso wenig wie die Rolle der großen Dome. Eine eigene Stellung haben die Diözesen in unserem Land auch dadurch, dass die wesentlichen Merkmale, z.B. Grenzen, in vielen Konkordaten und Staatskirchenverträgen festgelegt sind, wie dies in wenigen anderen Kirchen der Fall ist.

Natürlich gibt es heute auch Zwänge, die diese Eigentümlichkeiten geradezu abschleifen und gefährden. Aber in vielen Prägungen und Strukturen zeigen sich dann doch wieder Besonderheiten. Sie bereichern das katholische Christentum in unserem Land, sodass sich eine vielgestaltige, vielfarbige Kirche ergibt.

Freilich haben sich die Zeiten verändert, in denen die Kirche einer Region oder eines Landes sich abkapseln konnte. Zusammengehörige Regionen, wie z.B. Bayern, gab es schon lange. In Deutschland, wo es 1848 – mehr als hundert Jahre vor dem Zweiten Vatikanischen Konzil – bereits zu einer deutschen Bischofskonferenz kam, gab es auch viel Austausch und Koordination der Erfahrungen. Aber dies ist heute sehr viel intensiver und verbindlicher geworden.

Wir haben im deutschsprachigen Raum ein Gebet- und Gesangbuch. Wir haben viele gemeinsame Einrichtungen, auch zu Gunsten der Weltkirche. Wir haben zwischen den verschieden begüterten Diözesen einen Ausgleich. Wir haben ein gutes ökumenisches Klima in unserem Land. Auch spielen die Laien und das eigene Verbandswesen, das im 19. Jahrhundert sich kräftig entwickelte, eine bedeutende Rolle, besonders das Zentralkomitee der deutschen Katholiken.

Ich freue mich, dass es wieder einen Bistumsführer durch die Vergangenheit hindurch bis zur Gegenwart gibt. Die Vorgängerausgaben sind vergriffen und wären auch teilweise veraltet. Unter diesen Voraussetzungen ist das vorliegende Buch eine wichtige erste Orientierung. Ich danke dem Verlag sowie allen Autoren und wünsche diesem Buch mit Gottes Segen eine freundliche Aufnahme.

*Mainz, 17. Juli 2004, 1250 Jahre*
*nach dem Tod des hl. Bonifatius*

**Karl Kardinal Lehmann**
Vorsitzender der Deutschen Bischofskonferenz

# Die deutschen Diözesen

*Das katholische Deutschland ist in sieben Kirchenprovinzen gegliedert, denen die Erzbischöfe der Erzdiözesen Bamberg, Berlin, Freiburg, Hamburg, Köln, München-Freising und Paderborn vorstehen. Ihnen zugeordnet sind jeweils mehrere so genannte Suffragane: die Diözesen. Insgesamt umfasst die katholische Kirche in Deutschland 20 Diözesen und sieben Erzdiözesen.*

Dieses Buch führt durch die kirchliche Vielfalt und den kulturellen Reichtum der katholischen deutschen Diözesen und Erzdiözesen. Es berichtet über ihre geschichtlichen Wurzeln und ihren Weg in die Gegenwart, über ihre Dome, Schutzpatrone und Bischöfe. Und es gibt einen Einblick in Aktivitäten und Eigenheiten der 20 Diözesen und sieben Erzdiözesen – der sich angesichts des vielfältigen Engagements der deutschen Katholiken allerdings auf einige Schlaglichter beschränken muss.

26,7 Millionen Menschen in der Bundesrepublik Deutschland gehören der Katholischen Kirche an – das ist in etwa ein Drittel der Bevölkerung. Im Norden und Osten der Bundesrepublik befinden sich die Katholiken in der Minderheit, im Süden und Westen stellen sie die Mehrheit. Der höchste Katholikenanteil an der Bevölkerung findet sich in den Diözesen Passau (87,3 %), Regensburg (83,2 %), Trier, (70,0 %), Augsburg (68,2 %) und Würzburg (65,6 %). Die Diözesen in den neuen Bundesländern – etwa Dresden-Meißen (4,1 %), Berlin (4,9 %) oder Görlitz (5,3 %) – stehen am Ende dieser Skala. Hier findet sich auch das junge, aber mit 32 654 Quadratkilometern flächenmäßig größte deutsche Erzbistum Hamburg mit 6,9 % Katholiken, das neben Schleswig-Holstein auch Mecklenburg umfasst. Flächenmäßig am kleinsten ist die Diözese Essen mit 1 878 Quadratkilometern. Der gegenwärtige Zuschnitt der Diözesen ergab sich aus der kirchlichen Neuordnung nach der Wiedervereinigung Deutschlands.

## In der römischen Antike verwurzelt

*Die innere Erneuerung der Kirche führte im ausgehenden 12. und beginnenden 13. Jahrhundert zu einer Reform im Geiste der evangelischen Armut; neue Orden wurden gegründet: die Zisterzienser, Prämonstratenser, Dominikaner und Franziskaner traten auf den Plan.*

Als Ende des 4. Jahrhunderts das Christentum in Rom Staatsreligion wurde, führte dies auch in den römisch-germanischen Gebieten zu ersten Missionierungen. In der Folge entstand eine erste kirchliche Verwaltung. Augsburg, Köln, Mainz, Speyer, Trier und Worms – sie zählen zu den ältesten deutschen Städte – dürften auch die ersten gewesen sein, in denen es Bischöfe gegeben hat.

Die Bekehrung des Frankenherrschers Chlodwig im Jahr 498 leitete die entscheidende Wende der germanischen Christianisierung ein. Große Verdienste bei der Missionierung erwarben sich iro-schottische und angelsächsische Mönche, deren bedeutendster der hl. Bonifatius war.

Karl der Große, der ein europäisches Großreich schuf, wurde dadurch auch zum Beschützer der Kirche. Spätestens als ihn Papst Leo III. Weihnachten 800 in Rom zum Kaiser krönte, konnte man von einem »christlichen Abendland« sprechen. Die Ottonen und Salier errichteten im 10. und 11. Jahrhundert ein starkes, geeintes Reich, das ordnend in die Machtkämpfe der Zeit eingriff. In dieser Epoche wurde die Kirche in Deutschland konsequent und folgenreich in die weltlichen Herrschaftsstrukturen eingebunden.

# Von der Glaubensspaltung zum Kulturkampf

Die dramatischste kirchliche Veränderung, die Zerstörung der religiösen Einheit durch die Reformation, vollzog sich an der Schwelle zur Neuzeit. Sie zwang die katholische Kirche letztlich zur Selbstbesinnung. Im Konzil von Trient (1545–1563) grenzte sie ihre Glaubenslehre gegen die protestantischen Bekenntnisse ab. Die kirchliche Tradition wurde neben der Heiligen Schrift als verbindlich erklärt, ebenso der Opfercharakter der Messe und die Siebenzahl der Sakramente. Diese Beschlüsse sind bis heute unumstößlich gültig.

Die Umsetzung der Tridentinischen Beschlüsse 1564/65–1617 wurde in Deutschland wesentlich durch die Jesuiten unterstützt. In Predigt und Beichte bemühten sie sich darum, die Seelen der Gläubigen zu führen. Sie stärkten die Frömmigkeit beispielsweise durch besondere Betonung der Marienverehrung und durch Herz-Jesu-Andachten – auf diese Weise prägten sie den Katholizismus der Neuzeit auf nachhaltige Weise.

Der Dreißigjährige Krieg, 1618–1648 zwischen den protestantischen und den katholischen Mächten Europas ausgetragen, brachte großes Leid über Europa. Der mühsam ausgehandelte Westfälische Friede von Münster und Osnabrück schrieb dennoch nach dreißig Jahren Not und Elend die Spaltung der Kirche vertraglich fest.

Die nächste Epoche der Kirchengeschichte in Deutschland wurde durch die Französische Revolution und die Säkularisation im Jahr 1803 bestimmt. Weil der Wiener Kongress von 1815 nach Napoleons Entmachtung keine gesamtdeutsche Staats- und Kirchenordnung zustande brachte, kam es in den Jahren 1817–27 nach mühseligen Verhandlungen mit dem Heiligen Stuhl in Rom und den verschiedenen deutschen Landesherren zu diversen Kirchenverträgen und Konkordaten, etwa mit Bayern, Preußen und Hannover, die der katholischen Kirche eine mehr oder weniger landesherrliche Organisation gaben.

Mitte des 19. Jahrhunderts wurden viele neue sozial-karitative Ordensgemeinschaften und Missionsorden gegründet. Zunehmend entstanden auch religiöse Vereine, Verbände und Gemeinschaften, die unter anderem versuchten, die durch die Säkularisation bedingte religiöse Verflachung zu überwinden. Damit waren oft auch pädagogische und soziale Ansätze verbunden. Viele dieser Neugründungen prägen das katholische Leben in Deutschland bis heute ganz entscheidend.

Dank der neu gewährten Pressefreiheit kam es zur Gründung zahlreicher Kirchenblätter, die entscheidend dazu beitrugen, dass die katholische Kirche als gesellschaftliche und politische Kraft wieder erstarkte.

1848 kamen auch die deutschen Bischöfe erstmals zu einer Konferenz in Würzburg zusammen. Seit 1867 versammelten sich zunächst nur die preußischen und später nach dem Ersten Weltkrieg alle deutschen Bischöfe in Fulda, weswegen diese Plenarkonferenz auch »Fuldaer Bischofskonferenz« genannt wird.

Nach dem Zweiten Vatikanischen Konzil erhielten die Bischöfe in ihren Konferenzen mehr Rechte und Eigenständigkeiten, weltweit kam es jetzt zu Gründungen von nationalen Bischofskonferenzen, so auch 1966 zur Konstituierung der »Deutschen Bischofskonferenz«.

*Der Reichsdeputationshauptschluss im Jahre 1803 machte die weltlichen Herrscher zu den Nutznießern der Säkularisation. Bischöfe und Äbte verloren ihre landesherrliche Macht; das kirchliche Territorialeigentum und die Rechte der aufgehobenen Institutionen, vor allem auch der Klöster, gingen in den Besitz des Staates über.*

*Aus dem 1848 gegründeten »Katholischen Verein Deutschlands« mit seiner ersten gemeinsamen Tagung in Mainz ist das Zentralkomitee der deutschen Katholiken (ZdK) hervorgegangen: In ihm sind die Frauen und Männer organisiert, die sich in Laienräten, Verbänden und Organisationen an der Gestaltung von Kirche und Gesellschaft beteiligen. Es richtet die alle zwei Jahre stattfindenden Katholikentage aus.*

# Vor neuen Herausforderungen

*1849 gründete Adolf Kolping in Köln den »Gesellenverein«, um dem von der Industrialisierung bedrohten Handwerkerstand christliche Werte zu vermitteln und ein geistliches Zuhause zu geben. Heute sind die Kolping-Familien aus dem Leben der Pfarrgemeinden, Städte und Diözesen nicht mehr wegzudenken.*

*Schon sehr früh haben die deutschen Bischöfe in der Zeit des Wiederaufbaus nach dem Krieg mit den Hilfswerken »Misereor« und »Adveniat« Zeichen der Verbundenheit mit den Hilfsbedürftigen der Welt gesetzt. Mit »Renovabis« haben sie auch Verantwortung für die ehemals kommunistischen Länder Osteuropas übernommen.*

Zu Beginn des 20. Jahrhunderts identifizierten sich die Katholiken zunehmend mit dem Deutschen Reich.

Die Weimarer Verfassung nach dem Ersten Weltkrieg, an der die Zentrumspartei einen wesentlichen Anteil hatte, stärkte die katholischen Positionen in Staat und Gesellschaft.

Doch die Weimarer Republik scheiterte, sie wurde abgelöst durch die nationalsozialistische Schreckensherrschaft. Ein Drittel des deutschen Gesamtklerus geriet zwischen 1933 und 1945 mit dem NS-Regime in Konflikt; 170 Priester kamen in dieser Zeit gewaltsam ums Leben. Die Bischöfe waren sich einig in ihrer kritischen Einschätzung der nationalsozialistischen Kirchenpolitik, aber uneins in der Art der Gegenwehr:

Einige versuchten es mit Diplomatie, andere mit offenem Protest.

Nach dem Zweiten Weltkrieg trug die katholische Kirche wesentlich dazu bei, die geistigen Trümmer der braunen Herrschaft zu beseitigen und die Demokratie in der Bundesrepublik Deutschland zu verankern.

Auch innerhalb der Kirche vollzog sich nun ein Wandel: Das Zweite Vatikanische Konzil (1962–1965) stärkte gleich mehrfach die Position der Laien. Nur zwei Beispiele seien hierfür genannt:

Mit der Liturgiereform kam es zur »tätigen Teilnahme« aller Gläubigen am Gottesdienst. Der Priester wandte sich nun, wann immer es möglich war, der Gemeinde zu. Er stand hinter dem Altar, mit dem Gesicht zur Gemeinde. Dies machte in fast allen Kirchen Umbauten notwendig.

Um den Gläubigen die volle Beteiligung an der Liturgie zu ermöglichen, stellte das Konzil die Volkssprachen – also auch Deutsch – dem Lateinischen gleichberechtigt zur Seite. Seitdem beteiligen sich viele Gemeindemitglieder an der Ausgestaltung der Liturgie gemäß der ihnen übertragenen Aufgaben.

Das Konzil schuf zudem die Laienräte: Pfarrgemeinderat, Dekanatsrat und so weiter. Priester und gewählte Laien gestalten seitdem gemeinsam das pfarrliche und diözesane Leben.

Die vergangenen Jahrzehnte brachten zahlreiche neue Herausforderungen, die sich auch in neuen kirchlichen Arbeitsfeldern zeigen:

Der Schutz des menschlichen Lebens ist nach wie vor ein ungelöstes Problem – vor allem auch im Hinblick auf die wachsenden Möglichkeiten der modernen Naturwissenschaften, Eingriffe in menschliches Leben zu steuern.

Aber auch die Entwicklung in der Welt machte vor den deutschen Diözesen nicht Halt: Der Kampf gegen die Armut in den Entwicklungsländern in Afrika, Asien und Lateinamerika bleibt Herausforderung und Aufgabe aller Christen. Hier einen Ausgleich zu finden zwischen Nord und Süd und dabei die Probleme der eigenen Gesellschaft im Auge zu behalten, ist der Konflikt, der seit einigen Jahren unter dem Stichwort Globalisierung Schlagzeilen macht.

Auch das zeigt unsere Reise durch die deutschen Diözesen: Allerorten machen sich die deutschen Katholiken auf, um diesen Herausforderungen im Geiste Christi zu begegnen – sie geben damit ein Zeugnis für einen lebendigen Glauben in einer vielgestaltigen Kirche, die ihre Kraft aus dem Reichtum ihrer Menschen schöpft.

Sitz des Erzbischofs

Sitz des Bischofs

Grenzen der Kirchenprovinzen und der Diözesen

Erzdiözese Hamburg
Hamburg

Diözese Münster

Diözese Osnabrück
Osnabrück

Diözese Hildesheim
Hildesheim

Erzdiözese Berlin
Berlin

Diözese Magdeburg
Magdeburg

Diözese Görlitz
Görlitz

Münster

Diözese Münster
Paderborn

Erzdiözese Paderborn

Essen
Diözese Essen

Diözese Aachen
Aachen

Köln
Erzdiözese Köln

Diözese Limburg
Limburg

Diözese Mainz

Fulda
Diözese Fulda

Diözese Erfurt
Erfurt

Diözese Dresden-Meißen
Dresden

Diözese Trier
Trier

Mainz
Diözese Mainz

Diözese Würzburg
Würzburg

Bamberg
Erzdiözese Bamberg

Diözese Speyer
Speyer

Erzdiözese Freiburg

Diözese Eichstätt
Eich-stätt

Diözese Regensburg
Regensburg

Diözese Passau
Passau

Rottenburg
Diözese Rottenburg-Stuttgart

Augsburg

München
Erzdiözese München und Freising

Freiburg

Diözese Augsburg

Kirchenprovinzen:
Bamberg
Berlin
Freiburg
Hamburg
Köln
München und Freising
Paderborn

0   50   100 km

# Erzdiözese Köln

Im Schatten des Doms, zwischen Karneval und Kölsch, lässt es sich auf gute Art fromm sein – davon jedenfalls sind die mehr als 2,2 Millionen Katholiken der Erzdiözese Köln überzeugt.

*Der Kölner Dom, dessen 157 Meter hohe Türme die Stadt überragen, ist wohl der bedeutendste Kirchenbau Deutschlands und zugleich das Herz der Stadt Köln. Seit 1996 gehört die gotische Kathedrale zum Weltkulturerbe der UNESCO.*

## Der Hohe Dom zu Köln

Kaum ein anderes Bauwerk kann auf eine so lange Bauzeit verweisen wie der Kölner Dom St. Peter und Maria: Sage und schreibe 632 Jahre – von 1248 bis 1880 – hat es gedauert, ehe die gotische Kathedrale ihre heute viel bewunderte Vollkommenheit erlangt hat. Auf dem Platz, an dem der Dom heute steht, versammelten sich schon in spätrömischer Zeit die ersten Christen. Der erste Kirchenbau, von dem man weiß, wie er ausgesehen hat, war der 870 vollendete karolingische Dom.

Im Jahr 1164 ließ Erzbischof Rainald von Dassel die Reliquien der Heiligen Drei Könige nach Köln bringen. Nun war der Dom nicht mehr nur Amtskirche des Kölner Erzbischofs, sondern zugleich eine der bedeutendsten Wallfahrtskirchen Europas. Das machte auch eine neue architektonische Form notwendig. Ehe mit dem Bau des gotischen Doms 1248 begonnen werden konnte, musste der alte Dom abgerissen werden. Doch beim Versuch, den Ostchor mit Brandabbruch zu beseitigen, brannte 1248 der ganze Bau ab.
Das Domkapitel beschloss einen Bau nach dem Vorbild der gotischen Kathedralen der

## Weihbischöfe & Generalvikar

- Manfred Melzer, Weihbischof

- Norbert Trelle, Weihbischof

- Dr. Rainer Woelki, Weihbischof

- Dr. Dominik Schwaderlapp, Generalvikar

französischen Kronlande. Der Grundstein wurde noch 1248 gelegt. Bereits 1265 war der Chorumgang mit dem Kapellenkranz aufgemauert und eingewölbt.

*Beeindruckend am Kölner Dom ist nicht nur seine Größe, sondern ebenso seine lange Bauzeit: Grundsteinlegung war im Jahr 1248, die Türme wurden erst im Jahr 1880 fertig gestellt – das ist eine Bauzeit von nicht weniger als 632 Jahren. Zwischen 1530 und 1842 allerdings ruhten die Bauarbeiten.*

## Erzbischof
## Joachim Kardinal Meisner

- Geboren in Lissa bei Breslau am 25. Dezember 1933
- Zum Priester geweiht am 22. Dezember 1962
- Zum Weihbischof von Erfurt geweiht am 17. Mai 1975
- Als Bischof von Berlin eingeführt am 17. Mai 1980
- Zum Kardinal erhoben am 2. Februar 1983 (Titelkirche: S. Pudenziana)
- Als Erzbischof von Köln eingeführt am 12. Februar 1989

Wahlspruch *Spes nostra firma – Unsere Hoffnung für euch steht fest.*

Geboren in Lissa bei Breslau und aufgewachsen in Thüringen, trat Joachim Kardinal Meisner nach einer Banklehre 1951 ins Spätberufenenseminar Norbertuswerk in Magdeburg ein und holte hier das Abitur nach. Von 1956 bis 1962 studierte er Philosophie und Theologie und wurde 1962 in Erfurt zum Priester geweiht.
Sein weiterer Weg: Kaplan in Heiligenstadt und Erfurt, Rektor des Erfurter Caritasverbandes und, 1969, Promotion zum Dr. theol. in Erfurt. Am 17. Mai 1975 wurde Joachim Meisner Weihbischof des Apostolischen Administrators in Erfurt/Meiningen. 1980 wechselte er als Bischof nach Berlin, wo er 1983 zum Kardinal erhoben wurde. Bereits 1982 war er Vorsitzender der Berliner Bischofskonferenz geworden.
Im Dezember 1988 wählte ihn das Kölner Domkapitel zum Erzbischof von Köln. Er ist – neben vielem anderen – Vorsitzender der Kommission für liturgische Fragen der Deutschen Bischofskonferenz, Mitglied wichtiger kirchlicher Gremien, mehrfacher Ehrendoktor, Ehrensenator und Ehrenbürger und Träger des Großen Verdienstordens der Bundesrepublik Deutschland mit Stern und Schulterband.

*Bevor Joachim Kardinal Meisner 1989 als Erzbischof von Köln berufen wurde, war er fast neun Jahre lang Bischof von Berlin.*

*Der kostbarste religiöse Schatz des Kölner Domes sind die Reliquien der Heiligen Drei Könige. Alljährlich bestaunen viele tausend Besucher den Schrein, der als die bedeutendste Goldschmiedearbeit des Mittelalters gilt.*

*Patron des Kölner Domes ist der hl. Petrus – Patronin der Erzdiözese Köln hingegen ist die hl. Maria.*

## Der Dom als Lagerraum

1322 wurde der gotische Chor eingeweiht und anschließend der Ostchor mit bedeutenden Kunstwerken ausgestattet, darunter das Gero-Kreuz und der Schrein der Heiligen Drei Könige. Auch bedeutende Erzbischöfe wie Philipp von Heinsberg oder Heilige wie Irmgardis wurden in den Chorkapellen erneut beigesetzt. Bis ungefähr 1530 wurde am Dom gebaut. Danach führten Geldmangel und Desinteresse zur Einstellung der Arbeiten.

Als 1794 die französischen Revolutionstruppen in Köln einzogen, mussten Erzbischof und Domkapitel fliehen. Von nun an diente der Dom viele Jahre profanen Zwecken – etwa als Lagerraum. Drei Jahrhunderte lebte die Stadt mit diesem gewaltigen Torso, der ihr Panorama schon damals bestimmte. Erst 1801 wurde der Dom wieder zum Gotteshaus geweiht. Dass die Bautätigkeit nun wieder einsetzte, hatte nicht zuletzt mit der Begeisterung der deutschen Romantik für das Mittelalter zu tun, die die Fortführung der Bautätigkeit als nationales deutsches Anliegen propagierte. 1842 legte der preußische König Friedrich Wilhelm IV. den Grundstein. Als 1880 auch die Türme fertig gestellt wurden, war das gewaltige Unternehmen zu einem guten Abschluss gekommen.

## Die Baustelle blieb …

Im Zweiten Weltkrieg wurde der Dom von vierzehn schweren Fliegerbomben getroffen, doch 1956 konnte er wieder seiner Bestimmung übergeben werden. Er blieb indes Baustelle und wird es vermutlich auf ewig bleiben. Dass es bis heute am Kölner Dom immer wieder etwas zu verbessern und zu erneuern gibt, beweist auch die am 29. Juni 1998 eingeweihte neue Langhausorgel, die der sakralen Musik einen dem Ort angemessenen Klang verleiht.

### Hl. Maria – Patronin der Erzdiözese Köln

Mit der Weihe der Erzdiözese Köln an die ohne Erbsünde empfangene Jungfrau und Gottesmutter Maria am 8. Dezember 1994 ist ein Hinweis auf das bestehende Bistumspatronat verbunden. Befragt nach den Schutzpatronen des Domes geben viele Kölner die spontane Antwort: der hl. Petrus, die Heiligen Drei Könige und Maria. Allein die erste Angabe ist richtig; der Hohe Dom zu Köln führt seit den ersten schriftlichen Zeugnissen nur das Patrozinium des hl. Petrus. Das Glaubensgeheimnis der »Unbefleckten Empfängnis« Mariens, das besagt, dass die Gottesmutter seit ihrer Empfängnis im Schoß der hl. Mutter Anna ohne Erbsünde war, wird in der Erzdiözese Köln wahrscheinlich seit dem Jahr 1260 gefeiert. Die unter Erzbischof Max Heinrich tagende Diözesansynode von 1662 legte das Fest als förmliches Patrozinium fest. Die »Immaculata« erfährt seitdem eine intensive Verehrung in der Erzdiözese Köln.

1943 wiederholte Josef Kardinal Frings die Weihe der Erzdiözese an dessen Patronin. Der unmittelbare Anlass dürfte die Weihe der ganzen Welt an das Unbefleckte Herz Mariens durch Papst Pius XII. im Jahr zuvor gewesen sein. Das hundertjährige Jubiläum des Mariendogmas von 1854 gab den Anlass des Marianischen Jahres 1954, in dessen Verlauf der Kölner Erzbischof eine Nachbildung der »Madonna von Fatima« durch die Gemeinden der Erzdiözese tragen ließ.

# Am Anfang steht eine Legende

Wer sich mit der Geschichte der Erzdiözese Köln beschäftigt und einen Blick auf alte Karten wirft, wird den Eindruck nicht los, als sei sie im Lauf der Jahrhunderte Schritt für Schritt geschrumpft. Gemessen an der Zahl der Gläubigen ist Köln zwar nach wie vor die größte Diözese Deutschlands. Doch blickt man ins Mittelalter, so erkennt man, dass die Erzdiözese einst ein Gebiet umfasst hat, das fast so groß war wie das heutige Nordrhein-Westfalen. Daun im Süden, Lippstadt und Geseke im Osten, Aachen im Westen und Kleve im Norden gehören damals ebenso zu ihrem Einzugsgebiet wie Malmédy und St. Vith im heutigen Belgien.

Inzwischen verläuft die Grenze der Erzdiözese »nur noch« von Gummersbach im Osten über Düsseldorf im Norden, Grevenbroich im Westen und Münstereifel im Süden. Dennoch hat sie nichts von ihrer Vielfalt eingebüßt: Eifel, Sauerland, Westerwald und Rheinland – das sind ganz unterschiedliche Landschaften, deren Bewohner ein je eigenes Temperament besitzen, das sich nicht zuletzt auch in einer besonderen Frömmigkeit zeigt.

Wann genau die ersten Christen in Köln lebten, lässt sich heute nicht mehr feststellen. Allerdings erwähnt der hl. Irenäus von Lyon bereits um 180 die »Christen in Niedergermanien«, deren (unbekannter) Bischof möglicherweise in Köln gelebt hat. Der hl. Maternus ist der erste Bischof von Köln, der zweifelsfrei – und zwar für die Jahre 313 / 314 – belegt ist, jene Jahre, in denen der römische Kaiser Konstantin den Christen ihre Glaubensfreiheit gab und selbst im nahen Trier residierte.

Der Legende nach war Maternus ein Apostelschüler, der zusammen mit Eucharius und Valerius vom hl. Petrus auserwählt war, die christliche Lehre nach Gallien und Germanien zu tragen. Im Elsass erkrankte Maternus und starb. Doch wie durch ein Wunder ließ ihn Petrus mit seinem Stab nach vierzig Tagen wieder zum Leben erwecken. In der Folgezeit wirkten die drei Missionare in Gallien und Germanien. Maternus starb demnach am 14. September 128 in Köln.

Die historisch verbürgte Wahrheit hingegen ist weitaus nüchterner: Tatsächlich begegnet uns Maternus erst zwei Jahrhunderte später, als Vertrauter Kaiser Konstantins.

## Eine Erzdiözese von Rang

Köln ist die mitgliederstärkste deutsche Diözese mit knapp 2,3 Millionen Katholiken, gefolgt von Freiburg (2,2 Millionen) und Münster (2,1 Millionen). Für Statistiker: Weltweit steht Köln auf dem 35. Platz: Diözesen wie Mexiko (18,5 Millionen Katholiken), São Paulo (7,8 Millionen) oder auch Mailand (4,7 Millionen) sind von der Zahl der Gläubigen her noch weitaus größer.

Neun Kreis- und acht Stadtdekanate umfasst die Erzdiözese Köln auf einer Fläche, die ein Fünftel des Bundeslandes Nordrhein-Westfalen ausmacht.

Die Diözese ist auch ein bedeutender Arbeitgeber: Rund 50 000 Menschen arbeiten hauptberuflich im Bereich der Erzdiözese für die katholische Kirche, etwa viermal so viel leisten einen ehrenamtlichen Dienst: als Pfarrgemeinderäte, in Sozialeinrichtungen, Büchereien und Chören.

*Vom 16. bis 21. August 2005 fand in Köln der Weltjugendtag statt. Diese Treffen von Jugendlichen aus aller Welt wurden von Papst Johannes Paul II. ins Leben gerufen. In Köln begegneten die jungen Teilnehmer und Teilnehmerinnen seinem Nachfolger Benedikt XVI.*

*Die Wurzeln der Erzdiözese Köln reichen zurück in die römische Antike: In den Jahren 313 / 314 hat der hl. Maternus nachweislich als erster Bischof in Köln gewirkt.*

## Die Heiligen Drei Könige

Im Jahr 794 wurde ein Kölner Bischof zum ersten Mal mit dem Titel »Erzbischof« erwähnt: Hildebold, ein Berater Karls des Großen, wurde um 784 an die Spitze der Diözese berufen. Zu seiner riesigen Kirchenprovinz gehörten die Diözesen Lüttich, Utrecht, Münster, Minden, Osnabrück und, bis 864, Bremen.

Im Jahr 953 gelangte der hl. Bruno, ein Bruder Kaiser Ottos des Großen, auf den Bischofsstuhl. Zugleich Herzog von Lothringen, war er damit der erste Kölner Erzbischof, der weltliche und geistliche Macht in einer Person vereinte. Später waren die Kölner Erzbischöfe auch kaiserliche Erzkanzler für Italien.

Als im Jahr 1164 Erzbischof Rainald von Dassel die Gebeine der Heiligen Drei Könige von Mailand nach Köln bringen ließ, verhalf er der Stadt zu weiterem Ansehen. Zur Aufbewahrung der Gebeine wurde später der kostbarste Schrein des Abendlandes geschaffen, und angesichts der Pracht, die er zeigte, wurden sogar Vergleiche mit der Grabkammer Pharao Tutenchamuns angestellt.

## Das »Kölner Heil«

Hinsichtlich seiner Reliquien ist Köln allenfalls mit Rom vergleichbar: Man sprach früher vom »Kölner Heil«, das verkörpert wurde durch die Vielzahl und Qualität der Reliquien, der so genannten Heiltümer, die die Stadt in ihren Mauern barg. Das Fundament bildeten die Heiligen Gereon und Ursula, weitere Kölner Märtyrer und Heilige kamen hinzu. 1164 gewann Köln mit den Gebeinen der Heiligen Drei Könige einen außerordentlichen Schatz, der ein Kapital von enormem politischem und wirtschaftlichem Gewicht darstellte.

*Als ein bedeutender Bischof gilt der hl. Bruno (925–965), dessen Gebeine in der Kölner Abtei St. Pantaleon ruhen. Der Bruder von Kaiser Otto dem Großen war eng mit den politischen Geschicken des Reichs verbunden. So zog er mehrfach mit einem Heer ins Feld und brach Burgen – es gibt aber keinen Hinweis, dass er selbst zum Schwert gegriffen hat.*

Zusätzlich vermochte die seit 1180 errichtete mächtige Stadtmauer die Gesamtstadt zum Abbild des himmlischen Jerusalem zu erheben. Das Bewusstsein vom »Heiligen Köln« strahlte weit über die Stadt hinaus und trug viel dazu bei, dass Köln Weltstadt, rheinische Metropole und zentraler Ort der Erzdiözese wurde.

## Das Ende der weltlichen Macht

Nachdem das 13. Jahrhundert den Kölner Erzbischöfen die Kurfürstenwürde eingebracht hatte (nur sieben Kurfürsten insgesamt gab es im Reich), fand die Zeit großer weltlicher Macht 1288 mit der Schlacht bei Worringen ihr jähes Ende: Der Erzbischof verlor nicht nur die Schlacht, sondern auch die Stadt Köln. Ab diesem Zeitpunkt residierten die Erzbischöfe vor allem in Bonn und Brühl.

Im Jahr 1515 – im Zeitalter der Reformation – wurde Hermann von Wied Kölner Erzbischof. Zunächst ein erbitterter Gegner der neuen Bewegung (er ließ die Lutheraner Adolf Clarenbach und Peter Fliesteden als Ketzer hinrichten), schloss er sich später selbst der neuen Konfession an und wurde vom Papst abgesetzt. Zu den geistigen Vätern des Widerstandes gegen Bischof Hermann von Wied, der vor allem vom lutherischen Theologen Philipp Melanchthon stark beeinflusst war, zählte Petrus Canisius. Als 1583 mit Ernst von Bayern der erste von fünf Fürstbischöfen aus dem Hause Wittelsbach den Bischofsstuhl am Rhein einnahm, brachte er die Macht und Rückendeckung derjenigen deutschen Dynastie mit, die mit am stärksten antireformatorisch eingestellt war. Ein Wittelsbacher, Fürstbischof Clemens August, erbaute die Schlösser Augustusburg und Falkenlust.

1794 besetzten französische Revolutionstruppen das linksrheinische Kurfürstentum und die Stadt Köln. 1801 starb Kölns letzter Kurfürst, Erzbischof Max Franz, jüngstes Kind der österreichischen Kaiserin Maria Theresia. Noch im gleichen Jahr wurde die Erzdiözese Köln verkleinert und die Diözese Aachen errichtet.

*Unter Kaiser Karl IV. wurden 1356 mit der »Goldenen Bulle« sieben Kurfürsten bestimmt, die allein zur Wahl des Königs berechtigt waren – darunter auch der Erzbischof von Köln. Der Ehrentitel eines Kurfürsten sicherte auch die Einheit seines weltlichen Herrschaftsgebietes, das unantastbar war.*

*Bei seinem Köln-Besuch im November 1980 betete Papst Johannes Paul II. auch am Grab des großen Gelehrten Johannes Duns Scotus in der Kölner Minoritenkirche.*

*Wegen seiner Volksnähe war er bei den Kölnern sehr beliebt: der Kölner Erzbischof Joseph Kardinal Frings (1887–1978).*

Ab 1821 gehörte die Erzdiözese Köln, die nach der Auflösung der Diözese Aachen wieder ihre alte Größe erhalten hatte, zum ungeliebten Staat Preußen.

Es kam zu zahlreichen Konflikten zwischen den durchaus streitbaren Bischöfen und dem neuen Staat, mit dem sie sich oft anlegten. Im so genannten »Kölner Ereignis« reagierte Preußen im Jahr 1837 sogar mit der Verhaftung von Erzbischof Clemens August von Droste zu Vischering wegen eines Streites um Mischehen, was zu einer starken Solidarisierung rheinischer und deutscher Katholiken führte und den Staat schließlich in fast allen Punkten zum Einlenken brachte.

Aber Preußen – hier in Person des berühmten Reichskanzlers Otto von Bismarck – wurde aus dem entstandenen Schaden nicht klug, und so war es 1874 Erzbischof Kardinal Paulus Melchers, der im Kulturkampf für ein rundes halbes Jahr hinter Gitter musste. Einer zweiten Verhaftung entzog er sich durch Emigration

in die Niederlande, um seinen Lebensabend schließlich als Kurienkardinal in Rom zu verbringen.

### Die Diözese wird geteilt

Auch als im Jahr 1842 der preußische König Friedrich Wilhelm IV. mitteilte, den Kölner Dom als Symbol nationaler Größe fertig stellen zu lassen, führte die Wiederaufnahme der Bauarbeiten zu keiner wirklichen Aussöhnung zwischen der Erzdiözese und dem protestantischen Preußen.

Zwei Jahre später wurde der »Borromäusverein zur Verbreitung guter Literatur« gegründet, und während der zweiten Hälfte des 19. Jahrhunderts entstand im Rheinland eine ganze Reihe katholischer Verbände mit kultureller, sozialer oder karitativer Zielsetzung.

In der Weimarer Republik, im Jahr 1930, wurde die Diözese Aachen aus der Erzdiözese Köln herausgelöst und neu errichtet. Grundlage war das 1929 geschlossene Konkordat zwischen dem Heiligen Stuhl und Preußen.

Die Zeit des Nationalsozialismus stellte auch viele Katholiken auf eine harte Probe. Als 1942 Joseph Frings zum neuen Erzbischof ernannt wurde, verboten die braunen Machthaber, den Tag der Bischofsweihe bekannt zu geben. Doch die Mundpropaganda im katholischen Köln funktionierte: Der Dom war mehr als voll. Der neue Erzbischof, 1946 zum Kardinal ernannt, war ein äußerst populärer Oberhirte. Als er in seiner Silvesterpredigt 1946 angesichts der Not der Menschen durchaus Verständnis für ungewöhnliche Beschaffungsmaßnahmen äußerte, erleichterte er das Gewissen vieler Katholiken. Der Begriff »fringsen« für die unvermeidbare Beschaffung von Nahrungsmitteln hielt sich lange Zeit im Volksmund …

*Zwischen den rheinischen Katholiken und den protestantischen Herrschern in Preußen gab es mehr als einmal handfeste politische Konflikte – 1837 musste Erzbischof Droste zu Vischering hinter Gitter, 1874 traf es Erzbischof Paulus Kardinal Melchers. Beide hatten sich staatlichen Eingriffen in kirchliche Rechte widersetzt.*

### Daten & Fakten*

| | |
|---|---|
| Pfarreien | 743 |
| Katholiken | rd. 2 196 000 |
| Fläche | 6181 qkm |
| Dekanate | 36 |
| Priester | 1 213 |
| Ordensleute | rd. 3 000 |
| Diakone | 291 |
| Gemeindereferenten/-innen | 299 |
| Pastoralreferenten/-innen | 213 |
| Taufen | 16 784 |
| Erstkommunionen | 21 034 |
| Trauungen | 3 975 |
| Bestattungen | 22 094 |

* Stand 2004

# Die Erzdiözese heute

1959 wurde die erste Misereor-Kollekte für Aufgaben der Entwicklungshilfe gehalten. Das Hilfswerk mit seiner heute weltweiten Ausdehnung und dem Sitz in Aachen wurde von Kardinal Frings initiiert, wie – als Zeichen gesamtkirchlicher Mitverantwortung und einer Öffnung zur Weltkirche hin – die Bistumspatenschaften für die Erzdiözesen Tokio und Fortaleza (Brasilien) seit 1954 bzw. 1961. Seit den neunziger Jahren gibt es zudem einen intensiven Austausch mit der Erzdiözese Vilnius in Litauen.

In die Amtszeit von Joseph Kardinal Höffner, der 1969 neuer Leiter der Erzdiözese wurde, fielen die beiden Köln-Besuche von Papst Johannes Paul II. während dessen Deutschlandreisen 1980 und 1987. Bei seinem zweiten Besuch am Rhein sprach der Papst die Karmelitin Teresia Benedicta a Cruce – Edith Stein – selig (sie wurde 1998 auf dem Petersplatz in Rom heilig gesprochen). Joseph Kardinal Höffner war ab 1976 bis zu seinem Ausscheiden 1987 auch Vorsitzender der Deutschen Bischofskonferenz. 1989 übernahm Joachim Meisner die Erzdiözese Köln.

## Kirchliches Leben

So vielfältig wie die Landschaften der Erzdiözese, so unterschiedlich sind auch die Menschen, die hier leben. Von ihrem Glauben zeugt vielerorts das religiöse Brauchtum. Im Bereich der Erzdiözese Köln gibt es über hundert Wallfahrtsorte. Darunter sind so bekannte Namen wie Neviges mit seiner modernen Wallfahrtskirche, die Schlossstadt Gymnich bei Bonn mit ihrer Reiterprozession »Gymnicher Ritt«, aber auch der Altenberger Dom, wo sich in jedem Mai viele hundert junge Menschen

*Beim Gottesdienst an Aschermittwoch werden in Sankt Severin in Köln Palmzweige zu Asche verbrannt. Daraus werden den Gläubigen Aschekreuze auf die Stirn gezeichnet.*

versammeln, um das »Altenberger Licht« als Friedenszeichen in alle Himmelsrichtungen zu tragen. Auch der Kranz aus einem Dutzend großer romanischer Kirchen in der Stadt Köln selbst soll nicht unerwähnt bleiben: Seit 1985 sind alle diese Gotteshäuser wieder zugänglich.

Bekannte Namen und Gestalten verbinden sich mit der Erzdiözese Köln: Allen voran die Heiligen Drei Könige, deren Schrein im Kölner Dom steht; sodann Albertus Magnus und Johannes Duns Scotus, die großen Gelehrten des 13. und 14. Jahrhunderts, die in Köln lebten und dort begraben sind. Die heilige Edith Stein (siehe auch Diözese Speyer) trat nach ihrer Konversion zum katholischen Glauben in den Kölner Karmel ein.

## Adresse

Erzbischöfliches Generalvikariat
Marzellenstraße 32
50668 Köln
Tel. 02 21 / 1 64 20
www.erzbistum-koeln.de

*Die Sondermarke der Deutschen Post: »150 Jahre Kolpingwerk« zeigt ein Portrait des sel. Adolf Kolping. Er gründete um 1849 in Köln einen Gesellenverein, aus dem das spätere Kolpingwerk hervorging, das sich aus christlicher Verantwortung ursprünglich um die Lebensbedingungen von Lehrlingen und Handwerksgesellen kümmerte.*

# Diözese Aachen

Vom Krönungsort deutscher Könige über Napoleons Gründung bis zur Fürsorge für die Ärmsten der Welt: In der Geschichte der Diözese Aachen spielen politische und gesellschaftliche Entwicklungen ebenso eine Rolle wie die prägende Kraft von Geistlichen.

*Im Dom zu Aachen begründete König Otto I. mit seiner Krönung im Jahr 936 eine sechs Jahrhunderte währende Tradition: Dreißig Könige bestiegen in diesem Zeitraum den einstigen Thron Karls des Großen. Auch Barbarossas Enkel Friedrich II. wurde hier im Jahr 1215 gekrönt.*

## Oktogon und »Glashaus«

Ein Treck bewegte sich Ende des 8. Jahrhunderts gen Norden, Richtung Aachen. Schwere Lasten wurden von den Wagen transportiert: Karl der Große ließ mit Erlaubnis von Papst Hadrian antiken Marmor aus Italien nach Aachen bringen, wo er aus einer Königspfalz eine mächtige Residenz schaffen wollte. Dazu jedoch gehörte auch eine repräsentative Kapelle, und so entstand die Marienkirche. Das karolingische Achteck der Marienkirche, deren gewölbte Kuppel für Jahrhunderte die höchste nördlich der Alpen blieb, war ein Abbild des himmlischen Jerusalem, der

## Weihbischöfe & Generalvikar

- Karl Borsch, Weihbischof

- Karl Reger, Weihbischof

- Manfred von Holtum, Generalvikar

Stadt Gottes, als deren irdisches Gegenstück der Kaiser sein Bauwerk verstanden wissen wollte.

Als Karl der Große starb, wurde er in einem antiken Sarkophag beigesetzt und in den Karlsschrein umgebettet. Heute steht der Karlsschrein in der 33 Meter hohen, einschiffigen gotischen Chorhalle aus dem 14. Jahrhundert. Wegen ihrer vielen Fenster wird die gotische Chorhalle auch liebevoll das »Glashaus von Aachen« genannt.

In gotischer Zeit wurde der Mariendom zunehmend zum Wallfahrtsort für Pilger vor allem aus dem Osten. Die Reliquien, die seit der Zeit Karls des Großen in Aachen gehütet werden, besaßen schon seit jeher eine große Anziehungskraft. Neben dem Karlsschrein ist es der Marienschrein mit den Windeln und dem Lendentuch Christi, dem Marienkleid und dem Enthauptungstuch Johannes des Täufers. Seit 1349 werden diese Reliquien bei der so genannten Heiligtumsfahrt alle sieben Jahre gezeigt – das nächste Mal im Jahr 2007.

*Die Umrisse des Oktogons, der Grundriss der Aachener Pfalzkapelle, umrahmen ein Bild Karls des Großen auf dieser Briefmarke, die anlässlich des 1200-jährigen Domjubiläums herausgegeben wurde.*

*Das Oktogon ist ein altes christliches Symbol, das entsteht, wenn man einen Kreis (für die Unendlichkeit) und ein Quadrat (für die vier Himmelsrichtungen) übereinander legt. Oktogonale Kirchenräume waren in der Spätantike weit verbreitet, am bekanntesten ist die Kirche San Vitale in Ravenna.*

## Bischof Dr. theol. Heinrich Mussinghoff

- Geboren in Osterwick bei Coesfeld am 29. Oktober 1940
- Zum Priester geweiht am 29. Juni 1968
- Als Bischof von Aachen eingeführt am 11. Februar 1995

**Wahlspruch** *Parate viam domini – Bereitet den Weg des Herrn*

Nach seiner Priesterweihe wirkte Heinrich Mussinghoff als Kaplan in Herten im Ruhrgebiet, bevor er 1971 bis 1976 als Sekretär des damaligen Bischofs Heinrich Tenhumberg in Münster tätig war. 1978 erfolgte die Promotion. Seine besonderen Kenntnisse in Kirchengeschichte und Staatskirchenrecht prädestinierten ihn, mittlerweile Leiter des Diözesan-Gerichtshofes und Dompropst in Münster, für die Teilnahme an den Verhandlungen zur Errichtung der ostdeutschen Diözesen und der Erzdiözese Hamburg.

Heute ist Bischof Mussinghoff stellvertretender Vorsitzender der Deutschen Bischofskonferenz und steht deren Kommission für Wissenschaft und Kultur vor; zudem ist er Mitglied der Kommission für weltkirchliche Aufgaben.

Doch die wichtigste und liebste Aufgabe ist ihm der Dialog mit den Menschen in und um Aachen. So führte ihn sein erster Besuch nach seiner Bischofsweihe zur jüdischen Gemeinde in Aachen. Der einstige Vorsitzende der Gesellschaft für christlich-jüdische Zusammenarbeit in Münster sucht immer wieder das Gespräch mit anderen Religionen und Konfessionen wie auch mit den Menschen, die gemeinsam mit der katholischen Kirche das Leben in der Region gestalten.

# Vom Krönungsort zum Bischofssitz

*Rechts:*
*Für seine Verdienste um den*
*europäischen Einigungspro-*
*zess wurde Papst Johannes*
*Paul II. am 24.3.2004 mit*
*einem außerordentlichen*
*Aachener Karlspreis geehrt.*
*Die Auszeichnung wurde ihm*
*im Vatikan überbracht.*

*Erster Bischof in Aachen war*
*Marc Antoine Berdolet, zuvor*
*Bischof in Colmar. Der elsäs-*
*sische Seelsorger hatte in*
*der Französischen Revolution*
*sein Leben für den Glauben*
*riskiert und erlebte Napole-*
*on, der mit dem Papst wieder*
*staatsrechtliche Beziehungen*
*aufgenommen hatte, als Ret-*
*ter der Kirche. In Aachen*
*glättete Berdolet durch seine*
*fürsorgliche Hand die Wogen*
*der Französischen Revolution*
*und der mit ihr verbundenen*
*Kirchenfeindlichkeit. Sein*
*Nachfolger François Le*
*Camus wurde schon nicht*
*mehr vom Papst anerkannt –*
*Napoleon hatte sich mit dem*
*Heiligen Stuhl überworfen.*
*Mitte Januar 1814 floh*
*Le Camus vor den heran-*
*rückenden alliierten*
*Truppen aus Aachen.*

Die ersten Christen kamen mit den Römern nach Aachen, damals ein Versorgungslager, das zudem über heiße Quellen verfügte. Dem fränkischen König Pippin dem Jüngeren verdanken wir die erste schriftliche Erwähnung Aachens. Er errichtete dort einen Hof, den er »aquis villa« nannte. 768 folgte Karl der Große seinem Vater Pippin als König der Franken und übernahm auch die Aachener Pfalz. Unter seinem Sohn Ludwig reformierte Benedikt von Aniane durch die Aachener Mönchsregel den Benediktinerorden und gründete die Abtei Kornelimünster.

Einen zwischenzeitlichen Niedergang brachte der Kriegszug der Normannen Ende des 9. Jahrhunderts. Doch die Königskrönungen und die Heiligtumsfahrten sicherten Aachen während des Hochmittelalters seine religiöse Bedeutung. Nachdem die linksrheinischen Gebiete 1797 an Frankreich gefallen waren, grün-

dete Kaiser Napoleon 1802 die Diözese Aachen. Dass er diese Stadt auswählte, hing vermutlich mit Karl dem Großen zusammen, an dessen Machtfülle er anknüpfen wollte. 1821, das Jahr, in dem Napoleon auf St. Helena starb, hob der Papst die Diözese Aachen wieder auf und gliederte sie der Erzdiözese Köln ein.

## Daten & Fakten*

| | |
|---|---|
| Pfarreien | 540 |
| Katholiken | rd. 1,2 Mio. |
| Fläche | 3 938 qkm |
| Dekanate | 63 |
| Priester | 622 |
| Ordensleute | 1 290** |
| Diakone | 64 |
| Gemeindereferenten/-innen | 255 |
| Pastoralreferenten/-innen | 126 |
| Taufen | 9 266** |
| Erstkommunionen | 13 106** |
| Trauungen | 2 041** |
| Bestattungen | 13 395** |

\* Stand 2004    \*\* Stand 2003

## Bischöfe aus Köln

In den nächsten Jahrzehnten wirkten vor allem geistliche Oberhirten aus Köln prägend, unter ihnen Erzbischof Clemens August von Droste zu Vischering sowie der in Aachen geborene Theodor Laurent. Aus seinem Umkreis stammten bekannte Ordensgründerinnen wie die selige Franziska Schervier, Pauline von Mallinckrodt und Clara Fey. Alle drei waren Schülerinnen von Luise Hensel, der zum Katholizismus konvertierten Pfarrerstochter. Von ihr stammt das berühmte Gebet »Müde bin ich, geh' zur Ruh'«. Luise Hensel verknüpfte ihre religiöse Überzeugung mit sozialen Aufgaben und setzte sich während der aufkommenden Industrialisierung für die Ausbildung von jungen Frauen ein.

## Das Wiedererstehen der Diözese

1929 schlossen der Vatikan und Preußen einen Vertrag, auf dessen Grundlage die Diözese am 13. August 1930 wieder gegründet wurde. Erster Bischof war Joseph Heinrich Peter Vogt. Er sah sich schon bald dem kirchenfeindlichen Regime der Nationalsozialisten gegenüber und suchte nach Wegen, die Stimme des christlichen Gewissens zu Gehör zu bringen. Ein besonderes Zeichen setzten die vielen tausend katholischen Männer, die im April 1933 und im März 1934 an nächtlichen Bußprozessionen teilnahmen.

Auch die Heiligtumsfahrt im Jahr 1937 war ein Signal des Aufbegehrens: An ihr beteiligte sich der Münsteraner Bischof Clemens-August Graf von Galen, ein erklärter Gegner des Dritten Reichs. Einer seiner Anhänger, Wilhelm Holtmann, sollte nach dem Tod von Bischof Vogt die Diözese leiten, was der Staat jedoch verhinderte. Stattdessen wurde Hermann-Joseph Sträter neuer Bischof – er blieb bis 1943 im Amt. Sein Nachfolger Johannes Joseph van der Velden harrte in Aachen aus, als die Amerikaner 1945 einmarschierten. Er stand der Diözese bis 1954 vor.

In den Jahren nach dem Krieg erlebte das kirchliche Leben in der Diözese eine Renaissance. Mit van der Veldes Nachfolger, Johannes Pohlschneider, hatte erstmals ein Westfale den rheinischen Bischofssitz in Aachen inne. Rund zwanzig Jahre später, 1975, übernahm der badische Theologieprofessor Klaus Hemmerle das Amt des Bischofs. Er galt als ein Mittler zwischen den Laiengremien und der Amtskirche.

## Neue Herausforderungen

Seit 1995 ist Heinrich Mussinghoff Bischof in Aachen. Er hat unter dem Titel »Die Zukunft gestalten« einen Prozess initiiert, der die Diözese auf die Herausforderungen des 21. Jahrhunderts einstellt. Viel Aufmerksamkeit erfährt die Jugendarbeit: 81 Jugendfreizeitstätten sowie eine breit angelegte Jugendarbeit sorgen für ein weit gefächertes Angebot.

Einen hohen Stellenwert haben die Beziehungen zur Dritten Welt. In Aachen sind die kirchlichen Hilfswerke Missio und Misereor sowie das Kindermissionswerk beheimatet. Darüber hinaus unterhält die Diözese enge Verbindungen nach Kolumbien.

*Einer der religiösen Schätze im Aachener Dom ist der Marienschrein.*

# Traditionsreiche Wallfahrten

Die Heiligtumsfahrt nach Aachen ist nicht die einzige Wallfahrt in der Diözese. Rund 60 000 Pilger suchen alljährlich das Gnadenbild der Schmerzhaften Mutter Gottes in der Heimbacher Wallfahrtskirche auf.

Auch über die belgische Grenze pilgern die Wallfahrer: nach Moresnet in der Diözese Lüttich, zur Verehrung der hl. Maria. Zu Allerseelen findet auf dem Schlachtfeld bei Linnich alljährlich eine Versöhnungsfeier zum Andenken an die hier gefallenen deutschen und amerikanischen Soldaten statt.

## Adresse

Bischöfliches Generalvikariat
Klosterplatz 7
52062 Aachen
Tel. 02 41/45 20
www.kirche-im-bistum-aachen.de

*In der Weite der niederrheinischen Landschaft liegt die Benediktinerinnen-Abtei Mariendonk.*

# Diözese Essen

Eine junge Diözese im Herzen des Ruhrgebiets – das ist die Diözese Essen. Erst 1958 gegründet, besitzt sie dennoch einige der wunderbarsten Kulturschätze des Abendlandes.

*Das »Münster am Hellweg«, wie die Bischofskirche der Diözese genannt wird, scheint dem Wandel der Zeit zu trotzen und ist bis heute ein Ort der Ruhe und Besinnung inmitten moderner Geschäftigkeit. Der achteckige Turm geht auf eine hochmittelalterliche Stiftskirche der Ottonen zurück und ist dem Oktogon der Aachener Pfalzkapelle Karls des Großen nachempfunden.*

## Der Hohe Dom zu Essen

Wie ein Monument der Beständigkeit thront das altehrwürdige »Münster am Hellweg« mitten in der Essener City. Das Gotteshaus, seit Gründung der Diözese im Jahr 1958 Bischofskirche, ist durch ein Atrium direkt mit der Johanniskirche verbunden und umfasst somit eigentlich zwei Kirchenbauten. Die Johanniskirche selbst, eine 1471 entstandene dreischiffige Hallenkirche, wurde über einer alten Tauf-

## Weihbischöfe & Generalvikar

• Franz Grave, Weihbischof

• Franz Vorrath, Weihbischof

• Dr. Hans-Werner Thönnes, Generalvikar

kapelle aus dem 11. Jahrhundert errichtet. Gemeinhin gilt das Jahr 852 als Jahr der Gründung für das Essener Damenstift durch den sächsischen Adeligen Altfrid (gestorben 874) auf seinem Gut Astnide, dem heutigen Essen. Erste Äbtissin wurde Gerswid, die vermutlich Altfrids Schwester war. Eine Enkelin Kaiser Ottos II., Äbtissin Theophanu (1039–1058), fügte der Stiftskirche im Osten eine Außenkrypta hinzu, in der sie ihre letzte Ruhestätte fand. Teile dieses Bauwerks sind noch

heute erhalten, darunter der achteckige Turm. Nach der Säkularisation wurde das Gotteshaus Pfarrkirche. Der gotische Teil fiel im Zweiten Weltkrieg weitgehend den Bomben zum Opfer und wurde nach Kriegsende erneuert.

Heute beherbergen Dom und Domschatzkammer zahlreiche Kunstwerke von Weltrang vor allem aus ottonisch-salischer Zeit (980–1060), etwa die tausendjährige »Goldenen Madonna«, die älteste Marienfigur der Welt, sowie den nur wenig jüngeren »Siebenarmigen Leuchter«. Fast genauso bedeutend ist das »Theophanu-Kreuz« aus dem 11. Jahrhundert. Zu den weiteren Schätzen gehören das Kampfschwert Ottos des Großen und die Kinderkrone Ottos III., der Einband des Theophanu-Evangeliars sowie eine umfangreiche Sammlung mittelalterlicher Pergamenthandschriften, darunter das Corveyer Evangeliar.

*Um das Jahr 1000 entstanden, ist die »Goldene Madonna« das erste vollplastische Abbild der Gottesmutter und eines der bedeutendsten Kunstwerke des mittelalterlichen Europas.*

## Bischof Dr. theol. Felix Genn

• Geboren in Burgbrohl am 6. März 1950
• Zum Priester geweiht am 11. Juli 1976
• Als Bischof von Essen eingeführt am 6. Juli 2003

**Wahlspruch** *Annuntiamus vobis vitam – Wir verkünden euch das Leben*

Theologiestudium in Trier und Regensburg, Kaplan in Bad Kreuznach, Subregens und Spiritual am Bischöflichen Priesterseminar Trier, Regens am Studien-

haus St. Lambert in Burg Lantershofen, einem Institut für spätberufene Priesteramtskandidaten – das waren nur einige der Stationen von Felix Genn, ehe er 1999 zum Titularbischof von Uzali und Weihbischof für die Diözese Trier berufen wurde. Nach der Weihe im Trierer Dom am 30. Mai 1999 war er unter anderem für den Visitationsbezirk Saar mit etwa 650 000 Katholiken zuständig. Der 1950 in Burgbrohl bei Andernach am Rhein geborene und in Wassenach fünfzig Kilometer südlich von Bonn aufgewachsene Theologe übernahm von Trier aus auch den Vorsitz der Bistumskommission für gottesdienstliche Fragen. Er ist Vorsitzender der Kommission für Geistliche Berufe und Kirchliche Dienste sowie Mitglied der Jugendkommission der Deutschen Bischofskonferenz.

# Essen – Stadt der Äbtissinnen

*Papst Johannes Paul II. (er war Ehrenmitglied des Traditionsvereins Schalke 04) gab seinen Segen, und der Essener Weihbischof Franz Vorrath und ein evangelischer Pfarrer weihten im August 2001 die Kapelle im neuen Gelsenkirchener Stadion »Arena Auf Schalke« ein (oben). Somit sind die Schalker der erste deutsche Fußballverein, der über eine eigene ökumenische Kapelle innerhalb seines Stadions verfügt. In Spanien besitzt der FC Barcelona in seinem Nou Camp Stadion ebenfalls ein Gotteshaus.*

Südlich von Essen, in Werden, gründete bereits 799 der aus Friesland stammende Missionar und spätere erste Bischof von Münster, Liudger, eine Benediktinerabtei. Sie sollte als Stützpunkt für die Missionierung der Sachsen dienen und entwickelte sich zu einer bedeutenden Schreib- und Malschule. So wurde hier lange der »Codex argenteus« des 6. Jahrhunderts aufbewahrt, der die um 370 von dem Gotenbischof Wulfila erstmals in eine germanische Sprache übersetzte Heilige Schrift enthält. Der bedeutende Werdener Kirchenschatz mit Kunstwerken aus dem frühen Mittelalter ist heute in der Propsteikirche zu besichtigen.

Um 852 kam mit dem vom Hildesheimer Bischof Altfrid gegründeten hochadligen Damenstift Astnide – dem heutigen Essen – ein zweites geistliches Zentrum in die Region.

Äbtissin Mathilde (971–1011) war die erste von drei Äbtissinnen aus dem sächsischen Königs- bzw. Kaiserhaus, die den Essener Kirchenschatz um einzigartige Kostbarkeiten bereicherten und ihn zu einem der bis heute bedeutendsten in Europa machten. Ihr folgten Sophia, eine Tochter Kaiser Ottos II., und die bereits erwähnte Theophanu. In einem Brief von Kaiser Friedrich II. aus dem Jahr 1216 wurde die Essener Äbtissin erstmals als »Reichsfürstin« bezeichnet. Und eine Urkunde König Ottos IV. aus dem Jahr 1228 nannte auch den Werdener Abt erstmals »Fürst«.

## Streit um die Herrschaft

Als Kaiser Karl IV. 1372 der Äbtissin Elisabeth von Nassau ihre Hoheitsrechte über die Stadt bestätigte, fünf Jahre später aber auch der Stadt ihre Unabhängigkeit

garantierte, führte dieser Widerspruch zu Auseinandersetzungen zwischen Stift und Stadt, die bis zur Auflösung des Stifts im Zuge der Säkularisation im Jahr 1803 andauerten.

1563 führte der Rat der Stadt die Reformation in Essen ein. Die der Stiftskirche benachbarte Marktkirche wurde auf Betreiben des Magistrats evangelisch.

1670 fällte nach über hundertjähriger Verhandlungsdauer das Reichskammergericht im Streit zwischen Fürstäbtissin und Stadt ein Urteil, das wiederum keine eindeutige Entscheidung brachte. So bestätigte das Gericht die Oberhoheit der Fürstäbtissin, doch auch alle hergebrachten Rechte der Stadt einschließlich des Bekenntnisses zum evangelischen Glauben blieben bestehen.

## Erste Verhandlungen scheiterten

Durch die päpstliche Bulle »De salute animarum« (Zum Heil der Seelen) wurden 1821 die Diözesangrenzen in Deutschland neu geordnet. Doch erst hundert Jahre später gab es Überlegungen für ein »Ruhrbistum«, um die Kirche den arbeitenden Menschen näher zu bringen. Da jedoch Verhandlungen mit der preußischen Regierung scheiterten, wurden 1929/30 nur die Diözesen Aachen und Berlin gegründet. Aufgrund der kommunalen Neuordnung lag es jedoch auf der Hand, möglichst bald eine neue Diözese »Ruhrgebiet« zu errichten, verliefen doch jetzt die Diözesangrenzen quer durch Duisburg, Oberhausen und Gelsenkirchen.

Erst nach dem Krieg, im Jahr 1951, wurden die Pläne zur Gründung eines »Ruhrbistums« wieder aufgegriffen. 1956 führten Verhandlungen zwischen dem Vatikan und dem Land Nordrhein-Westfalen zu einem Vertrag über die Errichtung der Diözese Essen.

Sie setzt sich zusammen aus Teilen der Erzdiözese Köln (von dort erhielt sie zehn Dekanate mit hundert Gemeinden und 520 000 Katholiken), aus Teilen der Diözese Münster (zehn Dekanate mit 82 Gemeinden und 450 000 Katholiken) sowie aus Teilen der Erzdiözese Paderborn (neun Dekanate mit 91 Gemeinden und 370 000 Katholiken).

## Daten & Fakten*

| | |
|---|---|
| Pfarreien | 264 |
| Katholiken | rd. 955 000 |
| Fläche | 1 877,5 qkm |
| Dekanate | 27 |
| Priester | 644 |
| Diakone | 79 |
| Gemeindereferenten/-innen | 143 |
| Pastoralreferenten/-innen | 31 |
| Taufen | 6 132** |
| Erstkommunionen | 8 514** |
| Trauungen | 1 386** |
| Bestattungen | 12 134** |

\* Stand 2004    \*\* Stand 2003

## »Ruhrbischof« Franz Hengsbach

Erster Bischof der neuen Diözese wurde der Paderborner Weihbischof Franz Hengsbach. Mit seiner feierlichen Einführung am 1. Januar 1958 war die Diözese errichtet. Franz Hengsbach wurde von der Bevölkerung von Anfang an als »einer von uns« oder auch als »Kumpel Franz« angenommen.

Der 1988 zum Kardinal erhobene »Ruhrbischof« leitete die Diözese mehr als dreißig Jahre lang. In dieser Zeit veränderten vor allem Zechenstilllegungen und die Stahlkrise das Revier von Grund auf. Der gebürtige Sauerländer war 1961 einer der Gründer und Vorsitzender der Bischöflichen Aktion Adveniat. Ferner galt er als einer der Initiatoren des Briefwechsels zwischen der polnischen und der deutschen Bischofskonferenz zur Aussöhnung zwischen den beiden Völkern und war als Vorsitzender der Kommission Weltkirche der Deutschen Bischofskonferenz entscheidend beteiligt an der Annäherung und Zusammenarbeit in der europäischen Bischofskonferenz. Zudem setzte er sich siebzehn Jahre lang als Militärbischof für die Belange der Soldaten ein.

Nach Franz Hengsbachs Tod im Jahr 1991 wurde der langjährige Kölner Weihbischof Hubert Luthe zweiter Bischof der Ruhrdiözese. In seine Amtszeit fielen unter anderem die Gründung des Hilfsfonds der Priester in der Diözese Essen, der Partnerschaftsvertrag mit der Erzdiözese Kattowitz/Polen, die Errichtung der Jugendstiftung und die Seligsprechung des von den Nationalsozialisten 1945 hingerichteten katholischen Arbeiterführers Nikolaus Groß im Jahr 2001.

Nachdem Bischof Luthe im Jahr 2002 nach elfjähriger Amtszeit sein 75. Lebensjahr vollendet hatte, sprach ihn der Papst von seinem Amt als Bischof frei. Nachfolger wurde 2003 Felix Genn.

## Adresse

Bischöfliches Generalvikariat
Zwölfling 16
45127 Essen
Tel. 02 01/2 20 40
www.bistum-essen.de

*Die stillgelegte Zeche »Bonifacius« in Essen ist eines der zahlreichen Relikte aus jener Zeit, da Kohle und Stahl das Leben im Ruhrgebiet prägten.*

*Die Postkarte zeigt das Nikolaus-Groß-Haus in Niederwenigern und seinen Namensgeber, den von den Nationalsozialisten 1945 hingerichteten katholischen Arbeiterführer Nikolaus Groß, der im Jahr 2001 selig gesprochen wurde.*

# Diözese Limburg

**Die noch junge Diözese, gegründet 1827, nimmt seit den Tagen des Jesuiten Oswald von Nell-Breuning eine führende Rolle in der Diskussion aktueller sozialethischer Fragen ein.**

*Hoch über der Lahn erhebt sich der Limburger Dom – ein Wahrzeichen, das schon von weitem sichtbar ist. An seiner Westseite fällt die gotische Rosette auf, die in die spätromanisch kompakte Fassade eingegliedert wurde. Er ist einer von drei Domen der Diözese Limburg – die beiden anderen stehen in Frankfurt am Main und in Wetzlar.*

## St. Georg in Limburg

Schon von weitem grüßt der Dom zu Limburg hoch über der Stadt. Gerade weil er aus dem Felsen oberhalb der Lahn herauswächst und vom ehemaligen Schloss umgeben ist, weckt er Assoziationen an das himmlische Jerusalem, der neuen Stadt Gottes. Seine sieben Türme entsprechen den sieben Sakramenten. Das Motiv des himmlischen Jerusalem wird auch in den Fresken aufgegriffen, die aus dem 13. Jahrhundert stammen und im 20. Jahrhundert behutsam restauriert wurden. In der Vierung ist der thronende Christus abgebildet, im Langhaus Apostel, Propheten und

## Weihbischof & Generalvikar

- Gerhard Pieschl, Weihbischof

- Dr. Günther Geis, Generalvikar

Weise – die Bewohner der Gottesstadt. Nachdem die Limburger Kaufleute im 12. Jahrhundert wohlhabend geworden waren, beteiligten sie sich um die Wende zum 13. Jahrhundert am Bau des Doms, der gleichzeitig als Pfarrkirche für die Stadtpfarrei St. Nikolaus diente.

Im 17. und 18. Jahrhundert wurde er barock, wieder gut hundert Jahre später im Stil des Historismus ausgestaltet. 1965 erhielt er einen weißen Außenputz. Die farbigen Einfassungen wurden anhand aufgefundener Farbreste rekonstruiert. Auch im Inneren versuchte man nun, den Zustand aus dem 13. Jahrhundert wiederherzustellen.

Im Innern des Doms schaffen die vielen offenen Arkaden, die auf drei Etagen den Durchblick in die Galerien freigeben, eine besondere Atmosphäre. Die Empore dämpft das Licht, das durch die mittleren Fenster fällt. Weil auch der Chor sich in dieses Wechselspiel aus Licht und Schatten einfügt, ist die Vierung mit dem Altar der auffälligste Ort dieser Kirche.

*Die ehemalige Stiftskirche Sankt Bartholomäus in Frankfurt am Main, einer der drei Dome der Diözese Limburg: Hauptschiff und Chor zeugen von der hohen Kunst der gotischen Baumeister.*

## Bischof Dr. theol. Franz Kamphaus

- Geboren in Lüdinghausen am 2. Februar 1932
- Zum Priester geweiht am 21. Februar 1959
- Als Bischof von Limburg eingeführt am 13. Juni 1982

Wahlspruch *Evangelizare pauperibus – Den Armen das Evangelium verkünden*

Kreuz und Stab von Franz Kamphaus sind aus altem Eichenholz geschnitzt. Es stammt vom elterlichen Bauernhof des gebürtigen Münsterländers.

Nach seinem Theologie- und Philosophiestudium wirkte Franz Kamphaus als Kaplan, Vikar und Religionslehrer in Münster und Ahaus. Er schrieb 1968 eine Dissertation über die Verbindung von Bibelauslegung und Predigt und wurde 1972 als Professor für Predigtlehre an die Universität Münster berufen.

Nach knapp zehn Jahren als Regens des Priesterseminars Münster erfolgte 1982 die Ernennung zum Bischof von Limburg. Der Kölner Kardinal Joseph Höffner weihte ihn am Tag seiner Amtseinführung im Dom zu Limburg.

Franz Kamphaus ist bekannt dafür, dass er den Dialog mit den Menschen in seiner Diözese sucht. In den Diskussionen um die Schwangerenberatung sprach er in den Beratungsstellen der Diözese mit betroffenen Frauen. Er wohnt im Priesterseminar, seine bischöfliche Wohnung hat er jahrelang einer Flüchtlingsfamilie überlassen. Und wenn er im bescheidenen Pkw in die Bankenmetropole Frankfurt fährt, hat das ebenso viel Aussagekraft wie eine seiner Predigten.

In der Deutschen Bischofskonferenz ist Franz Kamphaus Vorsitzender der Kommission für weltkirchliche Aufgaben.

# Seit 175 Jahren Diözese

*Die Vorgeschichte des Bistums Limburg beginnt mit der Säkularisation. 1803 wurden die deutschen Fürsten für den Verlust ihrer linksrheinischen Gebiete entschädigt, die an Frankreich gefallen waren. Dadurch erhielten die nassauischen Fürstentümer die Gebiete der alten geistlichen Kurfürstentümer Mainz und Trier. 1806 wurden diese Gebiete zum Herzogtum Nassau vereinigt. Schon bald planten die evangelischen Landesherren, ein eigenes Bistum zu errichten.*

Nicht nur in Limburg, auch in Wetzlar und Frankfurt stehen als Dome bezeichnete Kirchen, die jedoch nie Bischofssitz waren. Das weist schon darauf hin, wie vielfältig die Wurzeln dieser noch jungen Diözese sind. Alle drei Dome wurden vor rund 750 Jahren geweiht – damals gehörten Limburg und sein Umland zu den Diözesen Mainz, Trier und Köln.

## Die Gründungsjahre

Am 23. November 1827 wurde die Diözese Limburg gegründet. Damit verbunden war die Erhebung der Limburger Stiftskirche St. Georg zum Dom.
In die lange Amtszeit von Bischof Peter Josef Blum (1842–1884) fiel die Revolution von 1848: Sie stärkte auch das Selbstbewusstsein der Katholiken, die jetzt mehr Unabhängigkeit vom Staat beanspruchten.

## Prägende Konflikte

1866 kam das Herzogtum Nassau zu Preußen. Im Kulturkampf wurde Bischof Blum ständig mit Geldstrafen belegt, was zur Pfändung des bischöflichen Besitzes – darunter auch die Brustkreuze – führte. Bei deren anschließender Versteigerung erwarben treue Kirchenmitglieder die Kostbarkeiten und brachten sie dem Bischof als Leihgabe zurück. 1876 ging Bischof Blum ins böhmische Exil. Er kehrte erst 1882 zurück, nachdem Bismarck sich kompromissbereit gezeigt hatte.
Unter Blums Nachfolger Dominikus Willi wurde das Ordensleben gestärkt. Kapuziner, Jesuiten und Franziskaner ließen sich nieder, die Seelsorge wurde ausgebaut.
In die Zeit der Weimarer Republik fiel die Gründung der Hochschule St. Georgen in Frankfurt. Von hier aus haben seit Jahr-

zehnten große Denker wie der Wirtschafts- und Sozialwissenschaftler Oswald von Nell-Breuning (1890–1991), der die Grundlagen der katholischen Soziallehre schuf, gewirkt.
Während des Dritten Reichs stand der einstige Wiesbadener Stadtpfarrer Antonius Hilfrich mit seinem mutigen Generalvikar Matthias Göbel der Diözese vor. Das 700-jährige Domjubiläum im August 1935 wurde zu einer eindrucksvollen Demonstration für den christlichen Glauben.

## Der »Limburger Stil«

Nach dem Zweiten Weltkrieg prägte mehr und mehr der Frankfurter Großstadtkatholizismus das kirchliche Leben, das in der Folge einen sehr weltoffenen Charakter annahm. So spricht man heute vom »Limburger Stil« und meint damit das engagierte Eingehen auf die Probleme der Zeit.

*Sel. Maria Katharina Kasper; sie gründete die Ordensgemeinschaft der Armen Dienstmägde Jesu Christi in Dernbach/Westerwald. 2002 riefen die Dernbacher Schwestern die Katharina-Kasper-Stiftung ins Leben, die schwangere Frauen psychosozial betreut.*

### HI. Georg – Patron der Diözese

Patron der Diözese Limburg ist der hl. Georg. Er stammte vermutlich aus Kappadokien (Nordtürkei) und starb Überlieferungen zufolge um 305 in Palästina den Märtyrertod.
Die bekannteste Georgs-Legende erzählt vom Kampf des nach seinem Martyrium Wiedererweckten mit einem Drachen.
Der hl. Georg gehört zu den vierzehn Nothelfern. Er wurde vor allem im Osten verehrt, die Kreuzfahrer brachten ihn nach Westeuropa. Hier wurde er zum Symbol der Ritterlichkeit.
Der Name Georg kommt aus dem Griechischen und bedeutet »Landmann« – so ist der hl. Georg auch Patron der Bauern.

## Daten & Fakten*

| | |
|---|---|
| Pfarreien | 329 |
| Katholiken | rd. 699 000 |
| Fläche | 6 182 qkm |
| Bezirke | 11 |
| Priester | 395 |
| Ordensleute | 1 160 |
| Diakone | 61 |
| Gemeindereferenten/-innen | 172 |
| Pastoralreferenten/-innen | 182 |
| Taufen | 5 293 |
| Erstkommunionen | 6 526 |
| Trauungen | 1 401 |
| Bestattungen | 7 350 |

* Stand 2004

In der Mainmetropole entstand auch die Frankfurter Volksarbeit als Modell für die »Katholische Aktion« in der Großstadt. Im katholischen Volksbüro in Wiesbaden fanden Menschen für alle Lebensbereiche

Beratung. Volksmissionen überall im Land sorgten für einen neuen Glaubensaufschwung – und entsprechenden Personalbedarf: 1952 erhielt die Diözese einen Weihbischof.

Beim Zweiten Vatikanischen Konzil war der Limburger Bischof Wilhelm Kempf (gestorben 1981) einer der Untersekretäre. Ein Schwerpunkt der gegenwärtigen Arbeit ist die kritische Auseinandersetzung mit dem Thema »Pränatale Diagnostik« – es geht um den Schutz ungeborenen Lebens vor dem Hintergrund neuer medizinischer Entwicklungen, die werdende Eltern in Gewissenskonflikte bringen können. Gemeinsam mit der Diözese Rottenburg-Stuttgart wurde eine Ausstellung erarbeitet, die auch beim Katholikentag 2004 zu sehen war. Gefordert wird eine gesetzlich gesicherte psychosoziale Beratung von Schwangeren – diesem Problem widmet sich auch die im Januar 2002 von den Dernbacher Schwestern gegründete Katharina-Kasper-Stiftung.

*Hildegard von Bingen nach einer gotischen Darstellung, die in der Abtei St. Hildegard in Eibingen zu bewundern ist.*

# Land der Klöster

Der Rheingau ist geprägt von klösterlicher Tradition. 1165 gründete Hildegard von Bingen ihr Kloster in Eibingen bei Rüdesheim, das um 1900 wiederbegründet wurde. Die einstige Kloster- und heutige Pfarr- und Wallfahrtskirche Eibingen beherbergt den Hildegardisschrein mit Reliquien der Heiligen.

Die Franziskanerkloster Marienthal bei Geisenheim und Bornhofen gehören zu den ältesten Marienwallfahrtsorten Deutschlands. Auch das ehemalige Kloster Nothgottes, ein Bildungshaus der Diözese, ist bis heute Ziel einer Fußwallfahrt.

Im Westerwald pilgern seit Hunderten von Jahren die Gläubigen zur Liebfrauenkirche

in Westerburg und zum Vesperbild von Marienstatt, einer besonders innigen Darstellung der Schmerzensmutter. Schließlich ist hoch über der Lahn das Kloster Arnstein Ziel einer Herz-Jesu-Wallfahrt, die erstmals 1924 stattfand.

## Adresse

Bischöfliches Ordinariat
Rossmarkt 4
65549 Limburg
Tel. 0 64 31/29 50
www.bistum-limburg.de

*Ein malerisches Bild: Benediktinerinnen des Klosters Eibingen bei der herbstlichen Weinlese auf dem klostereigenen Weinberg.*

# Diözese Münster

Das Münsterland ist der »schwärzeste Fleck auf Erden« – diese Feststellung des Parlamentariers Ludwig Windthorst war im 19. Jahrhundert durchaus als Kompliment zu verstehen, zeugte sie doch von der Glaubenstreue der münsterischen Katholiken.

*Der Dom zu Münster ist nicht nur wegen seiner Architekur sehenswert, sondern auch wegen der Altäre, Grabmäler und Heiligenstatuen aus Gotik, Renaissance und Barock. Besonders beeindruckend ist das Triumphkreuz im Chor. Es zeigt Christus mit geöffneten Augen und langem Gewand: Der Gekreuzigte ist neuer Hohepriester und Himmelskönig zugleich.*

## St. Paulus in Münster

Der heutige Dom zu Münster wurde im Jahr 1264 geweiht. Typisch spätromanisch sind die wuchtigen Türme mit den rundbogigen Fenstern im Westwerk. An der Südseite des Domes befindet sich das »Paradies«, der Haupteingang. Diese Vorhalle symbolisiert einerseits das biblische Paradies und andererseits den Ort, an dem Christus als Weltenrichter über den Bewohnern des neuen Jerusalem thront.

## Weihbischöfe & Generalvikar

- Heinrich Janssen,
  Weihbischof in der Region Niederrhein

- Friedrich Ostermann, Weihbischof
  in der Region Münster/Warendorf

- Dr. Franz-Peter Tebartz-van Elst, Weihbischof in der Region Steinfurt–Borken

- Heinrich Timmerevers, Weihbischof
  in der Region Oldenburg

- Dr. Josef Voß, Weihbischof in der Region
  Coesfeld/Recklinghausen

- Norbert Kleyboldt, Generalvikar

## Bischof Dr. iur. can. Reinhard Lettmann

- Geboren in Datteln
  am 9. März 1933
- Zum Priester
  geweiht am
  21. Februar 1959
- Als Bischof
  von Münster
  eingeführt am
  16. März 1980

**Wahlspruch** *Christo tuo venienti occur-
rentes – Lasst uns deinem kommenden
Christus entgegeneilen*

Clemens August Graf von Galen hat er als
Fünfjähriger die Hand geschüttelt. Später
kamen die Bombennächte im Luftschutz-
keller. Bischof Reinhard Lettmann, der

So ist das »Paradies« gleichsam eine zwei-
fache Pforte – in die Kirche wie in den
Himmel. Als Kirchenvorhalle war es einst
ein Ort der Verkündigung und Rechtsprechung. Oft fanden hier auch Verfolgte
Asyl.
Nach der Weihe wurde der Dom mehrfach
erweitert. Mitte des 16. Jahrhunderts, nach
der Herrschaft der Wiedertäufer, war das
Dominnere verwüstet. Im Zuge der
Wiederherstellung entstand unter anderem die sehenswerte Astronomische Uhr
im Chorumgang, deren Kalender bis zum
Jahr 2071 geht.
Im Zweiten Weltkrieg wurde der Dom
weitgehend zerstört und im ersten Nach-
kriegsjahrzehnt wieder aufgebaut. Am
14. Oktober 1956 feierte man die zweite
Weihe von St. Paulus.

Bergmannssohn aus Datteln, hat schon
früh prägende Erfahrungen gemacht, die
ihn heute noch leiten: Ohne Angst sollen
die Menschen ihr Leben führen können,
unterstützt vom Glauben und den daraus
resultierenden Werten. Diese Werte zu
verkünden und zu vermitteln, betrachtet
er als wichtige Aufgabe.
Das Zweite Vatikanische Konzil war eine
weitere wichtige Erfahrung: Als Sekretär
begleitete Reinhard Lettmann den damaligen Bischof Joseph Höffner zu allen Sit-
zungen nach Rom. 1967, nach dem Konzil, ernannte Höffner den promovierten
Kirchenrechtler zum Generalvikar – Lettmann war mit 34 Jahren deutschlandweit
der Jüngste in diesem Amt. 1973 folgten
die Ernennung zum Titularbischof und die
Bischofsweihe. Seit 1980 steht Lettmann
der Diözese Münster vor. In der Deutschen Bischofskonferenz ist er Mitglied
der Ökumene-Kommission.

*In einer der Kapellen der
Fürstbischöfe von Galen liegt
Clemens August Graf von
Galen begraben: Der »Löwe
von Münster« war von 1933
bis 1946 Bischof der Diözese
und übte furchtlos Kritik an
den Gräueltaten des Dritten
Reichs. Er wandte sich un-
eingeschränkt tadelnd gegen
die Unterdrückung des
Glaubens. 1941 hielt er seine
berühmten Predigten gegen
die Schreckensherrschaft
der Gestapo und gegen die
Tötung geistig behinderter
Menschen. 2005 wird
Clemens August Graf von
Galen durch den Papst selig
gesprochen.*

# Die christlichen Ursprünge

*Reliquiar des hl. Victor im Dom von Xanten. Er starb den Märtyrertod in Xanten, wo er bereits im 4. Jahrhundert an seiner viel besuchten Grabstätte verehrt wurde. So war es nur eine Frage der Zeit, bis im Mittelalter ein Dom errichtet wurde, der bis heute seinen Namen trägt.*

Zur Zeit von Kaiser Augustus kamen die römischen Truppen an den Niederrhein – allerdings blieben die Römer von den Germanen bedrängt, die die fremde Vorherrschaft nicht ohne Gegenwehr hinnehmen wollten.

Für das 4. Jahrhundert ist für Xanten ein Märtyrertod belegt: Der hl. Victor, ein römischer Soldat, starb mit seinen Gefährten, weil er im Militärdienst seinem christlichen Glauben nicht abschwören wollte. Seine Reliquien werden im Xantener Dom aufbewahrt, der nach ihm benannt ist. Durch die Mission des Angelsachsen Willibrord entstand um das Jahr 700 die Diözese Utrecht. Hier wurden die friesischen Missionare Liudger und Hildegrim ausgebildet. Karl der Große beauftragte sie 792 offiziell, die eroberten Gebiete Friesland und Westfalen zu christianisieren. Liudger wählte den Ort Mimigernaford (Münster) zu seinem Hauptstützpunkt. Hier wurden der erste der drei Dome und ein Kloster mitsamt Schule gebaut. Der Name »Münster« leitet sich von lateinisch »monasterium« – »Kloster« ab. 805 ernannte der Kaiser Liudger zum Bischof – dieses Datum gilt als Gründungsjahr der Diözese Münster.

## Aus Bischöfen wurden Fürstbischöfe

*Die münsterische Kirmes, die »Send«, geht auf das Mittelalter zurück, als regelmäßig Synoden in der Stadt abgehalten wurden.*

Das Mittelalter war auch für die Diözese Münster eine religiöse Blütezeit. Neue Pfarreien entstanden, Stifte und Klöster siedelten sich an – darunter viele Frauenklöster. Regelmäßig fanden in der Vorhalle des Doms zu Münster Gerichtstage statt, und die Priester der Diözese kamen zu Synoden zusammen. Schon bald entwickelte sich zu diesen Anlässen ein Markt,

der den Namen »Send« trug und vom Begriff »Synode« abgeleitet war – noch heute heißt die münsterische Kirmes »Send«. Die Kaiser und Könige entschieden darüber, wer den Bischofssitz innehatte, und so bekam das Amt auch eine politische Bedeutung. Entsprechend wurde der Bischof zu Münster bald Fürstbischof – der erste war Hermann II. (gestorben 1203). Überall im Land wurden den Klöstern Schulen und Hospitäler angegliedert. Prozessionen und Wallfahrten gehörten selbstverständlich auch zum christlichen Leben.

## Die Herrschaft der Täufer

Mit den Jahrhunderten nahm die politische Bedeutung des Bischofsamtes immer mehr zu. Die Fürstbischofe wurden zu Landesherren, das Domkapitel zu einer Art beratendem Parlament. Gilden und Bruderschaften übernahmen in den Städten die seelsorgerliche und karitative Betreuung der Menschen. Allein in Münster schlossen sich siebzehn Gilden zu einer Stadtgilde zusammen – der Anfang einer bürgerlichen Gegenmacht zum Fürstbischof.

Die lutherische Reformation fand in Münster im Jahr 1524 ihre ersten Fürsprecher in Gestalt von vier Kaplänen. Im Namen der Gilden und der Bürger kritisierten sie, dass die Geistlichkeit so viel mehr Rechte besaß als die Bürger. Acht Jahre später bekannte sich der Kaplan von St. Mauritz vor den Toren zur Reformation und besetzte mit seinen Anhängern die Stadtkirche St. Lamberti. Auch der Stadtrat wechselte nun auf die lutherische Seite. Die Diözese war gespalten. Einige Städte hielten es mit Luther, andere blieben Rom treu.

*Blick durch das Langhaus zum Altar des Domes zu Münster. Die Seitenschiffe dieser Basilika sind durch die hoch aufragenden Scheidbögen mit dem Mittelschiff verbunden, ähnlich wie bei einer Hallenkirche.*

Als sich auch Fürstbischof Franz von Waldeck immer mehr dem Luthertum zuwandte und sich Unterstützung vom Marburger Landgraf Philipp von Hessen holte, wurde am 14. Februar 1533 das Augsburger Bekenntnis von Rat und Geistlichkeit offiziell anerkannt – damit war Münster evangelisch. Das Augsburger Bekenntnis hatte Luthers Mitstreiter Philipp Melanchthon für den Reichstag zu Augsburg 1530 verfasst. Es ist bis heute die wichtigste Bekenntnisschrift der lutherischen Kirchen. 1534 eroberten die Täufer die Stadt. Diese radikale Gruppe, die in Ostfriesland entstanden und über die Niederlande nach Münster gekommen war, lehnte die Kindertaufe ab, verknüpfte sozialrevolutionäre Ideen mit apokalyptischer Erwartung und wollte auf dieser Grundlage einen Gottesstaat errichten, ein neues Zion mit dem Täuferführer Jan van Leiden als Herrscher. Der Dom und die anderen Kirchen wurden geplündert, die Gegner der Täuferherrschaft umgebracht. Nach mehreren Monaten eroberte Fürstbischof Franz von Waldeck die Stadt mit Unterstützung anderer Bischöfe zurück. Die Führer der Täufer wurden hingerichtet und am Kirchturm von St. Lamberti in eisernen Käfigen zur Abschreckung ausgestellt.

Weniger Erfolg hatte Franz von Waldeck mit seinen anschließenden Bemühungen, das nunmehr erneut katholische Münster doch noch zu reformieren: Das Domkapitel weigerte sich. Andernorts, in Vechta, Cloppenburg, Delmenhorst und Wildeshausen, konnte er die Reformation nach dem Augsburger Bekenntnis hingegen durchsetzen.

## Die Rekatholisierung der Diözese

Das Konzil von Trient (1545–1563) bewirkte eine Reform auch der deutschen Kirche. Fürstbischof Johann von Hoya betrieb die Erneuerung vor Ort durch Visitationen und jährliche Fastenbriefe. Allerdings war sich das Domkapitel in Münster immer noch nicht über die Konfession einig, und ringsherum im Land gewann der Calvinismus aus den Niederlanden zunehmend an Einfluss. Der calvinistische Protestan-

*Während der Reformation war Münster hart umkämpft und geriet zeitweise unter die Herrschaft der Täufer. Diese radikale protestantische Gruppe wollte einen Gottesstaat errichten.*

tismus geht auf den Genfer Reformator Johannes Calvin (1509–1564) zurück. Angesichts dieser erneuten Konkurrenz betrieben die nachfolgenden Fürstbischöfe von Münster die Gegenreformation mit politischen und wirtschaftlichen Mitteln. In Münster entstanden zu dieser Zeit zwei Priesterseminare. Vor einem neu eingerichteten Geistlichen Rat mussten alle Kleriker und angestellten Laien ihre Rechtgläubigkeit unter Beweis stellen. In der ersten Hälfte des 17. Jahrhunderts wurden unter Fürstbischof Ferdinand von Bayern auch das Emsland, Cloppenburg, Vechta und Wildeshausen wieder katholisch. Sein Nachfolger, Fürstbischof Christoph Bernhard von Galen, trug die Spitznamen »Bombenbernd« und »Kanonenbischof«, weil er die Rekatholisierung der emsländischen und niederländischen Gebiete mit militärischen Mitteln betrieb. In der zweiten Hälfte des 18. Jahrhunderts bildete sich unter dem Einfluss der Aufklärung der »Kreis von Münster« (familia

*Rechts:*
*Die münsterische Clemens-kirche mit ihrem prächtigen Deckengewölbe wurde 1745–1753 nach Plänen des westfälischen Barock-baumeisters Johann Conrad Schlaun gebaut.*

*Im März 1875, während des Kulturkampfes, wurde der münsterische Bischof Johann Bernhard Brinkmann inhaftiert und ging nach vierzig Tagen ins niederländische Exil. Erst 1884, nachdem Bismarck zu Kompromissen bereit war, kehrte er zurück. Diese Erfahrungen stärkten das Bewusstsein der Katholiken in Münster. Der Parlamentarier Ludwig Windthorst, als politischer Führer der deutschen Katholiken Bismarcks Gegner, sagte 1885 auf dem Katholikentag in Münster: »Ich kenne keinen schwärzeren Fleck Erde als das Münsterland.«*

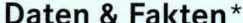

## Daten & Fakten*

| | |
|---|---|
| Pfarreien | 721 |
| Katholiken | 2 056 000** |
| Fläche | 15 268 qkm |
| Dekanate | 52 |
| Priester | 1 252 |
| Ordensleute | 3 465 |
| Diakone | 242 |
| Gemeindereferenten/-innen | 392 |
| Pastoralreferenten/-innen | 109 |
| Taufen | 18 202** |
| Erstkommunionen | 24 196** |
| Trauungen | 4 367** |
| Bestattungen | 20 701** |

\* Stand 2004    \*\* Stand 2003

sacra). Dies weckte auch Goethes Interesse: 1792 besuchte er die Fürstin Amalia von Gallitzin in Münster. Adlige, Bürger und Geistliche versuchten hier, den katholischen Glauben, aufklärerisches Gedankengut und bald auch romantische Gefühlsbetontheit zu verbinden. Zum Umfeld des Kreises gehörte die Familie der berühmten Dichterin Annette von Droste-Hülshoff (1797–1848). Deren Gedichtzyklus »Geistliches Jahr« ist Zeugnis tiefster Frömmigkeit und zugleich Ausdruck des Zwiespalts zwischen Glaube und Vernunft.

### Konflikte mit Preußen

Mit der Säkularisation im Jahr 1803 und dem Reichsdeputationshauptschluss endete die Herrschaft des Fürstbischofs. Die Klöster wurden aufgehoben, ihre Kirchen als Lagerräume zweckentfremdet. Die Diözese Münster erhielt nun annähernd ihren heutigen Zuschnitt. Die gesamte Region kam unter preußische Herrschaft – und war damit Teil eines mehrheitlich protestantischen Staats. Als Suffragan ist die Diözese Münster seit 1821 der Erzdiözese Köln zugeordnet.

## Erneuerung nach dem Krieg

Nach dem Zusammenbruch des Dritten Reichs galt es, Gesellschaft und Kirche neu zu ordnen. Bischof Graf von Galen erhielt 1946 die Kardinalswürde, starb jedoch bald darauf.

Sein Nachfolger, Bischof Michael Keller (1947–1961), sah schon früh, dass die katholische Kirche sich in der zunehmend pluralistischen Gesellschaft neu verorten musste. Zunächst aber entstanden für die zugezogenen Flüchtlinge viele neue Pfarreien – zeitweise wurde monatlich eine Kirche geweiht. Das Zweite Vatikanische Konzil brachte mehr Verantwortung für die Laien. Unter Bischof Joseph Höffner (1962–1969) und Bischof Heinrich Ten-

humberg (1969–1979) entwickelten sich neue liturgische Formen sowie neue Strukturen auch in der gemeinsamen Arbeit von Priestern und Laien.

In den Jahren 1994 bis 1997 – Bischof Reinhard Lettmann war bereits vierzehn Jahre im Amt – fand ein dialogorientiertes Diözesanforum unter dem Motto »Mit einer Hoffnung unterwegs« statt. Es brachte noch einmal Neuerungen auf allen Ebenen der kirchlichen Arbeit.

Eine Besonderheit der Diözese ist ihre geographische Zweiteilung: Zum rheinisch-westfälischen Kerngebiet kommt die Region Oldenburg als »Exklave« mit acht Dekanaten. Sie wird vom Bischöflichen Offizialat Vechta betreut.

*Die Jahre zwischen 1933 und 1945 waren von tief greifenden Konflikten zwischen Staat und katholischer Kirche bestimmt: Versammlungen waren verboten, Schulen wurden geschlossen; die Gläubigen wehrten sich mit machtvollen Prozessionen, die zu einer Demonstration des »Dennoch« wurden.*

## Viel besuchte Wallfahrtsziele

21 Wallfahrtsorte sind zwischen Mai und November das Ziel der Pilger. Rund 1,5 Millionen Menschen machen sich in der Diözese Münster jährlich auf den Weg, so schätzen die Verantwortlichen der diözesanen Pilgerkommission. Die größte Fußwallfahrt ist die zum Gnadenbild nach Telgte – im Jahr 2002 war sie sogar die größte Fußwallfahrt im deutschsprachigen Raum. Die lebensgroße Skulptur der

Schmerzhaften Muttergottes ist aus Pappelholz geschnitzt und wurde erstmals Mitte des 14. Jahrhunderts erwähnt. Ursprünglich stand sie im Freien, bis sie zunächst ein Dach und dann eine barocke Kapelle erhielt.

Auch der Marienwallfahrtsort Kevelaer am Niederrhein ist stark besucht. Nach Altötting in Bayern ist er der zweitgrößte Wallfahrtsort Deutschlands.

## www.kirchensite.de

Zusätzlich zur Homepage der Diözese gibt es die »kirchensite«, ein diözesaner Onlinedienst, der nicht nur Chats über Gott und die Welt anbietet. Man erfährt hier auch das Neueste aus der Diözese, bekommt Denkanstöße zu gesellschaftlichen und religiösen Fragen und kann eigene Anliegen entweder für alle User oder exklusiv für die Ordensgemeinschaften als Fürbitte weitergeben.

**Adresse**

Bischöfliches Generalvikariat
Domplatz 27
48143 Münster
Tel. 02 51 / 49 50
www.bistum-muenster.de
www.kirchensite.de

*Das Gnadenbild in Telgte, entstanden um 1370, zeigt den vom Kreuz abgenommenen Leichnam Christi im Schoß seiner Mutter.*

# Diözese Trier

Die älteste deutsche Diözese war über viele Jahrhunderte maßgeblich an der Entwicklung der katholischen Kirche im Reich beteiligt – nicht zuletzt durch ihre großen geistigen und baulichen Leistungen.

*Der Trierer Dom ist die älteste Kirche Deutschlands und vereint alle Epochen der europäischen Kunst- und Baugeschichte in sich. Wegen seiner herausragenden kulturgeschichtlichen Bedeutung wurde er 1986 in die Liste des UNESCO-Weltkulturerbes aufgenommen.*

## Der Dom zu Trier

Fast ununterbrochen seit 1 700 Jahren versammeln sich im Trierer Dom die Christen der Gemeinde. Als eigentlicher Initiator des Domes gilt der römische Kaiser Konstantin (306–337). Er war es, der 313 dem Christentum die freie Religionsausübung gestattete. Auf ihn gehen St. Peter in Rom, die Grabeskirche in Jerusalem, die Geburtskirche in Bethlehem und eben der Trierer Dom zurück.

Archäologische Forschungen stützen den Bericht des Mönches Altman von Hautvillers aus Reims, wonach die angeblich in Trier geborene hl. Helena, die Mutter des Kaisers, einen Teil ihres Hauses zur Bischofskirche umgebaut und dem hl. Petrus geweiht hat. Zwar können weder schriftliche Quellen, Münzen, Inschriften noch große kaiserliche Bauwerke in Trier diese Behauptung verlässlich belegen. Tatsache

## Weihbischöfe & Generalvikar

- Leo Schwarz, Weihbischof

- Robert Brahm, Weihbischof

- Jörg Michael Peters, Weihbischof

- Dr. Georg Holkenbrink, Generalvikar

ist aber: Der Dom steht tatsächlich auf den Resten eines Wohnhauses, von dem eine etwa 70 Quadratmeter große Zimmerdecke eines Prunksaals in Bruchstücken erhalten geblieben ist.

Diese aus über 30 000 Putzstücken zusammengesetzte bemalte Decke vom Anfang des 4. Jahrhunderts stellt ein einzigartiges Denkmal spätantiker Malerei dar und ist im bischöflichen Dom- und Diözesanmuseum zu sehen.

Bischof Maximinus (329–346) machte noch zu Konstantins Lebzeiten den Trierer Dom zu einer der größten Kirchenanlagen des 4. Jahrhunderts, indem er ihn nach Norden und Osten zu einer monumentalen Kirchenanlage mit vier Basiliken, einem Baptisterium und zahlreichen Nebengebäuden erweitern ließ.

Doch bereits kurz darauf wurde die Kirche während der Völkerwanderung wieder zerstört. Bischof Niketius (526–566) ließ den »Quadratbau« und Teile der Nordkirche wieder herstellen. Nach einer erneuten Zerstörung 882 durch die Normannen

*Kaiser Konstantin und Kaiserin Helena, Fresko aus dem 13. Jahrhundert; der römische Kaiser Konstantin verbrachte einen Teil seiner Amtszeit (306–337) in der Residenzstadt Trier und regierte von dort aus das weströmische Reich, unterstützt von seiner Mutter, der hl. Helena.*

## Bischof Dr. theol. Reinhard Marx

- Geboren am 21. September 1953 in Geseke bei Soest
- Zum Priester geweiht am 2. Juni 1979
- Als Bischof von Trier eingeführt am 1. April 2002

Wahlspruch *Ubi Spiritus Domini ibi libertas – Wo der Geist des Herrn wirkt, da ist Freiheit*

»Ist Kirche anders? Möglichkeiten und Grenzen einer soziologischen Betrachtungsweise« – das ist der Titel der 1988 in Bochum vollendeten Dissertation von Dr. theol. Reinhard Marx. Paderborn, Paris und Bochum waren die Stationen seiner Studienzeit. Zwei Jahre nach seiner Priesterweihe 1979 wurde er zunächst Geistlicher Rektor der »Kommende«, des Sozialinstitutes der Erzdiözese Paderborn mit Sitz in Dortmund, und 1989 deren Direktor. 1996 wurde er Professor für Christliche Gesellschaftslehre an der Theologischen Fakultät in Paderborn, im gleichen Jahr ernannte ihn Papst Johannes Paul II. zum Titularbischof von Pedena und Weihbischof in Paderborn. Seit 1999 ist Bischof Reinhard Marx Vorsitzender von Justitia et Pax, einer gemeinsamen Kommission der Deutschen Bischofskonferenz und des Zentralkomitees der Deutschen Katholiken.

In der Deutschen Bischofskonferenz ist er Vorsitzender der Kommission für gesellschaftliche und soziale Fragen und stellvertretender Vorsitzender der weltkirchlichen Kommission. Reinhard Marx ist der 102. Bischof von Trier.

*Der hl. Matthias – nach der Himmelfahrt Christi von den Aposteln zum Nachfolger des Verräters Judas gewählt – ist der einzige Apostel, dessen Reliquien in Deutschland zu finden sind. Sie kamen im 4. Jahrhundert durch Bischof Agritius als Geschenk von Kaiserin Helena nach Trier und ruhen heute, nach der Erhebung in den Jahren 1050 und 1127, in der St.-Matthias-Kirche.*

gelang unter Erzbischof Poppo von Babenberg (1016–1047) und seinen Nachfolgern mit der Erneuerung der Domkirche einschließlich der Krypten und der Westfassade ein Meisterwerk salischer Baukunst. Im 13. Jahrhundert errichtete man über den niedergelegten Resten der antiken Südkirche den Neubau der Liebfrauenkirche sowie den Kreuzgang.

Erzbischof Balduin von Luxemburg (1307–1354) ließ die zwei schlanken Osttürme erhöhen; der südliche Westturm wurde erst um 1515 vergrößert.

## Bauliche Veränderungen

Seit dem Mittelalter ist der Dom die Grablege der Trierer Bischöfe. Wichtige Teile der mittelalterlichen Ausstattung des Kirchenraums haben bis heute überlebt: Chorschranken, Grabdenkmäler, Bauplastiken. Nach dem Ende des Dreißigjährigen Krieges ließen die Erzbischöfe Karl Kaspar von der Leyen (1652–1676) und Johann Hugo von Orsbeck (1676–1711) den Dom umgestalten. So entstanden der altarähnliche Aufbau im romanischen Ostchor und die außen am Scheitel des Ostchors angefügte Heiltumskammer. In dem von dem Frankfurter Bildhauer und Architekten Johann Wolfgang Fröhlicher 1687 gestalteten Raum wird der Heilige Rock, die kostbarste Reliquie des Doms, aufbewahrt. Nach einem Brand im Jahr 1717 kam es zu weit reichenden baulichen Veränderungen der Basilika. Neue Altäre, barocke Grabdenkmäler, ein schmiedeeisernes Chorgitter und eine Schwalbennestorgel gaben dem Dom ein barockes Gepräge.

Im 19. Jahrhundert wurde die Basilika erstmals gründlich archäologisch erforscht und erneut restauriert, mit dem Ziel, ihr mittelalterliches Aussehen wieder herzustellen. So wurden die barocken Turmhelme beseitigt und durch neogotische Dächer ersetzt; das vom Barock übernommene gotische Steildach ersetzte man durch ein flacheres, das den frühromanischen Formen entsprach. Querschiff und Lichtwände blieben bestehen. Im Inneren wurden die klassizistische Empore im Westchor samt Orgel abgebrochen und die barocken Altäre entfernt, an deren Stelle traten neoromanische »Ambonen«, erhöhte Pulte für die Lesungen. Die jüngste große Domrestaurierung fand zwischen 1960 und 1974 statt.

## Trier – die älteste deutsche Diözese

Als Julius Cäsar in den Jahren 58–50 v. Chr. Gallien eroberte und den Rhein zur Ostgrenze des Römischen Reiches machte, unterwarf er auch den Keltenstamm der Treverer, der zwischen Rhein und Maas zu Hause war. Kaiser Augustus erhob im Jahre 16 v. Chr. die Treverersiedlung an der Mosel zur Hauptstadt, die sich ihm zu Ehren »Augusta Treverorum« nannte und schnell aufblühte.

Im Jahr 275 legten die Franken die Stadt in Schutt und Asche. Doch bald folgte eine zweite Blütezeit, denn Trier war zwischen 293 und 395 Hauptstadt des Weströmischen Reiches mit Gallien, Spanien und Britannien. Hier residierten Kaiser Konstantin und seine Söhne sowie die Kaiser Valentinian und Gratian.

Die Glanzzeit des kaiserlichen Trier ging Hand in Hand mit einer Blüte des Christentums, das im Land der Treverer früh Eingang gefunden hatte. Die Legende führt dies auf den hl. Petrus zurück, dessen Abgesandte, die hll. Eucharius und Valerius, die erste christliche Kirche errichteten – an der Stätte, wo heute die Basilika St. Matthias steht. Als zwischen 395 und 406 die Germanen in die Region einfielen, verlegten die Römer ihre Präfektur nach Arles im heutigen Südfrankreich. Das bedeutete das Ende der Glanzzeit in Trier. Die Jahre zwischen 600 und 720 sahen die Gründung zahlreicher Klöster und Stifte um die Domstadt, so im Norden St. Maximin und im Süden St. Eucharius, später, nach Auffindung der Gebeine des Apostels, St. Matthias genannt. Hinzu kamen St. Martin, St. Irminen/Oeren und St. Maria zu den Märtyrern in Trier, Pfalzel, Mettlach und Prüm.

## Brücke von West nach Ost

Die Erzbischöfe, meist altem deutschem Adel entstammend, leiteten durch ihr Wirken eine neue Periode des Ansehens und des Wohlstandes der Stadt und der Erzdiözese ein. So wurde Trier Metropole einer Kirchenprovinz, die die Diözesen Metz, Toul und Verdun umfasste, dazu das heutige Luxemburg und Teile Belgiens, und die im Osten bis Gießen reichte. Immer mehr wurde die Diözese zu einer Brücke von West nach Ost, über die viele geistige Strömungen und kulturelle Bewegungen von Frankreich nach Deutschland kamen – von der Romanik über die Zisterzienser, die Entwicklungen des Kirchenrechts, die Bewegung der Waldenser bis hin zur Gotik. Unter Bischof Poppo von Babenberg (1016–1047) begann der Aufbau der mächtigen Ostfassade des heutigen Doms. Bald wurden Paulinus- und Matthiaskirche gebaut und durch Papst Eugen III. feierlich eingeweiht, als er 1148 in Trier ein Konzil abhielt. Auch die Liebfrauenkirche entstand in jener Zeit – sie ist Nachfolgerin einer parallel zum Dom gelegenen römischen

Basilika und das erste Werk der Frühgotik auf deutschem Boden.
1183 bis 1189 erschütterte ein Bistumsstreit nach einer Bischofs-Doppelwahl das kirchliche Leben, was die hl. Hildegard

*Die Porta Nigra, das antike nördliche Stadttor, ist eines der ältesten und am besten erhaltenen römischen Bauwerke überhaupt. Sie erinnert an die Zeit, als Trier Hauptstadt des Weströmischen Reiches war.*

von Bingen zum Anlass für engagierte prophetische Mahnungen nahm. Dennoch stand jetzt das geistliche Leben in voller Blüte: Klöster der Dominikaner und Franziskaner wurden in Trier gegründet, neue Benediktinerabteien in Trier (St. Eucharius), Tholey und Laach, eine der ersten deutschen Zisterzienserabteien in Himmerod. In Arnstein, Wadgassen, Sayn und Rommesdorf ließen sich Prämonstratenser nieder. Von Springiersbach aus entwickelte sich eine weit tragende Reform der Chorherrenstifte.

## Stützen des Kaisertums

Ab dem 13. Jahrhundert wählte meist das Domkapitel die Erzbischöfe, die immer mehr Rechte auf ihr Amt vereinigten, zugleich Reichsfürsten wurden und königliche Rechte wie Münz- und Marktrecht sowie die Gerichtshoheit erhielten. Vielfach verwandt mit deutschen Königshäusern, erwiesen sie sich als beste Stützen des deutschen Kaisertums und gewannen

*Zu Beginn des 11. Jahrhunderts kam der hl. Simeon, ein Einsiedler, nach Trier. Er war ein Gefolgsmann des Bischofs Poppo von Babenberg (1016–1047). Um 1029 ließ sich Simeon in einer Zelle an der Porta Nigra einmauern und starb dort am 1. Juni 1035. Schon wenige Monate später wurde er heilig gesprochen. Ihm zu Ehren ließ Bischof Poppo die Porta Nigra zu einer Kirche ausbauen.*

*Aufgrund der Bestimmungen der »Goldenen Bulle«, die ab dem ausgehenden Mittelalter die Wahl der Könige regelte, war der Erzbischof von Trier einer der sieben Kurfürsten, die den König kürten.*

zunehmend Einfluss auf die Geschicke des Reiches. Der bedeutendste Trierer Erzbischof des Mittelalters wurde Balduin von Luxemburg (1307–1354), ein Bruder des deutschen Königs Heinrich VII. und Großonkel Karls IV. Unter seinem Einfluss entstand 1356 die »Goldene Bulle«, eines der wichtigsten Gesetze des Heiligen Römischen Reiches, das unter anderem ein Kollegium der sieben Kurfürsten – unter ihnen die drei Erzbischöfe von Mainz, Köln und Trier – zur Wahl des deutschen Königs bestimmte.

Mit der Auffindung des Heiligen Rocks im Jahre 1512 fand der Reliquienkult in Trier einen neuen Höhepunkt. Er hatte sich bereits Anfang des 12. Jahrhunderts gebildet, als das Grab des Apostels Matthias gefunden worden war, und wurde durch Fahrten nach St. Maximin und zu anderen Heiltümern der Stadt im Sieben-Jahre-Rhythmus weiter gesteigert. Beinahe parallel zu dieser neuen Reliquien-Verehrung begann das Reformationszeitalter, wobei im Mosel- und Rheingebiet fast alle Teile, die nicht zum Kurstaat gehörten, protestantisch wurden. Die Diözese selbst sowie ihre Gebiete in Frankreich, den habsburgischen Niederlanden (einst Grafschaft Luxemburg, später Burgund) und im Herzogtum Lothringen blieben katholisch. Durch die Nachwehen des Dreißigjährigen Krieges kam es in der Region wiederholt zu militärischen Konflikten, in deren Verlauf Trier zwischen 1680 und 1714 mehrfach angegriffen und für längere Zeit besetzt wurde. Dies zwang Kurfürsten und Erzbischöfe dazu, ihren Sitz nach Koblenz zu verlegen. Unter Kurfürst und Erzbischof Clemens Wenzeslaus wurden Trier und sein Umland 1794 durch französische Revolutionstruppen besetzt. Die Stadt fiel jetzt für zwei Jahrzehnte an Frankreich.

*Auch nach dem Westfälischen Frieden von 1648 kehrte in der Region kein Frieden ein. 1688 fielen die Franzosen im Pfälzischen Erbfolgekrieg in der Pfalz ein und verwüsteten das Land beim Rückzug. Und bereits 1701 kam erneut für Jahre die Furie des Kriegs über die Menschen in der Pfalz, als der Spanische Erbfolgekrieg ausbrach.*

## Neuordnung nach dem Wiener Kongress

Mit dem Konkordat zwischen Napoleon und Papst Pius VII. kam es 1803 zur Auflösung der Kirchenprovinz. 1814 musste Kaiser Napoleon I. abdanken, und der Wiener Kongress ordnete Europa neu. Der einstige Kurstaat Trier wurde mit dem Kurfürstentum Köln zur preußischen Rheinprovinz vereinigt. 1821 wurde die päpstliche Bulle »De salute animarum«, die das Bistum Trier in den Grenzen der preußischen Regierungsbezirke Koblenz und Trier und

### Daten & Fakten*

| | |
|---|---|
| Pfarreien | 965 |
| Katholiken | rd. 1 600 000 |
| Fläche | 12 870 qkm |
| Dekanate | 35 |
| Priester | 969 |
| Ordensleute | rd. 3 000 |
| Diakone | 147 |
| Gemeindereferenten/-innen | 235 |
| Pastoralreferenten/-innen | 252 |
| Taufen | 11 701** |
| Erstkommunionen | 16 856** |
| Trauungen | 2 862** |
| Bestattungen | 19 042** |

\* Stand 2004    \*\* Stand 2003

kleinerer Teilterritorien neu umschrieb, angenommen. Erst 1824 erhielt Trier mit Josef von Hommer (1824–1836) einen neuen Bischof.

Bis zum Ersten Weltkrieg erlebte die Diözese – vor allem auch durch die Industrialisierung des Saarlandes und des Koblenzer Beckens – einen erheblichen Zuwachs an Katholiken: Ihr Anteil verdoppelte sich im 19. Jahrhundert auf 1,3 Millionen.

## Beständigkeit trotz Wandel

Während sieben Jahrzehnten besaß die Diözese in den beiden Bischöfen Michael Felix Korum (1881–1921) und Franz Rudolf Bornewasser (1922–1951) zwei starke und engagierte Seelsorger. Bornewasser setzte sich nach dem Krieg für den Verbleib des Saarlandes bei der Diözese ein.

In der zweiten Hälfte des 20. Jahrhunderts sah die Diözese drei Bischöfe: Matthias Wehr (1951–1966), Bernhard Stein (1967– 1980) und Hermann Josef Spital (1981– 2001). Jeder von ihnen trug auf seine Weise dazu bei, in der Auseinandersetzung mit den als Bedrohung empfundenen Weltanschauungen die drohende geistige Enge aufzubrechen. Dieser Aufbruch gewann nicht zuletzt durch das Zweite Vatikanische Konzil an Dynamik, was auch die seit 1966 in der Diözese und ihren Pfarreien neu entstandenen synodalen und kooperativen Strukturen zeigen.

*An der Grenze zu Frankreich gelegen, geriet die Diözese Trier wiederholt zwischen die Mühlsteine der europäischen Politik – zuletzt in den fünfziger Jahren, als es nach dem Zweiten Weltkrieg um die Zugehörigkeit des Saarlandes zu Deutschland ging.*

# Der Heilige Rock

Die kostbarste Reliquie des Trierer Domes ist die Tunika Christi, der so genannte Heilige Rock. Wie er nach Trier kam und ob das Gewand Christi echt ist, ist nicht verbürgt. Der Überlieferung nach hat die hl. Helena, Mutter von Kaiser Konstantin, das ungeteilte Gewand Christi bei ihrer Pilgerfahrt in Jerusalem gefunden und anschließend der Kirche von Trier geschenkt. Sicher belegt ist die Geschichte des Heiligen Rocks ab 1196, als er vom Westchor in den neuen Hauptaltar gebracht wurde. Im Jahr 1512 verlangte Kaiser Maximilian bei einem Reichstag in Trier das Gewand zu sehen, woraufhin Erzbischof Richard von Greiffenklau (1511–1531) den Hochaltar öffnen ließ. Dieser Vorgang ist auf zwei Holzschnitten – einer davon stammt von Albrecht Dürer – festgehalten.

Schnell entstand eine große Wallfahrt zu der Reliquie, die seit der Domrenovierung 1974 in einem Holzschrein aus dem Jahr 1891 aufbewahrt wird. Die letzte große Wallfahrt 1996, zu der über eine Million Pilger nach Trier kamen, findet ihre Fortführung in den jährlichen Heilig-Rock-Tagen. Nur während dieser Tage ist die Heilig-Rock-Kapelle zugänglich, das Gewand selbst ist aber nicht sichtbar. Aufgrund

*Mehr als eine Million Menschen zogen 1996 am Heiligen Rock im Trierer Dom vorbei.*

der wechselvollen Geschichte des Doms und der ungünstigen Aufbewahrungsbedingungen hat sich der ursprüngliche Zustand des Textils so sehr verändert, dass es seinen »Urzustand« inzwischen verloren hat.

## Adresse

Bischöfliches Generalvikariat
Hinter dem Dom 6
54290 Trier
Tel. 06 51 / 7 10 50
www.bistum-trier.de

# Erzdiözese Freiburg

Im Südwesten Deutschlands, in unmittelbarer Nachbarschaft zur Schweiz und zum Elsass, liegt die nicht nur geografisch reizvolle Erzdiözese Freiburg, die zu den jüngsten und größten Diözesen Deutschlands zählt.

*Das Münster »Unserer Lieben Frau« ist ein weithin sichtbares Wahrzeichen der Stadt Freiburg. Begonnen wurde mit dem Bau um das Jahr 1200, als die Stadt Freiburg ungefähr 6 000 Einwohner zählte und die einzige Pfarrkirche langsam zu klein wurde.*

## Das Freiburger Münster

Die Ursprünge des Gotteshauses liegen in der Spätromanik. Das Querschiff und die beiden Hahnentürme stammen noch aus jener Epoche. Doch schon dreißig Jahre später war ein neuer Baustil gefragt: die Gotik. Das Langhaus mit dem hohen Mittelschiff und den beiden Seitenschiffen wurde bereits in der gotischen Tradition des Straßburger Münsters gebaut. Von etwa 1280 bis 1330 kam der 116 Meter hohe spätgotische Turm hinzu, der seinerzeit als der »schönste Turm der Christenheit« galt. Nicht nur für die Glocken – die große Hosanna-Glocke ist die älteste Angelus-

## Weihbischöfe & Generalvikar

- Dr. Paul Wehrle, Weihbischof

- Rainer Klug, Weihbischof

- Dr. Bernd Uhl, Weihbischof

- Dr. Fridolin Keck, Generalvikar

glocke Deutschlands – sollte er dienen, sondern auch als Finger, der zum Himmel weist. Seuchen und Finanznöte verzögerten den Bau um hundert Jahre. Erst 1513 wurde das Gotteshaus vollendet und feierlich eingeweiht. Insgesamt wurde am Münster über dreihundert Jahre lang

gebaut, und noch 1620 erhielt das südliche Querschiff einen Vorbau im Renaissancestil. Heute ist das Münster 116 Meter lang, 30 Meter breit und 116 Meter hoch. Aus dem 13. bis 15. Jahrhundert stammen die wertvollen Glasfenster, die leider nur noch zum Teil im Original erhalten sind. Da die Kathedrale eine Liebfrauenkirche ist, dominieren in ihr die Mariendarstellungen. Insgesamt 123 lassen sich im Münster finden. 1827, mit der Errichtung der Erzdiözese, wurde das Freiburger Münster Bischofskirche. Wie durch ein Wunder blieb es bei den schweren Bombenangriffen am 27. November 1944 nahezu unversehrt. Doch rings um die Kathedrale zog sich eine Spur der Verwüstung durch die Altstadt.

*Architektonisch steht das Freiburger Münster in der Tradition des Straßburger Münsters – im Inneren präsentiert sich die Bischofskirche im strengen gotischen Stil.*

## Erzbischof Dr. theol. Robert Zollitsch

- Geboren am 9. August 1938 in Filipovo / Jugoslawien
- Zum Priester geweiht am 27. Mai 1965
- Als Erzbischof von Freiburg eingeführt am 20. Juli 2003

Wahlspruch  *In fidei communione – In der Gemeinschaft des Glaubens*

Robert Zollitsch, 1938 als Volksdeutscher in Filipovo/Philippsdorf im ehemaligen Jugoslawien geboren, kam nach Vertreibung und Flucht bereits 1946 mit seiner Familie nach Oberschüpf im Landkreis Tauberbischofsheim und damit in die Erzdiözese

Freiburg. Nach seinem Theologiestudium in Freiburg und München und der pastoral-praktischen Ausbildung im Priesterseminar St. Peter folgte 1965 die Priesterweihe. 1974 – mit einer Dissertation über »Amt und Funktion des Priesters in den ersten zwei Jahrhunderten« zum Doktor der Theologie promoviert – wurde Zollitsch Direktor des Collegium Borromaeum, des Erzbischöflichen Theologischen Konviktes in Freiburg, ehe ihn Erzbischof Dr. Oskar Saier 1983 als Mitarbeiter ins Erzbischöfliche Ordinariat berief und ihm die Aufgabe des Personalreferenten übertrug. 2003 wurde Dr. Zollitsch in sein Amt als 14. Erzbischof der Erzdiözese eingeführt. Am Gottesglauben, so sagte er aus diesem Anlass in seiner Predigt, entscheide sich die Zukunft der Menschheit. Innerhalb der Deutschen Bischofskonferenz ist Dr. Zollitsch Mitglied der Glaubenskommission und der Kommission für geistliche Berufe und kirchliche Dienste.

# Eine junge Erzdiözese mit langer Vorgeschichte

*Auf der Insel Reichenau entstand das Evangeliar Ottos III., das sich heute in der Bayerischen Staatsbibliothek in München befindet. Die Abbildung zeigt vier Frauen, die dem Kaiser huldigen; sie repräsentieren (von links nach rechts) Slawinia, Germania, Gallia und Roma.*

*Die Kirchenprovinz Freiburg, oft auch als Oberrheinische Kirchenprovinz bezeichnet, wird vom Erzbischof der Erzdiözese Freiburg geleitet; sie ist mit 2,1 Millionen Katholiken nach der Erzdiözese Köln die zweitgrößte Diözese Deutschlands.*

Die Erzdiözese Freiburg im Südwesten Deutschlands erstreckt sich vom Bodensee im Süden über den Schwarzwald und die Oberrheinische Tiefebene bis hinauf an den Main im Norden. Mit knapp 2,1 Millionen Katholiken ist sie nach Köln die zweitgrößte deutsche Diözese.

Die Geschichte des Christentums in dieser Region ist freilich viel älter als die Erzdiözese Freiburg.

Die Missionierung der Franken und Alemannen, die dieses Gebiet besiedelten, begann im 5. Jahrhundert; die Erzdiözese in ihrer heutigen Form entstand jedoch erst im Jahr 1827, als Teilgebiete aus vormals fünf verschiedenen Diözesen zusammengefasst wurden.

Wie nahezu überall auf deutschem Boden waren auch an Hoch- und Oberrhein die Anfänge des Christentums eng mit der Geschichte des Römischen Reiches verbunden. Das strategisch wichtige Gebiet zwischen Rhein, Neckar und Donau wurde mit dem Limes, einer befestigten Grenze, abgesichert. Im Hinterland entstanden Städte wie Heidelberg, Baden-Baden, Pforzheim und Konstanz.

Das Christentum, vor allem gefördert durch Kaiser Konstantin, setzte sich auch in dem von den Römern besetzten Gebiet am Oberrhein durch.

Orte wie Mainz, Worms, Speyer, Straßburg oder Augst, das spätere Basel, besaßen schon im 4. Jahrhundert Bischöfe.

## Hl. Maria – Patronin der Erzdiözese Freiburg

Die Gottesmutter Maria ist seit 1984 Schutzpatronin der Erzdiözese Freiburg. Rund vierhundert Kirchen und Wallfahrtsstätten – darunter das Freiburger Münster – sind ihr geweiht. Bereits ab 1683 war die Muttergottes Patronin der Diözese Konstanz. Gründe für diese Tradition gibt es viele: Da in der Erzdiözese viele Städte liegen und Maria als Patronin der Bürger gilt, sind Bürgerkirchen oft Marienkirchen. Ferner finden wir auf dem Gebiet der Erzdiözese zahlreiche Klöster, die ebenfalls häufig Zentren der Marienverehrung sind. Darüber hinaus ist Baden reich an Kunstschätzen vor allem aus dem Hoch- und Spätmittelalter, dem Barock und der Zeit des Historismus – Epochen, in denen die Muttergottes als religiöses Motiv allgegenwärtig war.

Dem entspricht die Mentalität der Bevölkerung, die der Marienfrömmigkeit sehr entgegenkommt – einerseits das Festhalten an Traditionen, andererseits ihre Sinnen- und Lebensfreude mit einem ausgeprägten Hang zur Geselligkeit. Vor allem der Norden der Erzdiözese, vom Odenwald zum Taubertal, besitzt eine sehr starke Muttergottesfrömmigkeit, was ihm dank der Vielzahl von barocken Denkmälern den Ehrennamen »Madonnenländchen« eingetragen hat.

Neben Maria hat das Erzbistum Freiburg noch einen zweiten Patron: den hl. Konrad von Konstanz (900–975). 41 Jahre lang wirkte Konrad als Bischof von Konstanz, der seinerzeit größten Diözese in Deutschland, deren Entwicklung er wesentlich geprägt hat. Der Berater von Kaiser Otto dem Großen förderte die Errichtung von Hospizen, Kirchen und Klöstern – etwa St. Gallen und Einsiedeln.

Entscheidend für die Verbreitung des Glaubens war jedoch die Niederlage der Alemannen in der Schlacht bei Zülpich (vermutlich 497/98) gegen die fränkischen Merowinger. Deren König Chlodwig (482–511) sah in seinem Sieg »das Wirken eines stärkeren Gottes« und trat unter dem Einfluss seiner Frau Chrodehildis zum christlichen Glauben über.

## Reformen und Gründungen

Als wichtige Glaubensboten kamen im 6. Jahrhundert die vermutlich irisch-schottischen Wandermönche Fridolin, Landolin, Trudpert und Gallus zu den Alemannen an den Rhein und den Bodensee. Um 724 gründete der Wanderbischof Pirmin das Kloster auf der Bodenseeinsel Reichenau, nur eines von vielen, die in dieser Zeit entstanden. Im frühen 8. Jahrhundert wurden auch die Grenzen der damaligen Diözese Konstanz sichtbar, die bereits im 6. Jahrhundert gegründet worden war, um die Alemannen zu missionieren. Sie umfassten ein Gebiet, das sich vom St. Gotthard bis zum mittleren Neckar und vom Rhein bis an die Iller erstreckte. Hier wirkte von 934 bis zu seinem Tod 975 der »Alemannenbischof« Konrad.

Bald darauf wurde das alemannische Herzogtum von Pippin, dem Vater Karls des Großen, endgültig zerschlagen. Es begann die große Zeit der Karolinger, deren Ziel es war, die Einheit des fränkischen Reiches herzustellen. Karl der Große strebte als »König und Priester« ein christliches Großreich an und förderte deshalb die Kirche, wo er nur konnte.

Im 11. Jahrhundert wurde die Abtei Cluny in Burgund zum Ausgangs- und Mittelpunkt einer radikalen Reform des Klosterlebens. In der Folge breitete sich die Erneuerungsbewegung der Cluniazenser, ausgehend vom Kloster Hirsau, auch im südwestdeutschen Raum aus und führte unter anderem zur Gründung des Klosters St. Peter im Schwarzwald, in dem heute das Priesterseminar der Erzdiözese Freiburg untergebracht ist. Mit der zweiten, noch radikaleren Reformbewegung der Zisterzienser im 12. Jahrhundert entstanden weitere Klöster in Salem am Bodensee, in Tennenbach und in Lichtenthal bei Baden-Baden.

In dieser Zeit wurde auch eine ganze Anzahl Städte, unter ihnen Freiburg und Villingen, gegründet. In vielen dieser Orte, in denen Handel und Handwerk gut gedeihen, ließen sich im Lauf des 13. Jahrhunderts die Bettelorden der Franziskaner und Dominikaner nieder. Die städtischen Bürger- und Stiftskirchen wurden von berühmten Künstlern wie Martin Schongauer, Matthias Grünewald, Tilman Riemenschneider, Veit Stoß, Hans Baldung Grien und Hans Holbein dem Jüngeren mit Kunstschätzen ausgestattet.

Von 1414 bis 1418 tagte unter der Initiative von Kaiser Sigismund ein Konzil in der da-

*Ein künstlerisches Zentrum aus romanischer Zeit: das Kloster Hirsau bei Calw. Von hier aus breitete sich im 11. Jahrhundert die Erneuerungsbewegung der Cluniazenser im südwestdeutschen Raum aus. Die Klosterruine Hirsau liegt heute auf dem Gebiet der Diözese Rottenburg-Stuttgart.*

*Die Klosterkirche Oberzell auf der Insel Reichenau mit ihren Wandmalereien aus ottonischer Zeit (Mitte des 10. Jahrhunderts) ist Bestandteil des UNESCO-Weltkulturerbes.*

*Eine der schönsten und bekanntesten Barock-Anlagen Süddeutschlands: das Benediktinerkloster St. Peter im Schwarzwald, in dem heute das Priesterseminar der Erzdiözese untergebracht ist.*

Die Säkularisation von 1803 leitete einen Umbruch ein, dessen Folgen nahezu in allen süddeutschen Diözesen bis heute zu spüren sind. Der politischen Neuordnung folgte die Neuordnung der kirchlichen Gebiete auf dem Fuße – man war bestrebt, Diözesan- und Landesgrenzen in Einklang zu bringen. Die traditionsreiche Diözese Konstanz wurde aufgelöst, und nach zähen Verhandlungen mit der Regierung des 1806 neu gegründeten Großherzogtums Baden wurde 1821 mit der päpstlichen Bulle »Provida Solersque« die Oberrheinische Kirchenprovinz aus der Taufe gehoben. Die neue Erzdiözese war zusammengefügt aus der ehemaligen Diözese Konstanz und Gebieten der angrenzenden Diözesen Speyer, Mainz, Straßburg, Worms und Würzburg. Erst 1827 wurde der erste Erzbischof, der Münsterpfarrer Bernhard Boll ins Amt gerufen.

Das Verhältnis von Staat und Kirche war durch den Anspruch des Großherzogtums Baden belastet, Kontrolle über die Kirche im Sinne eines Staatskirchentums zu erlangen. Unter Erzbischof Hermann von Vicari (1842–1868) kam es zur offenen Auseinandersetzung. Sie spitzte sich erstmals im »badischen Kirchenstreit« zwischen 1852 und 1854 zu. Der Konflikt eskalierte, und 1854 wurde Hermann von Vicari sogar unter Hausarrest gestellt.

maligen Bischofsstadt Konstanz. Es sollte nach der Rückkehr der Päpste aus Avignon die umstrittene Frage nach dem rechtmäßigen Papst klären. Die Wahl fiel auf Kardinal Colonna, der sich als Papst Martin V. nannte.

### Schwierige Anfänge

Als in der ersten Hälfte des 16. Jahrhunderts mit Martin Luther die Reformation begann, gehörten im südwestdeutschen Raum der Markgraf von Baden-Durlach und der in Heidelberg residierende Kurfürst der Pfalz zu den bedeutendsten Regenten, die die neue Konfession in ihren Gebieten einführten. Jesuiten und Kapuziner waren der Motor der bald darauf einsetzenden Gegenreformation.

Das Habsburgerreich der zweiten Hälfte des 18. Jahrhunderts war geprägt vom aufgeklärten Absolutismus des österreichischen Kaisers Franz Joseph II. Da Freiburg zu jener Zeit zu Vorderösterreich gehörte, wirkte dieses Denken stark in den südwestdeutschen Raum hinein. Ein wichtiges Beispiel für die klassizistische Kunst jener Jahrzehnte ist der Dom in St. Blasien, die mächtigste Kuppelkirche in Europa.

*1821, bei ihrer Gründung, gehörten neben der Erzdiözese Freiburg und den Suffraganen Mainz und Rottenburg auch die Diözesen Limburg und Fulda zur Kirchenprovinz Freiburg.*

### Der älteste Bischof der Welt

Die Auseinandersetzungen beruhigten sich nur mit Mühe, aber sie trugen dazu bei, dass das Selbstbewusstsein der Katholiken in Baden und Hohenzollern wuchs. Als Symbolfigur dieser Entwicklung – einerseits der Einsatz für soziale Gerechtigkeit, andererseits eine entschiedene Absage an den liberalistischen Staat – galt der konservative Freiburger Staatsrechtler

Franz Joseph von Buß, der 1837 in Karlsruhe die erste sozialpolitische Rede in einem deutschen Parlament hielt. Neue Schulgesetze im Jahre 1860 führten zum »Schulkampf«, der 1867 in den »Kulturkampf« mündete. Daran änderte auch der Tod von Bischof Hermann von Vicari im Jahr 1868 wenig, der, als er 95-jährig starb, der älteste amtierende Bischof der Welt war.

Erst in den achtziger Jahren des 19. Jahrhunderts begann sich das Verhältnis von Staat und Kirche zu entspannen. Ihre volle Freiheit als Körperschaft des öffentlichen Rechts erhielt die Kirche allerdings erst nach dem Ersten Weltkrieg durch die Weimarer Verfassung.

Im Jahre 1921 berief Erzbischof Carl Fritz (1920–1931) eine Diözesansynode ein, die eine Neubelebung des kirchlichen Vereinslebens zum Ziel hatte. Die langwierigen Verhandlungen wurden von Nuntius Eugenio Pacelli, dem späteren Papst Pius XII., geführt, und 1933 unterschrieb die badische Regierung das »Badische Konkordat«: Der Austausch der Ratifizierungsurkun-

den war die letzte Amtshandlung der frei gewählten Regierung in Baden. Am selben Tag übernahmen die Nationalsozialisten die Macht. Stellte sich der 1932 ernannte Erzbischof Conrad Gröber anfangs noch hinter die nationalsozialistische Herrschaft, so entwickelte er sich ab 1935 zu einem entschiedenen Gegner des Regimes, das ihn als den »übelsten Hetzer gegen das Dritte Reich« brandmarkte.

## »Damit sie auch morgen glauben können«

In den Jahren nach dem Zweiten Weltkrieg bemühten sich die Erzbischöfe Wendelin Rauch (1948–1954) und Eugen Seiterich (1954–1958), den materiellen Wiederaufbau mit dem Wiederaufbau des kirchlichen Lebens zu verbinden. In die Amtszeit von Erzbischof Hermann Schäufele (1958–1977) fiel das Zweite Vatikanische Konzil, an dem er zusammen mit Weihbischof Karl Gnädinger als Konzilsvater teilnahm. Im Jahr 1977 blickte die Erzdiözese Freiburg auf ihr 150-jähriges Bestehen

*Bis zum Jahr 1868 wurde die Erzdiözese Freiburg vom damals ältesten Bischof der Welt geführt: Hermann von Vicari, der im selben Jahr starb.*

*Aus dem Jahr 1388 stammt das so genannte Konzilsgebäude in Konstanz, in dem allerdings nicht das berühmte Konzil von Konstanz (1414–1418) stattfand, sondern im Jahr 1417 lediglich die Wahl von Martin V. zum Papst durchgeführt wurde.*

*Zweimal war die Erzdiözese Freiburg in den vergangenen Jahrzehnten Schauplatz katholischer Kirchentage: 1978 trafen sich die Katholiken unter dem Motto »Ich will euch Zukunft und Hoffnung geben« in Freiburg, 1992 führte die Losung »Eine neue Stadt ersteht« die Gläubigen nach Karlsruhe.*

zurück. Genau in diesem Jahr starb Erzbischof Schäufele, und Papst Paul VI. ernannte am 15. März 1978 Weihbischof Dr. Oskar Saier zum neuen Oberhirten von Freiburg. Das programmatische Motto der Jubiläumsfeierlichkeiten – »Damit sie auch morgen glauben können« – leitete eine evangelisierende Pastoral in die Wege, die in den folgenden Jahren und Jahr-

zehnten eine immer konkretere Gestalt annahm und in der von Erzbischof Saier 1989 angestoßenen pastoralen Initiative »Miteinander Kirche sein – für die Welt von heute« einen weiteren nachhaltigen Impuls erhielt.

Im Juli 2002 trat Erzbischof Dr. Saier aus gesundheitlichen Gründen von seinem Amt als Erzbischof zurück. Seit Juli 2003 leitet Dr. Robert Zollitsch als 14. Erzbischof die Erzdiözese Freiburg. Er ist zugleich Metropolit der Kirchenprovinz Freiburg mit den Nachbardiözesen Rottenburg-Stuttgart und Mainz.

Mit seiner Rede »Aufbruch im Umbruch« auf der Dekanekonferenz am 1. Oktober 2003 gab Erzbischof Zollitsch den Startschuss für die Entwicklung pastoraler Leitlinien in der Erzdiözese Freiburg. Diese Leitlinien werden mit Hilfe eines Konsultationsprozesses erarbeitet, an dem sich viele Gläubige der Diözese beteiligen.

Es ist geplant, die pastoralen Leitsätze nach ihrer Beratung in den verschiedenen diözesanen Gremien und Verbänden im November 2005 in Kraft zu setzen. Danach beginnt auf allen Ebenen die Konzeptions- und Umsetzungsphase.

## Daten & Fakten*

| | |
|---|---|
| Pfarrgemeinden | 1 083 |
| Katholiken | rd. 2 110 000 |
| Fläche | 16 229 qkm |
| Dekanate | 39 |
| Priester | 1 222 |
| Ordensleute | rd. 3 500 |
| Diakone | 194 |
| Gemeindereferenten/-innen | 304 |
| Pastoralreferenten/-innen | 243 |
| Taufen | 16 445** |
| Erstkommunionen | 22 258** |
| Trauungen | 4 666** |
| Bestattungen | 21 288** |

\* Stand 2004    \*\* Stand 2003

# »Pacto de Hermandad«

*Seit 1986 gibt es einen Pakt zwischen der Erzdiözese Freiburg und der Kirche in Peru; mit Leben erfüllt wird die Partnerschaft durch die Vielzahl freiwilliger Helfer, die für zwölf Monate nach Peru gehen, um dort Entwicklungshilfe zu leisten.*

Als »geglücktes Modell weltkirchlicher Verbundenheit« bezeichnete der vormalige Erzbischof Oskar Saier den Partnerschaftsbund (»Pacto de Hermandad«) zwischen der Erzdiözese Freiburg und der Kirche in Peru, als dieser 1986 ins Leben gerufen wurde. Damit begann ein Weg gegenseitiger Bereicherung, den inzwischen in der Diözese über 150 Gemeinden und Verbände gemeinsam mit ihren peruanischen Partnern gehen. Besondere Bedeutung kommt dabei den jungen Freiwilligen,

auch Voluntarios/Voluntarias genannt, zu. Sie gehen in der Regel für ein Jahr nach Peru, um in der jeweiligen Partnergemeinde zu leben und zu arbeiten – getreu dem Motto des inzwischen verstorbenen peruanischen Kardinals Juan Landázuri Ricketts: »Niemand ist so arm, dass er nichts geben kann; und niemand ist so reich, dass er nichts mehr zu empfangen braucht.«

Abgesehen von den Peru-Partnerschaften steht eine große Zahl von Pfarrgemeinden und Gruppen in Verbindung mit Menschen, Pfarrgemeinden und Diözesen in Afrika, Asien, Lateinamerika und Osteuropa. Schon in den neunziger Jahren des 20. Jahrhunderts bestanden mehr als 350 Kontakte unterschiedlicher Art. Derzeit läuft eine Umfrage in allen Pfarrgemeinden der Erzdiözese Freiburg, um einen Überblick über das große Engagement innerhalb der Diözese für Projekte in der ganzen Welt zu bekommen.

*Liebe zur Tradition – das zeichnet die Menschen in der Erzdiözese Freiburg aus. Und dazu gehört auch, dass sich die Frauen im Schwarzwald an den hohen kirchlichen Feiertagen gern in der berühmten Tracht zeigen.*

## Freiburg – Sitz des Caritasverbandes

Eine große Tradition in der Erzdiözese hat der neben Verkündigung und Liturgie dritte Grunddienst der Kirche: die Caritas. Das verwundert nicht, ist doch der Gründer des Deutschen Caritasverbands (DCV), Lorenz Werthmann, eng mit der Erzdiözese verbunden. Hier hat der Seelsorger bis zu seinem Tod im Jahr 1921 gewirkt, nach-

haltig beeinflusst von den Wegbereitern der katholischen Soziallehre. Von hier aus hat er auch die Gründung des Verbandes im Jahr 1897 vorangetrieben.
Und so ist Freiburg bis heute Sitz des Deutschen Caritasverbands, der seit 1922 in allen deutschen Diözesen mit Fachverbänden vertreten ist.

## Eine Hochburg marianischer Wallfahrtsorte

Bis heute unwidersprochen ist die Mutmaßung eines Redners auf einem marianischen Kongress im schweizerischen Fribourg im Jahr 1902, wonach es nirgendwo auf der Welt mehr marianische Wallfahrtsorte gebe als in der Erzdiözese Freiburg – noch im Jahr 1990 zählte ein Wallfahrtsführer der Region mehr als sechzig solcher Pilgerstätten auf.
Bereits im 12. Jahrhundert wurden die ersten Wallfahrtskirchen erwähnt, einige von ihnen dürften aber noch älter sein. In den Pestjahren Mitte des 14. Jahrhunderts nahmen die Wallfahrten einen großen Aufschwung; die Reformation brachte zunächst einen Rückgang, ehe im Barock die Anbetungen erneut großen Zuspruch fanden. Um 1700 wurden etwa in der Wall-

fahrtskirche »Maria in der Tanne« in Triberg jedes Jahr 2000 Messen gelesen und 50 000 Mal die Kommunion gespendet.
In den zwanziger Jahren des 20. Jahrhunderts gab es Marienwallfahrten, die bis zu 100 000 Besucher zählten, und auch nach dem Zweiten Weltkrieg lebte dieser fromme Brauch unvermindert fort.

*Nirgendwo auf der Welt stehen Marienwallfahrten so hoch im Kurs wie in der Erzdiözese Freiburg. 1990 wurden dort nicht weniger als sechzig marianische Wallfahrtsorte gezählt.*

### Adresse

**Erzbischöfliches Ordinariat**
**Herrenstraße 35**
**79098 Freiburg**
**Tel. 07 61 / 2 18 80**
**www.erzbistum-freiburg.de**

# Diözese Mainz

Einst eine der größten (Erz-)Diözesen des Abendlandes, lebt die Diözese Mainz heute nicht nur von ihrer glorreichen Vergangenheit. Mit Karl Kardinal Lehmann stellt sie seit 1987 ununterbrochen den Vorsitzenden der Deutschen Bischofskonferenz.

*Im Jahr 1036 wurde der Mainzer Dom im Beisein des Kaisers geweiht, aber in den folgenden beiden Jahrhunderten mehrfach durch Brände und kriegerische Unruhen beschädigt, sodass erst am 4. Juli 1239 – dem heutigen Kirchweihfest – die endgültige Fertigstellung des Bauwerks gefeiert werden konnte.*

## St. Martin in Mainz

Er hat viele glanzvolle Königskrönungen gesehen, aber er ist auch nicht vor Feuersbrünsten und Kriegsschäden verschont geblieben. Als der einflussreiche Erzbischof Willigis (975–1011) mit dem Bau des Mainzer Domes begann, hatte dies auch kirchenpolitische Gründe. Das Gotteshaus sollte als Kathedrale des Erzbischofs von Mainz und damaligen Kanzlers des Reiches »Staatsdom« des Reiches werden. Doch just am Tage der Einweihung 1009 vernichtete ein Brand den stolzen Bau, der so groß war, dass damals alle Christen der Stadt in ihm Platz gefunden hätten. So blieb es Willigis' zweitem Nachfolger Erzbischof Bardo (1031-1051) vorbehalten, den Wiederaufbau bis 1036 in veränderter Gestalt vorzunehmen.

Die lange Baugeschichte – Kirchweih wurde 1239 gefeiert – lässt im Mainzer Dom die Entwicklung der Romanik gut erkennen, aber auch Gotik und Barock steuerten ihren Teil bei. Nach einem Blitzschlag 1767, der den gotischen Westturm vernichtete, konzipierte der Sohn des berühmten Baumeisters Balthasar Neumann, Ignaz Michael, einen bis in die äußersten Spitzen steinernen Kuppelbau, der sich im Lauf der Jahrhunderte bei insgesamt sieben großen Dombränden gut bewährte – etwa 1793 bei der Beschießung durch deutsche Truppen, die die Heere der Französischen Revolution aus Mainz vertreiben wollten, oder bei den verheerenden Zerstörungen des Zweiten Weltkriegs. Bis 1960 wurde eine umfassende Innenrenovierung

## Weihbischöfe & Generalvikar

- Dr. Werner Guballa, Weihbischof

- Dr. Ulrich Neymeyr, Weihbischof

- Dietmar Giebelmann, Generalvikar

mit der Umgestaltung des Westchores abgeschlossen.
1999 gründeten die Mainzer erneut einen Dombauverein, damit das Gotteshaus auch für künftige Generationen erhalten bleibt.

## Bischof
## Karl Kardinal Lehmann

• Geboren in Sigmaringen am 16. Mai 1936
• Zum Priester geweiht in Rom am 10. Oktober 1963
• Als Bischof von Mainz geweiht und eingeführt am 2. Oktober 1983
• 2001 in das Kardinalskollegium berufen (Titelkirche: S. Leone I.)

**Wahlspruch** *State in fide – Steht fest im Glauben!*

Karl Lehmann, Sohn eines Volksschullehrers, studierte nach seiner Schulzeit zwischen 1956 und 1964 Philosophie und Theologie in Freiburg und an der Gregoriana in Rom, wo er 1963 von Julius Kardinal Döpfner zum Priester geweiht wurde. 1962 und 1967 erwarb er den Doktorgrad

in Philosophie und Theologie mit Arbeiten über den Philosophen Martin Heidegger und über das Thema »Auferweckt am dritten Tage nach der Schrift«. Er erlebte das Zweite Vatikanische Konzil in Rom aus nächster Nähe; schon damals unterstützte er Karl Rahner, der ihn dann zwischen 1964 und 1967 an den Universitäten von München und Münster als Assistenten an seine Seite rief. Bereits mit 32 Jahren wurde Karl Lehmann 1968 auf den Lehrstuhl für Dogmatik und Theologische Propädeutik an die Johannes-Gutenberg-Universität Mainz berufen; drei Jahre später übernahm er in Freiburg / Breisgau eine Professur für Dogmatik und Ökumenische Theologie. 1983 wurde er Bischof von Mainz.
1985 wählte man ihn zum stellvertretenden Vorsitzenden und 1987 zum Vorsitzenden der Deutschen Bischofskonferenz und bestätigte ihn in diesem Amt 1993 und 1999. Von 1993 bis 2001 war er der erste Vizepräsident des Rates der Europäischen Bischofskonferenzen.
Karl Kardinal Lehmann ist Ehrendoktor vieler ausländischer Universitäten.

*Karl Kardinal Lehmann hat viele Auszeichnungen und Ehrungen erfahren. Er ist korr. Mitglied der Akademie der Wissenschaften und der Literatur in Mainz und ord. Mitglied der Europäischen Akademie der Wissenschaften und Künste in Salzburg sowie Mitglied des Senats der Max-Planck-Gesellschaft. Seit 1969 ist er Mitglied im Ökumenischen Arbeitskreis evangelischer und katholischer Theologen. Er hat die Ehrenbürgerschaft der Landeshauptstadt Mainz. Unter den zahlreichen Ehrungen ragen heraus der Karl-Barth-Preis, die Karl-Rahner-Plakette und der Kardinal-Döpfner-Preis sowie der Paul-Schnitker-Preis. Er ist Träger des Großen Bundesverdienstkreuzes mit Stern und Schulterband. In seiner Eigenschaft als Kardinal in Rom ist er Mitglied der Bischofskongregation, der Kongregation für die Ostkirchen, des Päpstlichen Rates zur Förderung der Einheit der Christen und der Verwaltung des Vermögens des Apostolischen Stuhls.*

*St. Martin, der Patron des Mainzer Doms, thront als Reiterstatue auf dem Westgiebel.*

Schließlich gilt der Mainzer Dom, das Wahrzeichen der Stadt am Rhein mit der Reiterstatue seines Patrons St. Martin auf dem Westgiebel, als das an Steindenkmälern reichste kirchliche Gebäude in Deutschland.

## Vielfalt rings um den Dom

Rings um den Mainzer Dom finden sich mehrere zentrale Einrichtungen der Diözese Mainz, wie zum Beispiel das Bischöfliche Ordinariat, das Bischöfliche Dom- und Diözesanmuseum, die Akademie des Bistums »Erbacher Hof« und das Bildungs-werk mit einem breit gefächerten Veranstaltungsprogramm, die wissenschaftliche »Martinus-Bibliothek« und andere kirchliche Büchereien sowie Beratungsstellen, das Haus der renommierten Domchöre und die Dombauhütte, schließlich auch das Bischofshaus.

Die Diözese Mainz besitzt zudem einen eigenen Infoladen, in dem es neben aktuellen Informationen auch Publikationen, Videos und Musik-CDs aus der Diözese Mainz sowie kulinarische Klostererzeugnisse und Kunsthandwerk aus aller Welt zu entdecken gibt.

*Ein Höhepunkt der romanischen Baukunst in Deutschland: der Dom zu Worms.*

## St. Peter in Worms

Die Geschichte der ehemaligen Diözese Worms ist eng mit der Geschichte der angrenzenden Erzdiözese Mainz verbunden. Seit dem 16. Jahrhundert hatten in unregelmäßiger Reihenfolge die Erzbischöfe von Mainz und Trier oft auch zugleich den Bischofsstuhl von Worms inne. Als im 19. Jahrhundert die Regionen der Diözese Worms zwischen den Diözesen Mainz, Speyer, Freiburg und Rottenburg aufgeteilt wurden, fiel die Stadt Worms endgültig der Diözese Mainz zu.

Der Dom steht auf dem höchsten Hügel der Stadt. Hier bestand bereits um 3000 v. Chr. eine erste Siedlung. Im 1. Jahrhundert v. Chr. errichteten die Römer auf diesem Hügel neben einem Verwaltungszentrum auch einen Tempelbezirk. Nach dem Untergang des Römischen Reichs erbaute Dagobert I. auf den Grundmauern der römischen Gebäude eine schlichte dreischiffige Basilika.

Bischof Burchard I. (1000–1025) ließ diesen Bau abreißen und einen Neubau beginnen, der aber nicht lange bestehen blieb. Schließlich wurde unter Bischof Konrad II. (1173–1192) der heutige Dom 1181 geweiht. Er zählt zusammen mit den Kathedralen von Mainz und Speyer zu den bedeutendsten Zeugnissen romanischer Baukunst in Deutschland.

Während des Dreißigjährigen Krieges (1618–1648) wurde das Gotteshaus von den schwedischen Truppen stark beschädigt. 1689 brannte die Stadt mitsamt dem Dom nieder. Die Bischöfe Franz Ludwig von Pfalz-Neuburg (1694–1732) und Franz Georg von Schönborn (1732–1756) stellten ihn wieder her und sorgten für eine prunkvolle barocke Innenausstattung, zu der auch der Hochaltar gehört, geschaffen um 1749 nach Plänen von Balthasar Neumann. Nach der Besetzung von Worms durch die französischen Revolutionstruppen im Jahr 1792 diente der Dom als Lager und Pferdestall. 1886 begann eine gründliche Renovierung, die erst 1935 abgeschlossen wurde. Zehn Jahre später wurde der Dom durch Bombenangriffe erheblich beschädigt.

1999 wurde ein Dombauverein gegründet – mit Blick auf künftige Generationen.

*Das Relief des Hildegardis-altars in der Binger Rochuskapelle zeigt den Eintritt Hildegards von Bingen in die Klause.*

# Große Macht im Mittelalter

Schon in der römischen Antike war die Grenzstadt Moguntiacum am Rhein ein Ort von überregionaler Bedeutung. Spätestens seit dem späten 2. Jahrhundert gab es dort eine christliche Gemeinde, und seit dem 4. Jahrhundert ist Mainz als Bischofssitz bezeugt. Als um 746 der große Missionar Bonifatius im hohen Alter von über siebzig Jahren den Bischofsstuhl in Mainz übernahm, wurde die Grundlage für eine der größten und bedeutendsten Diözesen des Abendlandes geschaffen.

Unter seinem Amtsnachfolger Lullus wurde Mainz zur Erzdiözese erhoben. Seit Erzbischof Willigis blieb das Amt des Mainzer Erzbischofs mit dem des Erzkanzlers des Heiligen Römischen Reiches Deutscher Nation verbunden – bis das Reich in den Wirren der napoleonischen Kriege 1806 unterging. Der Mainzer Erzbischof war bis dato der erste der sieben Kurfürsten des Reiches und hatte entscheidenden Einfluss bei der Königswahl.

Zu einem Politikum mit Folgen kam es im Jahr 1514: Albrecht von Brandenburg (1514–1545), bereits Oberhirte der Erzdiözese Magdeburg und Administrator der Diözese Halberstadt, wurde Erzbischof von Mainz.

Damit die Kuric in Rom eine derartige Anhäufung von Ämtern erlaubte, musste er erhebliche Gebühren entrichten, die unter anderem der Dominikanerprediger Johann Tetzel mit dem Verkauf von Ablässen (Nachlass von Sündenstrafen) erwirtschaftete. Dagegen protestierte im Jahr 1517 Martin Luther, indem er seine berühmten 95 Thesen öffentlich machte – der Beginn der Reformation in Deutschland.

## Auflösung und Neubeginn

Die Französische Revolution brachte Ende des 18. Jahrhunderts die Auflösung der Erzdiözese Mainz und ihres Metropolitanverbands. 1801 und 1821/27 wurde das Gebiet der Diözese neu umschrieben. In der Zeit des NS-Regimes musste das kirchliche Leben auch in der Diözese Mainz vielfach Einschränkung, Zerschlagung und Verfolgung hinnehmen. Bischof Albert Stohr (1935–1961) sprach öffentlich deutliche Worte gegen diese Angriffe, aber auch gegen die Ermordung »lebensunwerten Lebens«.

*Zu einem der bedeutendsten Bischöfe seines Jahrhunderts wurde Wilhelm Emmanuel von Ketteler (1850–1877) durch seinen Einsatz für soziale Fragen und die Freiheit der Kirche. Die Abbildung zeigt sein Denkmal vor dem Haus des Mainzer Bischofs.*

*Ein Pontifikalamt auf dem Binger Rochusberg eröffnete das Hildegard-Jahr 1997, das mit vielen Veranstaltungen an die mittelalterliche Mystikerin erinnerte.*

## Neue Aufgaben

Nach dem Krieg stellte sich der Diözese wie überall in Deutschland die Aufgabe des Neuaufbaus, nachdem die Stadt Mainz 1942 weitgehend zerstört worden war. Vor allem in den Diasporagebieten der Diözese war die Integration eines großen Stroms von Flüchtlingen und Heimatvertriebenen zu leisten. Die Seelsorgebezirke wurden erheblich vermehrt, neue pastorale Berufe sowie die Einbeziehung von Laien im neu-

*Mainz ist neben Rom die einzige Diözese, die den Titel »Sancta Sedes« (heiliger Stuhl) führen darf; der Mainzer Erzbischof nahm früher auch den Ehrentitel »Primas Germaniae« für sich in Anspruch.*

## Daten & Fakten*

| | |
|---|---|
| Seelsorgestellen | 344 |
| Katholiken | rd. 797 000 |
| Fläche | 7 692 qkm |
| Dekanate | 20 |
| Priester | 556 |
| Ordensleute | 505 |
| Ständige Diakone | 119 |
| Gemeindereferenten/-innen | 255 |
| Pastoralreferenten/-innen | 151 |
| Taufen | 5 572** |
| Erstkommunionen | 7 438** |
| Trauungen | 1 621** |
| Bestattungen | 8 283** |

* Stand 2004    ** Stand 2003

en Rätewesen eingeführt und ausgebaut. Durch das wirtschaftliche Wachstum des Rhein-Main-Gebietes und insbesondere des Frankfurter Flughafens gab es einen starken Zuzug von Katholiken aus Südeuropa und anderen Teilen der Welt: Dreißig Gemeinden wurden für die Gläubigen anderer Muttersprachen gebildet.

Über die Grenzen der Diözese hinaus bekannt wurde Bischof Hermann Kardinal Volk (1962–1982), der beim Zweiten Vatikanischen Konzil in Rom in ökumenischer und theologischer Hinsicht eine wichtige Rolle spielte und sich stets besonders für das ökumenische Gespräch einsetzte. Das gilt auch für seinen Nachfolger Karl Lehmann, der das Amt des Bischofs von Mainz 1983 übernahm.

Heute findet das kirchliche Leben der Diözese seinen Ausdruck auch wieder in vielen (neuen) Ordensniederlassungen, geistlichen Zentren, sozialen bzw. karitativen Einrichtungen und – als einem wichtigen Schwerpunkt – pädagogischen bzw. schulischen Einrichtungen. Die Diözese Mainz unterstützt partnerschaftlich Diözesen und Gemeinden in aller Welt, besonders in Osteuropa und Südkorea.

Auch wenn ein Rad das Wappenmotiv bildet: Die Landkarte zeigt die Diözese Mainz alles andere als »rund«: Sie besteht seit 1821/27 aus den Gebieten des ehemaligen Großherzogtums Hessen-Darmstadt mit den Provinzen Rheinhessen, Starkenburg und Oberhessen. Die hessische Metropole Frankfurt gehört in ihrem Zentrum jedoch zur Diözese Limburg.

Heute ist die Diözese Mainz, mit Gebietsanteilen in den Bundesländern Hessen, Rheinland-Pfalz und Baden-Württemberg (Exklave Bad Wimpfen), Teil der Oberrheinischen Kirchenprovinz mit Freiburg i. Br. als Sitz des Erzbischofs.

# Die Diözese Worms und die Reformation

Eng verbunden mit der Diözese Mainz ist die Geschichte der ehemaligen Diözese Worms, die in der ersten Hälfte des 4. Jahrhunderts mit Bischof Victor begann. Unter Bischof Burchard (1000–1025) erlebte sie eine Blütezeit, die im 12. Jahrhundert unter Kaiser Friedrich Barbarossa ihren Höhepunkt erreichte.

Worms entwickelte sich im Mittelalter auch zu einem Zentrum des europäischen Judentums, das noch heute beeindruckende Erinnerungen an das jüdische Leben am Rhein während vieler Jahrhunderte bietet.

Im 16. Jahrhundert war die Stadt ein wichtiger Schauplatz der Auseinandersetzungen um die Reformation: Auf dem Wormser Reichstag von 1521 trug Martin Luther seine Kritik an der damaligen Kirche vor; im selben Jahr verhängte Kaiser Karl V. im Wormser Edikt die Reichsacht über ihn. Im Dreißigjährigen Krieg und den nachfolgenden kriegerischen Auseinandersetzungen wurden viele Kirchen und Klöster in der Diözese Worms und in der Bischofsstadt selbst zerstört. Die Umwälzungen der Französischen Revolution brachten den endgültigen Untergang der Diözese.

*Zwei weltgeschichtliche Daten sind mit Worms verbunden: 1122 beendete das Wormser Konkordat den Investiturstreit, und 1521 musste der Reformator Martin Luther vor dem Reichstag erscheinen und wurde von Kaiser Karl V. im Wormser Edikt gebannt.*

# Chagall in Mainz

Sakrale Baukunst ist in Mainz an vielen Stellen gegenwärtig. Im Südwesten der Altstadt ist auf einer Anhöhe das von Erzbischof Willigis gegründete Stift St. Stephan zu finden, wo der 1985 verstorbene Künstler Marc Chagall in mehreren Glasfenstern mit herrlichem Blau Motive der Bibel umgesetzt hat. Diese grandiose Arbeit ist längst ein viel bestaunter Besuchermagnet.

St. Peter, eine der schönsten Rokokokirchen des Rheinlandes, die barocke Augustinerkirche mit ihrer prachtvollen Fassade zwischen den Häuserfronten der malerischen Altstadt und St. Ignaz gehören ebenfalls zu den Mainzer Kostbarkeiten.

Doch auch die schönen Basiliken in Seligenstadt, Ilbenstadt in der Wetterau und Bingen am Rhein sowie das Kirchenensemble in Bad Wimpfen sind einen Besuch wert – nicht zu vergessen natürlich Liebfrauen in Worms und aus neuerer Zeit St. Ludwig in Darmstadt.

*Die Diözese Mainz ist reich an schönen Kirchen – hier St. Martin in Bingen, inmitten von Weinbergen gelegen.*

## Adresse

**Bischöfliches Ordinariat**
**Bischofsplatz 2**
**55116 Mainz**
**Tel. 0 61 31/2 53-0**
**www.bistummainz.de**

# Diözese Rottenburg-Stuttgart

Bodenständig und weltoffen, traditionsbewusst und modern – was man den Schwaben nachsagt, gilt auch für die württembergische Diözese.

*St. Martin in Rottenburg hat eine wechselvolle Geschichte. Im 15. Jahrhundert erst Kapelle, später Pfarrkirche, wurde der Sakralbau 1828 Bischofskirche der im selben Jahr gegründeten Diözese.*

## St. Martin in Rottenburg

Zunächst Liebfrauenkapelle, dann Pfarrkirche und seit 1828 Kathedrale der Diözese Rottenburg-Stuttgart: Das ist St. Martin in Rottenburg – ein beeindruckender Kirchenbau, der nach einer Renovierung seit 2003 in frischem Glanz erstrahlt.

1424 – so erkennt man anhand einer steinernen Inschrift an der Außenseite – wurde mit dem Bau des Chores begonnen. 1436 erfuhr die ehemalige Liebfrauenkapelle die Rangerhöhung zur Pfarrkirche. Der gotische Turm entstand zwischen 1486 und 1491. Die achteckige Turmpyramide fasziniert bis heute durch ihren Schmuck, der in seiner Art und seinem Umfang in Deutschland nur noch selten zu finden ist.

Durch einen Stadtbrand wurde die Kirche 1644 schwer in Mitleidenschaft gezogen und erhielt in den folgenden Jahren bis 1655 ihre noch heute charakteristischen Formen.

Zum 175. Jubiläum der Diözese im Jahr 2003 wurde der Dom gründlich restauriert. Die Kathedralkirche der Diözese Rottenburg-Stuttgart erscheint nun nicht nur wesentlich heller, freundlicher und großzügiger, sie ist auch klarer gegliedert und ist dadurch in ihrer symbolhaften Struktur besser erkennbar.

Mit ihren 5 200 Gemeindemitgliedern ist St. Martin übrigens die größte Domgemeinde Deutschlands.

## Weihbischöfe & Generalvikar

- Dr. Johannes Kreidler, Weihbischof

- Thomas Maria Renz, Weihbischof

- Dr. Clemens Stroppel, Generalvikar

*Die schwäbische Kreisstadt Rottenburg am Neckar ist mit ihren rund 42 000 Einwohnern einer der kleinsten Bischofssitze in Deutschland – im Jahr 2003 feierten Stadt und Kirche das 175-jährige Jubiläum der Diözese.*

## Bischof Dr. theol. Gebhard Fürst

- Geboren in Bietigheim am 2. Dezember 1948
- Zum Priester geweiht am 27. März 1977
- Als Bischof von Rottenburg-Stuttgart eingeführt am 17. September 2000

Wahlspruch *Propter nostram salutem - Um unseres Heiles willen*

Seinen Wahlspruch will Bischof Gebhard Fürst als Zusammenfassung des Glaubens verstanden wissen: dass Gott sich in Jesus Christus den Menschen und insbesondere den Verlorenen zuwendet.

Gebhard Fürst studierte nach dem Abitur katholische Theologie in Tübingen und Wien, trat dann ins Rottenburger Priesterseminar ein und wurde 1977 in Ellwangen ordiniert. Anschließend war er Vikar in Stuttgart und Repetent am Wilhelmsstift in Tübingen.

Im Herbst 1986 wurde er von der Universität Tübingen zum Doktor der Theologie promoviert. Seine Dissertation trägt den anspruchsvollen Titel: »Sprache als metaphorischer Prozess – Johann Gottfried Herders hermeneutische Theorie der Sprache«. Im gleichen Jahr wurde Gebhard Fürst zum Direktor der Akademie der Diözese Rottenburg-Stuttgart ernannt; am 7. Juli 2000 erhielt er seine Ernennung zum elften Bischof dieser Diözese. Innerhalb der Deutschen Bischofskonferenz ist er Mitglied der Glaubenskommission; ferner gehört er als Vertreter der katholischen Kirche dem Nationalen Ethikrat an.

# St. Eberhard in Stuttgart

*Alljährlich am 11. November leuchten die Kinderaugen im Schein der selbst gebastelten Laternen, wenn der hl. Martin auf seinem Pferd durch die Gemeinden zieht.*

1978, als die Diözese Rottenburg die Namenserweiterung »Stuttgart« erhielt, wurde die Stuttgarter Mutterkirche St. Eberhard in den Rang einer Konkathedrale erhoben. Sie ist die erste katholische Kirche Stuttgarts, die nach der Reformation gebaut wurde.

Ursprünglich stand das Gebäude als evangelische Kirche der Militärakademie auf der Solitude, einst Sommerresidenz des Herzogs Carl Ludwig, auf einer Anhöhe im Südwesten von Stuttgart. Auf Geheiß von König Friedrich I. wurde es 1808 abgetragen und im Zentrum Stuttgarts wieder aufgebaut. Ihre Weihe erfuhr die Kirche im Jahr 1811, knapp hundert Jahre später wurde sie im klassizistischen Stil ausgebaut. Nach der Zerstörung durch die Bomben des Zweiten Weltkriegs und dem Wiederaufbau 1955 erhielt sie in den Jahren 1990/91 ihre heutige Gestalt.

Eingezwängt zwischen Geschäftsgebäuden der Stuttgarter Flaniermeile Königsstraße, wirkt die Domkirche mit ihrem Türmchen von außen eher unauffällig. Doch hat man erst einmal die sechs Stufen erklommen, betritt man eine Oase der Ruhe inmitten des Großstadtlärms. Schnell ist der Besucher vom lichten Raum mit seiner vielfältigen Kunst gefangen.

*Etwas eigentümlich ist die Geschichte, wie die Eberhardskirche ihren Namen erhielt: Am Abend vor der Weihe am 1. Oktober 1811 soll König Friedrich I. bestimmt haben, die Kirche nach seinem Vorfahren, dem Grafen Eberhard im Bart, zu nennen. So heißt die Kirche bis heute Eberhardskirche. Patrone sind der hl. Eberhard I., Erzbischof von Salzburg, und der sel. Eberhard von Nellenburg, Gründer des Klosters Allerheiligen in Schaffhausen.*

## Hl. Martin – Patron der Diözese

Am 11. November feiern die Katholiken St. Martin. Für die Diözese Rottenburg-Stuttgart ist dies ein ganz besonderer Festtag, denn der hl. Martin von Tours ist der Patron der Diözese. Sie weiß sich ihrem Patron verpflichtet, nicht zuletzt deshalb sind Caritas und Mission zwei zentrale Aufgaben der Diözese. So verleiht der Bischof alljährlich immer am Sonntag vor dem 11. November die »Martinusmedaille« an Menschen, die sich im Sinne des hl. Martin ehrenamtlich sozial engagieren. Martin von Tours, Sohn eines heidnisch-römischen Tribuns, wurde 316/317 in der im heutigen Ungarn gelegenen Stadt Sabaria (heute: Steinamanger) geboren und kam mit fünfzehn Jahren in die römische Armee nach Gallien. Dort diente er in einer Eliteeinheit der berittenen kaiserlichen Leibgarde. Als – so die Sage – dem jungen Gardeoffizier am Stadttor von Amiens, wo er stationiert war, ein frierender Bettler begegnete, zeigte Martin Erbarmen mit dem Mann, zog sein Schwert, teilte seinen Mantel und gab die eine Hälfte dem Bettler. In der folgenden Nacht erschien ihm der mit dem halben Mantel bekleidete Christus: Er war es, den Martin beschenkt hatte.

Nach dieser Begebenheit quittierte Martin seinen militärischen Dienst. Er ließ sich taufen, wurde Priester und lebte zunächst als Einsiedler. Um 360 gründete Martin in der Nähe von Poitiers ein Kloster. 372 wurde er zum Bischof von Tours geweiht. Während seines Wirkens unternahm der stets bescheidene »Volksbischof« zahlreiche Missionsreisen durch seine Diözese. 397 starb er auf einer dieser Reisen in Candes hochbetagt im Alter von 81 Jahren.

Im Diözesanmuseum von Rottenburg erinnert ein Tafelgemälde aus der Zeit um 1430 an die berühmte Begegnung des hl. Martin mit dem Bettler.

# Gegensätze, die sich anziehen

Die Diözese Rottenburg-Stuttgart – welch ein spannender Gegensatz! Hier die säkular ausgerichtete baden-württembergische Landeshauptstadt Stuttgart, eine deutsche Wirtschafts- und Kulturmetropole ersten Ranges. Dort die rund 42 000 Einwohner zählende Kreisstadt Rottenburg, unweit von Tübingen, mit ihrem katholischen und eher kleinstädtischen Gepräge. Doch genau diese Spannung ist Ausdruck dessen, was für die Diözese seit ihren Anfängen im ersten Drittel des 19. Jahrhunderts insgesamt charakteristisch ist: die Verbindung von Bodenständigkeit und Weltoffenheit, die Verwurzelung in der kirchlichen Tradition und das Bemühen um Erneuerung. Neben lebendigen Glaubensgestalten sind es die steinernen Glaubenszeugnisse der Kirchenbaukunst, die bis in unsere Tage prägend auf Land und Leute wirken. Barocke Kirchen bestimmen das Bild der oberschwäbischen Kulturlandschaft bis zur Bischofsstadt Rottenburg, die einst über vier Jahrhunderte zum katholischen Vorderösterreich gehört hat.

Das Christentum im württembergischen Raum reicht teilweise bis in die römische Zeit zurück. Dennoch ist Rottenburg keine der »alten« Diözesen. Sie ist erst im Gefolge der politischen Neuordnung nach den napoleonischen Kriegen und der Säkularisation zu Beginn des 19. Jahrhunderts entstanden.

Bis zu diesem Zeitpunkt war Württemberg im Prinzip ein protestantisches Land; in gerade einmal zwanzig Ortschaften gab es Katholiken. Doch nach der Säkularisation wuchs die Bevölkerung zwischen 1803 und 1810 von 650 000 auf 1 340 000 Köpfe, und das Land verdoppelte seine Fläche auf 19 500 Quadratkilometer.

1812 errichtete der württembergische König Friedrich I. für seine rund 400 000 neu zugeordneten katholischen Untertanen, die bislang zu den Diözesen Würzburg, Augsburg, Konstanz, Speyer und Worms gehört hatten, in der ehemaligen Fürstpropstei Ellwangen ein Generalvikariat. Nach langwierigen Verhandlungen zwischen dem Heiligen Stuhl und den fünf Regierungen für Baden, Württemberg, Hessen-Darmstadt, Hessen-Nassau und Hessen-Kassel wurde 1821 die »Oberrheinische Kirchenprovinz« errichtet. Sie umfasste damals neben der Erzdiözese Freiburg und den Diözesen Rottenburg und Mainz auch die Diözesen Limburg und Fulda.

## Die neu geschaffene Diözese

Mit der Ernennung von Generalvikar Johann Baptist Keller zum ersten Diözesanbischof (1828–1845) begann die Geschichte der Diözese Rottenburg. In seiner Amtszeit blieb das Verhältnis von Staat und Kirche durch den Anspruch der Landesregierung auf die Kirchenhoheit allerdings stark belastet.

*1812 erhielt Ellwangen durch König Friedrich I. die Friedrichsuniversität als Gegenstück zur evangelischen Landesuniversität Tübingen. Schon fünf Jahre später, im Jahr 1817, wurde sie von König Wilhelm I. der Universität Tübingen als Katholisch-Theologische Fakultät angegliedert.*

*Diese Darstellung von Christi Himmelfahrt stammt aus dem Jahr 1440. Sie ist im Diözesanmuseum Rottenburg ausgestellt.*

*Der württembergische Staatspräsident Eugen Bolz, der bereits während der Weimarer Republik gegen die Nationalsozialisten gefochten hatte und noch 1945 von den braunen Herrschern hingerichtet wurde, stammte aus Rottenburg am Neckar. Aus Stuttgart kam der 1987 selig gesprochene Pater Rupert Mayer, der ebenfalls bereits in den zwanziger Jahren den antikirchlichen Charakter der Nationalsozialisten erkannt hatte und in München zu einem der ersten modernen Großstadtseelsorger wurde (siehe auch Erzdiözese München und Freising).*

Erst mit der Regentschaft des zweiten Bischofs von Rottenburg, Joseph von Lipp (1848–1869), in dessen Ära die Revolution von 1848 fiel, erhielt die Kirche größere Freiheiten.

Sein Nachfolger, Bischof Carl Joseph von Hefele (1869–1893), war ein Kirchenhistoriker von Weltruf. Einerseits zeigte er mit seinem Widerspruch gegen die Dogmatisierung der päpstlichen Unfehlbarkeit Profil, andererseits wahrte er den inneren Frieden und die kirchliche Einheit der noch jungen Diözese, indem er sich letztlich doch den auf dem Ersten Vatikanischen Konzil (1869/1870) gefassten Beschlüssen beugte.

In der nur fünf Jahre währenden Amtszeit von Bischof Wilhelm von Reiser (1893–1898) wuchsen der Kirche durch die Hochindustrialisierung neue Aufgaben zu. Mit viel Engagement unterstützte er die Gründung der katholischen Arbeitervereine in der Diözese. Nachdem sein Nachfolger

Franz Xaver von Linsenmann noch vor der Bischofsweihe gestorben war, gelangte Paul Wilhelm von Keppler (1898–1926) ins Bischofsamt.

Mit dem Professor für Neues Testament in Tübingen sowie für Moral- und Pastoraltheologie in Freiburg war eine lange, fruchtbare seelsorgerliche Tätigkeit mit kräftigen Impulsen für Kirchenbau und biblische Bewegung, aber auch mit scharfen Auseinandersetzungen um den Modernismus verbunden.

Zum »Bekennerbischof« wurde in der Zeit des Nationalsozialismus Johannes Baptista Sproll (1927–1949). Er wurde wegen seines mutigen Boykotts der Abstimmung über den Anschluss Österreichs an das Deutsche Reich nach schweren Tumulten 1938 von den braunen Machthabern aus seiner Diözese vertrieben und verbrachte die folgenden Jahre in Bayern. Erst nach dem Krieg kehrte er unter der bewegenden Anteilnahme der Gläubigen in seine Diözese zurück.

Hauptaufgabe von Bischof Carl Joseph Leiprecht (1949–1974) waren der Wiederaufbau der zerstörten Kirchen und die Beseitigung der geistigen Trümmer, die die Nationalsozialisten hinterlassen hatten. Als eine besondere Herausforderung jedoch erwies sich die Integration einer halben Million katholischer Heimatvertriebener.

Nach der Eingliederung ganzer katholischer Landstriche in das protestantisch geprägte Herzogtum und spätere Königreich Württemberg war dies der zweite große katholische Zustrom, den Württemberg erlebte. Jetzt, in den fünfziger Jahren, entstand ein konfessionell gemischtes Gebiet, in dem das Miteinander von katholischen und evangelischen Christen selbstverständlich geworden ist.

## Daten & Fakten*

| | |
|---|---|
| Pfarrgemeinden/ Seelsorgestellen | 1 039 |
| Katholiken | rd. 2 Mio. |
| Fläche | 19 514 qkm |
| Dekanate | 45 |
| Priester | 1112 |
| Ordensleute | rd. 3 000 |
| Diakone | 213 |
| Gemeindereferenten/-innen | 302 |
| Pastoralreferenten/-innen | 318 |
| Taufen | 16 044** |
| Erstkommunionen | 21 223** |
| Trauungen | 3 910** |
| Bestattungen | 18 501** |

* Stand 2004   ** Stand 2003

*Ein Begriff wird immer wieder auf die Katholiken in der württembergischen Diözese bezogen: der des »weltoffenen Katholizismus«. Aufgeschlossenheit für die Fragen der Zeit und Zuwendung zu anderen in ihrer Not und Freude zeigten sich im Jahr 2004 beim Europäischen Treffen christlicher Bewegungen in Stuttgart.*

# Aufbruch ins 21. Jahrhundert

Als »Medienbischof« machte sich Georg Moser (1975–1988) einen Namen. Dessen Fähigkeit und Bereitschaft zum Dialog wurde weit über die katholische Kirche hinaus geschätzt. In seine Amtszeit fiel 1978 anlässlich des 150-jährigen Jubiläums der Diözese Rottenburg deren Umbenennung: Seitdem ist auch die Landeshauptstadt Stuttgart Bestandteil des Namens.

Nachfolger Bischof Walter Kasper (1989–1999) rückte unter anderem die weltkirchlichen Aufgaben ins Zentrum seiner Arbeit: »Jede Ortskirche ist wesensgemäß hineinverflochten in die Kirche überall auf der Welt. Und eben deshalb können wir uns in keiner Weise unserer weltkirchlichen Verantwortung entziehen.« 1999 wurde er in Rom zum Sekretär des Päpstlichen Rates zur Förderung der Einheit der Christen bestellt, 2001 von Papst Johannes Paul II. zum Kardinal erhoben und gleichzeitig mit dem Vorsitz des Einheitsrates betraut.

Im Jahr 2000 wurde Gebhard Fürst neuer Bischof von Rottenburg-Stuttgart.

## »just« für die Jugend

Mit dem Ziel, Projekte und Initiativen kirchlich engagierter Jugendlicher finanziell zu fördern, hat Bischof Gebhard Fürst im Jahr 2000 die Jugendstiftung »just« gegründet. Mehr als 25 Projekte der kirchlichen Jugendarbeit wurden seitdem von der Diözese Rottenburg-Stuttgart im Rahmen dieser Stiftung gefördert. Ziel ist es, Jugendliche in ihrem ehrenamtlichen Engagement zu bestärken.

*Junge Christen beim Katholikentag 2004 vor dem Ulmer Münster.*

## Adresse

**Bischöfliches Ordinariat**
**Postfach 9**
**72101 Rottenburg a. N.**
Tel. 0 74 72 / 16 90
**www.drs.de**

# Erzdiözese München und Freising

Großstädtische Weltläufigkeit und kleinstädtisch-ländliches Traditionsbewusstsein begegnen sich eindrucksvoll in der größten bayerischen Diözese, die unter dem Patronat des hl. Korbinian steht.

*In den Jahren 1723/24 wurde das Innere des Freisinger Domes anlässlich der Tausendjahrfeier der Diözese von einigen der berühmtesten Künstler ihrer Zeit, unter ihnen die Gebrüder Asam – der Bildhauer Egid Quirin und der Maler Cosmas Damian –, großzügig mit Rokokomalereien und Stuck ausgestattet.*

## Die Dome zu München und Freising

Dort, wo sich heute die weithin sichtbare Domkirche Mariä Geburt zu Freising, die Konkathedrale der Erzdiözese, über das Land erhebt, liegt die Keimzelle der Diözese. Bereits im 8. Jahrhundert stand dort eine Marienkirche. Nach ihrem Brand wurde zwischen 1159 und 1184 der Dom als romanische Basilika erbaut. Interessantester

## Weihbischöfe & Generalvikar

- Engelbert Siebler, Weihbischof

- Dr. Bernhard Haßlberger, Weihbischof

- Dr. Franz Dietl, Weihbischof

- Dr. Robert Simon, Generalvikar

Teil des Doms ist die vierschiffige Krypta mit ihrer berühmten Bestiensäule. Die geheimnisvollen Figuren – Ritter kämpfen verzweifelt gegen Ungeheuer, darüber vier Adler und eine Frau mit Blume – zeigen den Kampf des Christentums gegen das Böse. Die Krypta selbst macht die Gebeine des hl. Korbinian in würdiger Weise der Verehrung der Gläubigen zugänglich.

In der ersten Hälfte des 17. Jahrhunderts kam es zu bedeutenden Um- und Einbauten, darunter ein Hochaltarbild von Peter Paul Rubens: Es zeigt das »Apokalyptische Weib« aus der Offenbarung des Johannes. Das Original ist heute in der Münchner Pinakothek zu sehen und in Freising nur noch als Kopie vorhanden.

*Hl. Benno, Patron der Stadt München. Benno wurde 1066 zum Bischof von Meißen ernannt, wo er bis zu seinem Tod 1106 segensreich wirkte. 1523, während der Reformation, wurde Benno heilig gesprochen – unter ausdrücklichem Protest Martin Luthers. Aus Furcht, die Gebeine des Heiligen könnten entehrt werden, wurden sie 1576 nach München gebracht und 1580 in der Frauenkirche bestattet. Die Stadt gedenkt ihres Patrons alljährlich – früher gab es anlässlich dieser Feier auch ein Benno-Starkbier.*

## Erzbischof Prof. Dr. theol. Friedrich Kardinal Wetter

- Geboren am 20. Februar 1928 in Landau/Pfalz
- Zum Priester geweiht am 10. Oktober 1953
- Als Bischof von Speyer eingeführt am 29. Juni 1968
- Als Erzbischof von München und Freising eingeführt am 12. Dezember 1982
- Zum Kardinal erhoben am 25. Mai 1985 (Titelkirche: S. Stefano al Monte Celio)

Wahlspruch *Pax vobis – Friede sei mit Euch!*

Friedrich Wetter, Sohn eines Lokführers aus Landau/Pfalz, ist der 72. Nachfolger des hl. Korbinian. 1982 trat er die unmittelbare Nachfolge von Joseph Ratzinger an, der fortan als Kurienkardinal an der Spitze der römischen Glaubenskongregation stand und am 24. April 2005 als Benedikt XVI. in das Papstamt eingeführt wurde.

Nach seinem Studium an der Päpstlichen Universität Gregoriana von 1948 bis 1956 in Rom, wo er auch zum Priester geweiht wurde, promovierte Friedrich Kardinal Wetter mit einer Dissertation zum Thema »Die Lehre Benedikts XII. vom intensiven Wachstum der Gottesschau«. 1965 habilitierte er sich und lehrte danach an den Universitäten von Eichstätt und Mainz. 1968 ernannte ihn Papst Paul VI. zum Bischof seiner Heimatdiözese Speyer. In der Deutschen Bischofskonferenz leitet Friedrich Kardinal Wetter seit 1981 bis heute ununterbrochen die wichtige Glaubenskommission. Im Jahr 1982 wurde er von Papst Johannes Paul II. zum Erzbischof von München und Freising ernannt. Im Jahr 1985 nahm der Papst ihn ins Kardinalskollegium auf. Als Münchner Erzbischof ist Friedrich Kardinal Wetter auch Vorsitzender der Freisinger Bischofskonferenz. Innerhalb der Deutschen Bischofskonferenz gehört er der Kommission für Wissenschaft und Kultur an.

*Die Gebeine des hl. Korbinian werden im Freisinger Dom in einem goldenen, 1863 vom Münchner Goldschmied Harrach geschaffenen Schrein aufbewahrt.*

*Jedes Jahr um den 20. November herum nehmen bis zu zehntausend Jugendliche an der Korbinians-Wallfahrt teil, die ihre Anfänge in den Kriegsjahren 1942 / 1943 hatte. Nach dem Krieg nahm die Jugendwallfahrt einen rasanten Aufschwung. Seit 1969 steht sie unter einem wechselnden Leitthema. Die ganze Stadt Freising wird mit Veranstaltungsorten und Verpflegungsplätzen einbezogen, ebenso die evangelische Schwesterkirche.*

## Hl. Korbinian – Patron der Erzdiözese München und Freising

Der erste Abt von Weihenstephan und erste Bischof von Freising, der hl. Korbinian, gehört zu den frühesten literarisch überlieferten Gestalten der deutschen Geschichte.

Geboren um 680 in Chartres, südlich von Paris, wandte sich Korbinian schon früh dem religiösen Leben zu, las die heiligen Schriften und vertiefte sich in die Psalmen. Im Alter von 22 Jahren baute er sich unweit seines Elternhauses neben einer kleinen Kapelle eine Zelle, in der er als Einsiedler lebte und auf jeden Besitz verzichtete.

Schnell wurde der Eremit bekannt; weil er deshalb seine Stille verloren gehen sah, beschloss er um 710, nach Rom zu pilgern, um dem Papst seine Sorgen anzuvertrauen und sich unter den Schutz des Apostelfürsten Petrus zu stellen. In Rom wurde Korbinian zum Priester und Bischof geweiht, um wenig später in seine gallische Heimat zurückzukehren.

Nach seiner Rückkehr von einer zweiten Pilgerreise nach Rom um 714 ließ sich Korbinian in Freising nieder und begann eine wirkungsvolle Missionsarbeit in ganz Bayern. Er gründete eine Kirche und weihte sie dem hl. Stephan, daraus wurde später die berühmte Abtei Weihenstephan. Nach Unstimmigkeiten mit Bayerns Herzog Grimoald musste Korbinian nach Südtirol ins Kloster Kains bei Meran fliehen, das er einige Jahre zuvor bei seiner Rückreise von Rom selbst gegründet hatte. Grimoalds Nachfolger, Herzog Hugibert, holte den frommen Mann zwei Jahre später nach Freising zurück, wo er allerdings kurz darauf starb, vermutlich um 728. Auf eigenen Wunsch wurde er in Kains beigesetzt. Der spätere Freisinger Bischof Arbeo ließ den Leichnam 765 nach Freising überführen.

Das Leben des hl. Korbinian ist auf insgesamt zwanzig Fresken im Freisinger Dom dargestellt. Seine Gebeine selbst befinden sich in einem goldenen, 1863 vom Münchner Goldschmied Harrach geschaffenen Schrein, der auf dem Korbinian-Sarkophag im Freisinger Dom steht.

Auf die zweite Reise Korbinians nach Rom geht eine berühmte Korbinian-Legende zurück: Als er sich mit seinen Begleitern im Gebiet der Breonen zur Nachtruhe niederlegte, schlich sich ein Bär heran und riss das Maultier, das die Lasten der Reisegruppe trug. Korbinian ermutigte seinen treuen Gefolgsmann Anseric, den Bären auszupeitschen, ihm einen Sattel aufzulegen und mit den Lasten des toten Packtieres zu beladen. Der Bär folgte ihnen willig, bis sie Rom erreichten, wo ihn Korbinian entließ. Bis heute ziert der beladene Bär das Freisinger Stadtwappen.

## Die Frauenkirche – ein zweiter Dom

Durch das Konkordat zwischen dem Heiligen Stuhl und dem König von Bayern im Jahr 1817 wurde im Zuge der kirchlichen Neuordnung nach der Säkularisation aus der alten Diözese Freising die Erzdiözese München und Freising gebildet. Zur Metropolitankirche der südbayerischen Kirchenprovinz (zusammen mit Augsburg, Passau und Regensburg) wurde 1821 die Münchner Stadtpfarrkirche »Zu unserer lieben Frau« bestimmt. Somit bekam die Diözese einen zweiten Dom.

Entstanden ist die gotische Münchner Frauenkirche im 15. Jahrhundert. Der Turmbau wurde 1488 fertig gestellt. Ihre charakteristischen Kuppeln, die »welschen Hauben« erhielt die Kirche allerdings erst 1525. Der spätgotische Backsteinbau mit seinen imposanten Maßen ist das Wahrzeichen der bayerischen Landeshauptstadt. 109 Meter ist die Frauenkirche lang und 49 Meter breit. Das Rot der Ziegel und die beiden 99 und 100 Meter hohen Türme – der Südturm kann sogar bestiegen werden – geben dem Dom ein unverwechselbares Gesicht. Im Innenraum unter dem Chor befinden sich die ältesten Gräber der Wittelsbacher in München, unter anderem die Gebeine von Kaiser Ludwig dem Bayern. Der Kirchenraum bietet bis zu 20 000 Menschen Platz – was schon allein deshalb erstaunt, da München zu der Zeit, in der die Kirche entstand, gerade einmal 13 000 Einwohner zählte. 1944 wurde der Dom von Bomben schwer beschädigt. Das Hallengewölbe stürzte teilweise ein, und die Kirche wurde ausgeplündert. Nach dem Zweiten Weltkrieg wurde sie in mehreren Bauabschnitten umfassend renoviert und empfängt ihre Besucher heute in einem hellen, warmen Licht.

*Sie sind das Wahrzeichen der bayerischen Landeshauptstadt: die Türme der Frauenkirche mit ihren welschen Hauben.*

## Die Legende vom »Teufelstritt«

Im Eingangsbereich zieht der »Teufelstritt« die Aufmerksamkeit der Besucher auf sich; er geht auf folgende Sage zurück: Nachdem die Kirche fertig erbaut, aber noch nicht geweiht war, schlich sich der Teufel durch das große Tor. Neugierig und grimmig betrachtete er den Bau und stampfte triumphierend vor Freude auf den Boden, weil er glaubte, dass die Kirche keine Fenster habe – das trug sich just an der Stelle zu, an der heute der schwarze Tritt zu sehen ist.

Als der Teufel jedoch nur einen Schritt nach vorn machte, musste er erkennen, dass er sich getäuscht hatte: Helle Sonnenstrahlen durchfluteten den mächtigen Raum. Der Teufel erkannte, dass er der Geprellte war und verwandelte sich voller Zorn in einen heftigen Wind, der versuchte, das Gebäude zum Einsturz zu bringen. Aber auch das war vergebens.

*Im 15. Jahrhundert, als die Frauenkirche geweiht wurde, zählte München gerade einmal 13 000 Einwohner – die Pfarrkirche »Zu unserer lieben Frau« bot aber rund 20 000 Gläubigen Platz.*

# Der Freisinger Domberg

*Als wahrhaft gelehrter Bischof von europäischem Rang erwies sich Otto von Freising (reg. 1138–1158) aus dem Geschlecht der Markgrafen von Babenberg, ein Onkel von Kaiser Friedrich I. Barbarossa. Unter seiner Ägide wurde die Klerikerausbildung neu organisiert und die Domschule zum geistigen Mittelpunkt des Landes. Welt- und Ordensklerus wurden reformiert.*

Mehr als ein Jahrtausend war nicht München, sondern die kleine Stadt Freising Bischofssitz dieser Diözese. Die Burg wurde erstmals 744 erwähnt, aber es gilt als gesichert, dass Freising bereits ein halbes Jahrhundert zuvor bayerische Residenz gewesen sein muss. Der hl. Korbinian, der heutige Patron des Bistums, baute Freising zu einem kirchlichen Zentrum aus, und im Jahr 739 wurde die Diözese Freising im Auftrag von Papst Gregor III. vom hl. Bonifatius errichtet.

Auf dem Domberg – »mons doctus«, »gelehrter Berg« genannt – hoch über der Isar entstand in der Folge eines der geistigen und geistlichen Zentren Süddeutschlands. Schwer zu leiden hatte die Diözese im 10. Jahrhundert unter den Einfällen der Ungarn, die zahlreiche Ortschaften, Kirchen und Klöster niederbrannten. Erst nach der Schlacht auf dem Lechfeld (955) endete der Spuk. Jetzt begann eine Wende in der bayerischen Landes- und Kirchengeschichte, nicht zuletzt durch eine intensive Kolonisation und Mission in den Ostgebieten. Im Jahr 996 verlieh Kaiser Otto III. dem Freisinger Bischof das Markt-, Münz- und Zollrecht.

Der wirtschaftliche Aufschwung Freisings indes sah sich jäh gebremst, als Herzog Heinrich der Löwe die Salzbrücke über die Isar bei Föhring zerstören ließ und nach München verlegte, um sich die Zölle für das wichtigste Handelsgut Bayerns zu sichern. So wurde das Todesjahr des Bischofs Otto von Freising just zum Geburtsjahr der Stadt München: 1158.

## Bischöfe als Landesherren

Im Jahr 1220 gab Kaiser Friedrich II. einen Erlass heraus, wonach die bayerischen Bischöfe mit dem seit 1180 in Bayern regierenden Wittelsbacher Herzog rechtlich gleichgestellt waren.

Nun hatten alle bayerischen Bischöfe ein eigenes weltliches Gebiet, in dem sie Landesherren waren, genau wie der Herzog Gewalt über Leben und Tod ausübten und allein Kaiser und Reich verantwortlich waren. Das weltliche Bischofs-Territorium wurde Hochstift genannt – im Gegensatz zur Diözese, die die geistliche Autorität des Bischofs umfasste. Bis zum Jahr 1803 gab es im Deutschen Reich 27 Hochstifte, geistliche Kleinstaaten – einer davon war Freising.

*Der Königssee mit der Kirche Sankt Bartholomäus ist eine der meist besuchten Touristenattraktionen tief im Süden der Diözese. Seine heutige Gestalt erhielt das Kirchlein mit dem Bauernheiligen St. Bartholomäus als Schutzpatron Ende des 17. Jahrhunderts.*

## Pater Rupert Mayer – ein Bekenner des 20. Jahrhunderts

»Seine Zivilcourage und sein soziales Engagement aus christlicher Motivation können beispielhaft sein für Menschen unserer Zeit.« So begründete Papst Johannes Paul II. am 3. Mai 1987 im Münchner Olympiastadion vor über 80 000 Menschen die Seligsprechung des Jesuitenpaters Rupert Mayer. Der 1876 in Stuttgart geborene Kaufmannssohn wurde 1899 in Rottenburg am Neckar zum Priester geweiht und trat ein Jahr später in den Jesuiten-Orden ein. Ab 1906 war er als Volksmissionar tätig, ehe er 1912 mit der Großstadtseelsorge in der bayerischen Landeshauptstadt beauftragt wurde.

Im Ersten Weltkrieg zog Rupert Mayer als Divisionspfarrer an die Front, wo er als erster Feldgeistlicher mit dem Eisernen Kreuz ausgezeichnet wurde. Beim Versuch, einen schwer verletzten Soldaten vor Kugeln zu schützen, durchschlug ein Geschoss sein linkes Bein, das oberhalb des Knies amputiert werden musste.

Nach Ende des Ersten Weltkriegs hielt Pater Rupert Mayer, inzwischen Präses der Marianischen Männerkongregation, monatlich bis zu siebzig Predigten in und um München, immer getrieben von dem Ziel, den Menschen in ihren wirtschaftlichen und seelischen Nöten beizustehen und sie im Glauben zu stärken. Schon früh warnte er vor der braunen Gefahr. 1937 nahmen die Nationalsozialisten den christlichen Mahner erstmalig fest und verurteilten ihn zu sechs Monaten Haft auf Bewährung. Wegen »fortgesetzten Vergehens« gegen den »Kanzelparagraphen« – Mayer predigte, dass der Mensch Gott mehr gehorchen müsse als den Menschen – wurde er wenig später sechs Monate lang in der Strafanstalt in Landsberg inhaftiert.

1939 internierten ihn die braunen Machthaber im Konzentrationslager Sachsenhausen. Unter der Bedingung, dass ihm seine Vorgesetzten Predigtverbot erteilen, übergab die Gestapo aus Angst vor Unruhen den bis auf die Knochen abgemagerten Geistlichen der Benediktinerabtei Ettal zur Klosterhaft, wo er die Jahre 1940 bis 1945 verbrachte.

Als er nach Kriegsende wieder nach München zurückkehrte, war er körperlich völlig ausgezehrt und starb am 1. November 1945 nach der heiligen Messe in der Kreuzkapelle der Münchner St. Michaelskirche.

Pater Rupert Mayer SJ
geb. 23.1.1876 · gest. 1.11.1945
Seligsprechung am 3.5.1987
durch Papst Johannes Paul II.

*Pater Rupert Mayer, hier auf einer Telefonkarte der Caritas, wurde 1987 von Papst Johannes Paul II. anlässlich seines Deutschlandbesuchs selig gesprochen. Der Papst trat auch an Rupert Mayers Grab in der Bürgersaalkirche von München, eine der meistbesuchten Wallfahrtsstätten in Deutschland.*

## Von der Diözese zur Erzdiözese

Im 15. Jahrhundert kam es, vor allem durch die Bischöfe Johann (1448–1452) und Philipp (1499–1541), zu einer Erneuerung des religiösen Geistes vor allem in den Klöstern. Volksandachten wurden ausgestaltet, viele Wallfahrtsorte blühten auf, Kirchen und Kapellen wurden neu gebaut und reich ausgestattet. Da auch die Herzöge Wilhelm IV. und Albrecht V. in jener Zeit stark im katholischen Glauben verhaftet waren, konnte der Protestantismus in der Diözese kaum Fuß fassen.

Nach Ende des Dreißigjährigen Krieges (1618–48) blühte das religiöse Leben schnell auf. 1724 wurde mit großem barockem Aufwand die Tausendjahrfeier des hl. Korbinian sowie der Diözese begangen. Die noch heute augenfällige Pracht des Freisinger Doms geht zum Teil auf

*Namhafte Bischöfe haben im 20. Jahrhundert die Erzdiözese München und Freising geführt: Michael Kardinal von Faulhaber bot den Nationalsozialisten die Stirn; Julius Kardinal Döpfner war einer der vier Moderatoren des Zweiten Vatikanischen Konzils; Joseph Kardinal Ratzinger wurde als Präfekt der Römischen Glaubenskongregation von München nach Rom berufen und ist seit dem 24. April 2005 als Papst Benedikt XVI. Oberhirte aller katholischen Gläubigen. Zu seiner Amtseinführung gratulierte ihm auch Friedrich Kardinal Wetter aus dem heimatlichen München.*

jene Zeit zurück. Doch die Folgen der Französischen Revolution stellten die Verhältnisse auf den Kopf: 1802/03 wurden die Klöster, Stifte und Abteien geschlossen, die weltliche Herrschaft ging am 27. November 1802 vom Fürstbischof auf den Kurfürst über.

Wenige Monate später, am 22. April 1803, wurde im Dom der letzte Gottesdienst gehalten, danach erwog man sogar seinen Abbruch. Diese Pläne wurden glücklicherweise nicht verwirklicht.

Das Konkordat zwischen dem Heiligen Stuhl und dem König von Bayern brachte im Jahr 1817 eine entscheidende Neuerung: Die Diözese Freising in ihrer alten Form wurde zu Grabe getragen und an deren Stelle die neue Erzdiözese München und Freising gesetzt. Als erster Erzbischof wurde Lothar Anselm Freiherr von Gebsattel 1821 in sein Amt eingeführt.

Freising blieb dennoch ein wichtiger Ort für die Erzdiözese – nicht zuletzt durch die Einrichtungen eines Priester- und eines Diözesanknabenseminars und eines Lyzeums für die Priesterkandidaten der Erzdiözese.

## Bedeutende Bischöfe

Eine der markantesten Persönlichkeiten des bayerischen Episkopats wurde 1917 auf den Stuhl des Erzbischofs von München und Freising berufen: der Speyerer Bischof Michael von Faulhaber, 1921 zum Kardinal ernannt. Früh warnte er im Dritten Reich vor dem totalitären Staat, und nach dem Krieg war er einer der wenigen, die von den Siegermächten als moralische Autorität anerkannt wurden. Während die Fronleichnamsprozession am 12. Juni 1952 durch die Straßen Münchens zog, starb der greise Kardinal 83-jährig im Erzbischöflichen Palais.

Sein Nachfolger Kardinal Joseph Wendel (1952–1960) richtete 1960 den Eucharistischen Weltkongress aus.

Bereits in zwei Diözesen – Würzburg und Berlin – hatte Julius Kardinal Döpfner gewirkt, als er 1961 zum Erzbischof von München und Freising bestellt wurde. Er gilt als Schrittmacher der Ökumene, Wegbereiter der deutsch-polnischen Aussöhnung und gehörte zu den vier Moderatoren des Zweiten Vatikanischen Konzils. 1965 wurde Julius Kardinal Döpfner zum Vorsitzenden der deutschen Bischofskonferenz gewählt. Als er 1976 starb, bestimmte Papst Paul VI. Joseph Kardinal Ratzinger zu seinem Nachfolger. Er stand der Erzdiözese aber nur vier Jahre vor. 1981 wurde er zum Präfekt der Römischen Glaubenskongregation und im April 2005 zum Nachfolger des verstorbenen Johannes Paul II. auf dem Stuhl Petri ernannt.

1982 folgte ihm Friedrich Kardinal Wetter im Amt des Erzbischofs nach – er war zuvor Bischof von Speyer gewesen.

### Daten & Fakten*

| | |
|---|---|
| Seelsorgestellen | 758 |
| Katholiken | rd. 1,8 Mio. |
| Fläche | 11 998 qkm |
| Dekanate | 40 |
| Priester | 1 191 |
| Ordensleute | 3 372 |
| Diakone | 202 |
| Gemeindereferenten/-innen | 219 |
| Pastoralreferenten/-innen | 319 |
| Taufen | rd. 15 400 |
| Erstkommunionen | rd. 20 000 |
| Trauungen | rd. 3 500 |
| Bestattungen | rd. 18 500 |

* Stand 2004

# Partnerschaft mit Ecuador

Eine intensive Verbindung besteht seit rund vier Jahrzehnten zwischen der Erzdiözese München und Freising und Ecuador, dem kleinen Land an der Westküste Südamerikas.

Die Verbindungen zwischen den beiden Kirchen gehen zurück auf eine Initiative des damaligen Erzbischofs Julius Kardinal Döpfner. Viele Begegnungen und eine große Zahl an Projekten, die von der Erzdiözese in Ecuador gefördert werden, prägen diese Beziehungen.

Ursprung einer Freundschaft zwischen der Erzdiözese München und Freising und der französischen Diözese Évry-Corbeil-Essonnes südlich von Paris ist der hl. Korbinian, geboren um 680 in Arpajon (dem früheren Chartres), das in der erst 1966 gegründeten Diözese liegt: Beide Bistümer verehren den hl. Korbinian als Patron.

*Die berühmte Benediktiner-abtei Ettal beherbergt seit Beginn des 18. Jahrhunderts eine Klosterschule – mittlerweile ist sie eine der ältesten Deutschlands.*

# Die Freisinger Bischofskonferenz

Mitglieder der Freisinger Bischofskonferenz sind die Bischöfe der sieben bayerischen (Erz-)Diözesen Bamberg, Würzburg, Eichstätt, Regensburg, Augsburg, Passau, München und Freising, sowie, historisch bedingt, der Bischof der Diözese Speyer. Ihre Aufgabe sieht die Freisinger Bischofskonferenz darin, gemeinsame pastorale Aufgaben zu fördern, einander zu beraten und die kirchliche Arbeit zu koordinieren. Die Mitglieder treffen sich – seit der Gründung im Jahre 1850 – zweimal im Jahr auf dem Domberg in Freising.

Den Vorsitz hat der Erzbischof von München und Freising, derzeit Friedrich Kardinal Wetter, inne.

# München – ehemals ein »teutsches Rom«

Im 17. und 18. Jahrhundert galt München aufgrund seiner zahlreichen Ordensniederlassungen, Kirchen, Kapellen und Gnadenstätten innerhalb der Stadtmauern als »teutsches Rom«.

Die meisten der Gnadenorte haben die Zeit nicht überdauert, einige jedoch sind erhalten geblieben. Am häufigsten wallfahren fromme Pilger zu Maria, der Mutter Jesu, die gern als Mittlerin der Gnaden angefleht wird.

Neben Maria Thalkirchen ist Maria Ramersdorf eine der bekanntesten Wallfahrtsstätten Münchens. Die ursprüngliche Marienwallfahrt erfuhr im 14. Jahrhundert einen enormen Aufschwung: Herzog Otto V. schenkte der Kirche 1379 einen Kreuzpartikel, den sein Vater, Kaiser Ludwig der Bayer, aus Jerusalem mitgebracht haben soll. Mehrere Benefizien wurden gestiftet und ein Kirchenneubau mit kostbaren Altären errichtet.

Bekannt ist auch die Wallfahrt zum hl. Kreuz und dessen Reliquie nach Scheyern.

*Marienwallfahrten in der Erzdiözese München und Freising gibt es unter anderem in Birkenstein, Dietramszell, Ettal, Ettenberg, Hohenpeißenberg, Kirchwald, Maria Dorfen, Maria Eck, Maria Eich, Maria Gern, Maria Thalheim, Schwarzlack, Tittmoning, Tuntenhausen und Weihenlinden.*

**Adresse**

Erzbischöfliches Ordinariat München
Rochusstraße 5–7
80333 München
Tel. 0 89 / 2 13 70
www.erzbistum-muenchen.de

# Diözese Augsburg

Eine Stadt, die Geschichte atmet, inmitten einer Region voller landschaftlicher Anmut – das sind Augsburg und seine Diözese. Von hier aus wurde die politische, wirtschaftliche und religiöse Geschichte Deutschlands über Jahrhunderte hinweg mitbestimmt.

*»Der lebendige Dom« wird der Hohe Dom zu Augsburg auch genannt. Anders als viele andere große Dome steht er nicht für einen Stil, der eine Epoche geprägt hat. Seine Bauelemente und sein Leben kommen vielmehr aus der Tiefe einer Geschichte, deren Zeugnisse überall in der Stadt zu finden sind. Sein Chor ragt mitten hinein in die Stadt und zwingt die Straße, einen Umweg zu machen.*

## Der Hohe Dom zu Augsburg

Bis zurück ins Jahr 822 lässt sich die Geschichte dieses imposanten Kirchengebäudes verfolgen. Doch bereits einige Jahrzehnte zuvor dürfte der damalige Bischof Simpert, einer der drei Diözesanpatrone, den Bau in Auftrag gegeben haben.

Ältester Teil ist die Krypta unter dem Westchor, angelegt im 10. Jahrhundert unter Bischof Ulrich. Vermutlich seit Mitte des 12. Jahrhunderts haben die fünf Prophetenfenster von Jonas, Daniel, Hosea, Mose und König David ihren Platz an der südlichen Seite des Obergadens im romanischen Langhaus. Sie gelten als der bedeutendste und älteste Glasmalereizyklus der Welt.

Stolz, streng und machtvoll, kostbar gekleidet, in leuchtendem Rot und Grün, strahlend und unerreichbar für das gemeine Volk – so mögen auch die mächtigen Herrscher jener Zeit, die Welfen und Staufer, gewesen sein.

Der glanzvolle Beitrag des Barock zum heutigen Erscheinungsbild des Domes ist

## Diözesanadministrator & Weihbischöfe

- Josef Grünwald, Diözesanadministrator bis 30. Sept. 2005 und Weihbischof

- Dr. Dr. Anton Losinger, Weihbischof

die Marienkapelle aus dem Jahr 1721 im Kreuzhof. 130 Jahre nach ihrer Entstehung, zwischen 1852 und 1863, ließ Bischof Pankratius von Dinkel den gesamten Dom im Stil der Neogotik erneuern.

Über die Grenzen Augsburgs hinaus sind die Augsburger Domsingknaben bekannt, sie werden von Domkapellmeister Reinhard Kammler geleitet.

*Augsburg gilt seit jeher als Stadt mit großer Künstler- und Handwerkertradition: Wer den Dom besucht, wird erkennen, dass dieses Prädikat nicht zuletzt für die Epoche der Gotik seine Berechtigung hat. Sie hat unter anderem mit dem prachtvollen Mittelschiff, einem mächtigen Christophorus und den Figuren am Gestühl des Westchores ihre Spuren hinterlassen. Wunderbare Kunstwerke jener Zeit sind auch die vier Altartafeln von Hans Holbein d.Ä. (um 1465 bis 1524). Zwei seltene Glocken aus dem 11. Jahrhundert birgt der Glockenstuhl im Nordturm des Doms. Sie sind in der Form eines Bienenkorbs gegossen und werden in der Fachsprache auch als Theophilusglocken bezeichnet, da sie entsprechend den Glockenbeschreibungen des Benediktinermönchs Theophilus, die um 1100 verfasst wurden, angefertigt sind.*

## Bischof Dr. theol. Walter Mixa

- Geboren in Königshütte / Oberschlesien am 25. April 1941
- Zum Priester geweiht am 27. Juni 1970
- Zum Bischof von Augsburg ernannt; Amtseinführung am 1. Oktober 2005

Wahlspruch *Jesus hominis salvator – Jesus, der Retter des Menschen*

Nach der Flucht aus der Heimat kam Walter Mixa mit seiner Familie 1945 ins schwäbische Heidenheim an der Brenz, studierte Philosophie und Theologie in Dillingen / Bayern und Fribourg / Schweiz und wurde 1970 zum Priester für die Diözese Augsburg geweiht. 1975, fast zeit-

gleich mit seiner Promotion, wurde er Stadtpfarrer von Schrobenhausen und Regionaldekan der Bistumsregion Altbayern. Darüber hinaus wirkte er als Religionslehrer und ab 1983 als Leiter der Priesterfortbildung in der Diözese Augsburg. 1996 ernannte ihn Papst Johannes Paul II. zum Bischof von Eichstätt und im Jahr 2000 zum katholischen Militärbischof für die Deutsche Bundeswehr. Auch nach seiner Einführung als Bischof von Augsburg wird Walter Mixa weiterhin Militärbischof bleiben.

Innerhalb der Deutschen Bischofskonferenz ist er stellvertretender Vorsitzender der Liturgiekommission und Mitglied der Kommission für Ehe und Familie. Seit 1997 gehört Walter Mixa als ordentliches Mitglied der »Europäischen Akademie der Wissenschaften und Künste« sowie dem Ritterorden vom Heiligen Grab in Jerusalem an, der die Christen im Nahen Osten unterstützt.

*Das Bild von Thomas Burgkmair (um 1492) zeigt die drei Augsburger Diözesanheiligen Ulrich, Afra und Simpert; es befindet sich im Diözesanmuseum Rottenburg.*

*Neueste Ausgrabungen im Bereich des Doms deuten auf eine dauerhafte christliche Tradition von den Römern über die Zeit der Völkerwanderung bis ins frühe Mittelalter hin. Was genau in dieser Zeit zwischen Lech und Wertach geschah, liegt allerdings nach wie vor im Dunkeln.*

## Hll. Afra, Ulrich und Simpert – Patrone der Diözese Augsburg

Gleich drei Bistumspatrone kann die Diözese Augsburg vorweisen.

Da ist zunächst die frühchristliche Märtyrerin Afra, die wohl um das Jahr 304 in der Christenverfolgung unter Kaiser Diokletian ihr Glaubenszeugnis mit dem Leben bezahlt hat. Vielen gilt Afra als zweite Maria Magdalena: eine bekehrte Sünderin. Zunehmend rückt sie jedoch auch als aufrechte Zeugin des Glaubens, die für Christus sogar ins Feuer ging, ins Bewusstsein moderner Katholiken, vor allem der Frauen. Zusammen mit den Gebeinen des heiligen Ulrich finden sich ihre vermeintlichen Überreste in der Krypta im Augsburger Ulrichsmünster.

Anders als bei Afra ist das Leben und Wirken des heiligen Ulrich durch viele geschichtliche Zeugnisse überliefert. Zahlreiche Kirchen und Kapellen, Bilder und Statuen alter und moderner Künstler zeugen von einer bis in die Gegenwart lebendigen Verehrung des großen Bischofs. Weit über die Grenzen der Diözese hinaus genießt St. Ulrich höchstes Ansehen; ob in Sachsen oder in der Steiermark, ob in Goslar oder Straßburg – überall sind ihm Kirchen, Kapellen und Altäre geweiht. Er gilt als Helfer in vielerlei Nöten.

Der Umstand, dass einer der schönsten Landstriche Oberbayerns, das Fünfseenland, in dem unter anderem das Kloster Andechs liegt, zur schwäbisch-allgäuischen Diözese Augsburg gehört, ist vor allem dem dritten Augsburger Bistumspatron, dem hl. Simpert zuzuschreiben. Er war es, der um das Jahr 800 als Bischof seine Diözese um eben jene altbairischen Gebiete erweiterte. Verwandt mit Kaiser Karl dem Großen, fungierte er zwischen 778 und 807 als Bischof. Als erstmals nach mehreren Jahrhunderten im September 1977 in der Ulrichsbasilika zu Augsburg sein Grab geöffnet wurde, fand sich in einem kupfernen Schrein neben verschiedenen Urkunden und einer Lebensbeschreibung aus dem Jahr 1492 ein fast vollständiges Skelett ohne Schädel: Es waren wohl die über 1170 Jahre alten sterblichen Überreste des vormaligen Augsburger Oberhirten.

# Mit Kaiser Augustus fing alles an

»Du wirst nicht leicht ein Gemeinwesen finden, das Augsburg übertrifft. Betrachte nur den Glanz, den Reichtum der Bürger oder die Form ihrer staatlichen Ordnung!« Dieses Fazit zog kein Geringerer als Papst Pius II. (1458–1464) über die Stadt zwischen Lech und Wertach.

## Von Afra bis Ulrich

Die römischen Anfänge der Stadt um 15 v. Chr. sind auch für die Geschichte der Diözese von Bedeutung. Denn mit den Römern kamen bereits vereinzelt Christen in diesen Ort. Die erste namentlich bekannte Glaubenszeugin ist St. Afra, die um 304 den Martertod erlitt.
Erstmalig 738 wurde in einem Brief Papst Gregors III. an Bonifatius von einem Augsburger Bischof namens Wikterp berichtet. Wenig später vereinigte dessen Nach-Nachfolger Simpert die beiden Diözesen Augsburg und Neuburg-Staffelstein.
Im Jahr 913 überrannten die Ungarn zum ersten Mal Augsburg. Bischof Ulrich war gerade ein Jahr im Amt, als er 924 die Stadt mit einer Mauer umgeben und die zerstörte Domkirche wieder aufbauen ließ. Als die Ungarn zwei Jahre später wieder vor den Toren der Stadt standen, mussten sie sich erst einmal geschlagen geben und abziehen.
In den folgenden Jahren erlebte Augsburg einen beachtlichen Aufschwung und zählte zu den größten deutschen Städten. König Otto I. rief 952 die Großen des Reiches auf dem Lechfeld zu einem Hoftag zusammen – als hätte er geahnt, was sich hier drei Jahre später ereignen sollte. Denn 955 griffen die Ungarn wieder an – und wurden in der »Schlacht auf dem Lechfeld« vernichtend geschlagen.

Der Wiederaufbau und der Ausbau der Stadt konnten beginnen: Die Afrakirche erstand in altem Glanz wieder, die Domkrypta wurde erneuert und die Johanneskirche erbaut. 973 starb Ulrich 83-jährig. Schon zwanzig Jahre später wurde er heilig gesprochen. Es war die erste Heiligsprechung, die nicht vom Glauben des Volkes bestimmt, sondern von Rom aus kanonisch vollzogen wurde.

## Eine »wahrhaft königliche Stadt«

Die Gräber des berühmten Bischofs sowie der heiligen Märtyrerin Afra entwickelten sich schnell zu Kultstätten. Das Kloster St. Afra, von Bischof Bruno im Jahr 1000 den Benediktinern übergeben, zog viele fromme und kluge Männer an. Bischof Bruno war es auch, der hier eine Münzstätte errichten ließ. Das machte Geldhandel möglich. Und da Augsburg stets gut mit den Königen konnte, durfte sie sich in ihrem Wappen als »wahrhaft königliche Stadt« bezeichnen.

Im Jahr 15 v.Chr. machten sich Nero Claudius Drusus und Tiberius Claudius Nero, die Stiefsöhne des großen Kaisers Augustus, auf, mit ihren Soldaten das Land nördlich der Alpen zu erobern. Sie kamen dabei auch in das Gebiet um Lech (Licus) und Wertach (Virdo) und besiegten hier Raeter und Vindeliker. Vindelicien wird diese Gegend auch genannt, und so bekam der Ort, Hauptstadt der Provinz Raetia Secunda, den Namen Augusta Vindelic(or)um.

Das Benediktinerkloster Andechs, von weither sichtbar auf dem Heiligen Berg über dem Ostufer des Ammersees, ist seit über einem halben Jahrtausend ein beliebtes Ziel für Pilger aus nah und fern.

*Anlässlich der gemeinsamen Erklärung zur Rechtfertigungslehre, die die römisch-katholische Kirche und der Lutherische Weltbund (LWB) im Oktober 1999 in Augsburg unterzeichnet haben, wurde in der evangelischen Sankt-Anna-Kirche ein Festgottesdienst gefeiert.*

Im Jahr 1156 verlieh der Staufer-Kaiser Friedrich I. Barbarossa der Stadt die erste Stadtrechtsurkunde in Deutschland überhaupt. Mit ihr wurden die Rechte gegenüber den bischöflichen Stadtherren festgelegt. 1276 entledigte sich die Bevölkerung der bischöflichen Oberaufsicht; Augsburg wurde freie Reichsstadt.

Die Bischöfe aber residierten immer häufiger in ihrer zweiten Residenz Dillingen an der Donau. Hier wie im ganzen schwäbischen Land prägten neu gegründete Männer- und Frauenklöster das kirchliche und kulturelle Leben.

## Zentrum der Reformation

Augsburg, bevorzugter Aufenthaltsort unter anderem von Kaiser Maximilian I. und Sitz der deutschen Hochfinanz (Fugger und Welser), wurde im 16. Jahrhundert zu einem Zentrum der Reformationsgeschichte: 1530 wurde auf dem Reichstag die Spaltung besiegelt, 1555 der Religionsfrieden zwischen Katholiken und Protestanten ge-

schlossen. Er beinhaltete bereits Ansätze zu neuen Befriedungsversuchen. In der Diözese breitete sich die neue Lehre Martin Luthers rasch aus: Fast alle Reichsstädte und einige Fürstentümer wurden protestantisch. Eine Wende bahnte sich mit Bischof Otto Kardinal Truchsess von Waldburg (1543–1573) an. Er berief Petrus Canisius SJ nach Augsburg, begründete in Dillingen 1549 eine Universität und übergab diese 1563 den Jesuiten.

## Blütezeit im Barock

Nach den Stürmen des Dreißigjährigen Kriegs (1618–1648) erlebte die Diözese im Barock eine neue Blütezeit. Davon zeugen heute noch die herrlichen Kloster- und Pfarrkirchen, die zahlreichen Wallfahrtsstätten und die vielen Zeugnisse einer lebendigen Volksfrömmigkeit. Höhe- und zugleich Endpunkt dieser Periode war der Besuch von Papst Pius VI. 1782 in Augsburg. Wenig später folgte in der Säkularisation die vollständige Enteignung allen kirchlichen Besitzes.

## Kirchliche Neuordnung

Nach Auflösung der alten Reichsverfassung 1806 erfolgte zwischen 1812 und 1821 die Neuordnung der kirchlichen Organisation auch in der Diözese Augsburg. So kam es unter anderem zu Grenzveränderungen im tirolischen und ehemals württembergischen Gebietsanteil. Zudem wurden zahlreiche Standesprivilegien der höheren Geistlichkeit aufgehoben. Andererseits wurde der Aufbau der katholischen Vereine und die stärkere Mitverantwortung der Laien gefördert. Zugleich setzte eine bisher nie gekannte Blütezeit der Männer- und Frauenorden ein, die vor Ausbruch des Zweiten Weltkrieges 1939 einen Höhepunkt erreichte, 1965 aber ab-

*Unter den Jesuiten wurde die 1549 gegründete Universität in Dillingen an der Donau ab 1563 zu einer weithin bekannten katholischen Reformuniversität.*

### Daten & Fakten*

| | |
|---|---|
| Pfarreien | 1 001 |
| Katholiken | rd. 1 506 000 |
| Fläche | 13 250 qkm |
| Dekanate | 36 |
| Priester | 1 068 |
| Ordensleute | rd. 2 800 |
| Diakone | 128 |
| Gemeindereferenten/-innen | 226 |
| Pastoralreferenten/-innen | 158 |
| Taufen | 13 041** |
| Erstkommunionen | 17 616** |
| Trauungen | 3 054** |
| Bestattungen | 15 181** |

\* Stand 2004 \*\* Stand 2003

brach. Die folgenden Jahrzehnte waren geprägt durch Bischof Dr. Josef Stimpfle (1963–1992), der 1987 Papst Johannes Paul II. in Augsburg begrüßen durfte, und seinen Nachfolger, Bischof Dr. Viktor Josef Dammertz (1992–2004). Auf diesen folgte im Oktober 2005 Bischof Dr. Walter Mixa.

## Die Diözese heute

Nur wenige Diözesen besitzen eine größere Anzahl an Pfarreien und Seelsorgestellen als Augsburg. So versteht es sich von selbst, dass die Diözese vielfältige Aktivitäten vorweisen kann. Im kulturellen Bereich sei die Augsburger Dommusik erwähnt, insbesondere der Domchor und die Domsingknaben, die sich längst einen internationalen Ruf erworben haben. Auch das Diözesanmuseum St. Afra, im Jahr

*Das wohl größte Weihrauchfass der Welt wurde in der Diözese Augsburg gebaut. Papst Johannes Paul II. segnete es auf dem Petersplatz in Rom im Sommer 2001.*

2000 eröffnet, macht regelmäßig durch beeindruckende Ausstellungen von sich reden. Eine Vielzahl von Projekten betreut das Referat Weltkirche – genannt seien hier die Patenschaft zur Diözese Kiyinda-Mityana / Uganda und die »aktion hoffnung«. An ihr beteiligen sich alljährlich mehr als 600 Pfarreien, indem sie Papier und Kleidung für Projekte der Missions- und Entwicklungshilfe sammeln.

# Aus dem Vollen schöpfen …

Fast unüberschaubar ist die Anzahl der Wallfahrtsorte: Von Aach bis Zöschingen reichen die Namen, deren bekannteste zweifellos Andechs, Benediktbeuren, St. Ottilien, Kaufbeuren, Maria Vesperbild, Oberschönenfeld, Ottobeuren, Wessobrunn oder Steingaden mit der unvergleichlichen Wieskirche sein dürften – einen Anspruch auf Vollständigkeit erhebt diese Aufzählung weiß Gott nicht.

Die Diözese – das zeigt diese Aufzählung – ist nicht nur in Schwaben und im Allgäu, sondern auch tief im oberbayerischen Herzen verwurzelt – vor allem westlich von München rund um den Starnberger See und Ammersee. Die »Romantische Straße« von Würzburg nach Füssen führt auf einem Großteil ihres Weges durch die Diözese Augsburg. Vor allem die Freunde des Barock kommen entlang dieses Tourismusmagneten auf ihre Kosten.

*Links:*
*In der Wieskirche, die im September 2004 ihren 250. Geburtstag feierte, ist die Kunst des Rokoko zur Vollendung gekommen. Sie ist Teil des UNESCO-Weltkulturerbes.*

## Adressen

**Bischöfliches Generalvikariat**
**Fronhof 4**
**86152 Augsburg**
**Tel. 08 21 / 3 16 60**
**www.bistum-augsburg.de**

# Diözese Passau

Prachtvolle Barockkirchen, so weit das Auge reicht, der weltberühmte Wallfahrtsort Altötting und die größte Domorgel der Welt – die Diözese Passau ist reich an Kunstschätzen, aber auch an Menschen, die den kirchlichen Alltag lebendig gestalten.

*Der Passauer Dom präsentiert sich heute als größter barocker Kirchenraum nördlich der Alpen und als bedeutendste Barockkirche italienischer Prägung auf deutschem Boden – eine Kathedrale mit »barockem Leib und gotischer Seele«, wie ein Kulturführer schreibt.*

## St. Stephan in Passau

Passau, heute eine der kleinsten deutschen Diözesen, besitzt mit dem Stephansdom eine der prächtigsten katholischen Bischofskirchen im Land.

Die Spuren dieser beeindruckenden Kirche reichen zurück bis in das Jahr 450, in dem erstmals eine Kirche in der spät-antiken Stadt Batavis, dem heutigen Passau, bezeugt wurde.

Knapp dreihundert Jahre später wurde diese Kirche erstmals urkundlich erwähnt und, nachdem Bonifatius Passau 739 zum Bischofssitz erhoben hatte, zur Kathedrale der Diözese bestimmt.

## Generalvikar

- Dr. Klaus Metzl, Generalvikar

Der frühmittelalterliche und der heutige Dom haben aber nichts mehr gemeinsam – außer den Ort, an dem sie stehen. Was wir heute bewundern, hat seine Wurzeln in einem frühgotischen Dom, erbaut zwischen 1280 und 1325. Das nördliche Querhaus mit dem so genannten Stephanstürmchen lässt die gotische Außenarchitektur des Domes noch eindrucksvoll in Erscheinung treten, vor allem die Inneneinrichtung fiel dem großen Stadtbrand des Jahres 1662 zum Opfer.

Zwischen 1668 und 1693 gestaltete der italienische Meister Carlo Lurago den barocken Neubau. Giovanni Battista Corlone, ein Meister des italienischen Hochbarock, schuf die gesamte Innenausstattung mit ihrem üppigen Stuckwerk und ihren herrlichen Altaraufbauten, die Fresken stammen von Carpoforo Tencalla. Ein besonderer Schatz ist die größte Domorgel der Welt mit ihren 233 klingenden Registern und knapp 18 000 Pfeifen. Ihr elf Meter hohes Barockgehäuse füllt die ganze Westwand aus. Der moderne Hochaltar, der die Steinigung des Kirchenpatrons Stephanus zeigt, wie auch der Volksaltar sind Werke des Münchener Bildhauers Prof. Josef Henselmann aus den fünfziger Jahren.

*St. Stephan in Passau: Blick durch das Kirchenschiff auf die prächtig ausgestatteten barocken Gewölbe, die von dem italienischen Baumeister Giovanni Battista Corlone im 17. Jahrhundert geschaffen wurden.*

## Bischof Wilhelm Schraml

- Geboren in Erbendorf in der Oberpfalz am 26. Juni 1935
- Zum Priester geweiht am 29. Juni 1961
- Als Bischof von Passau eingeführt am 23. Februar 2002

Wahlspruch *Jesus Christus als den Herrn verkündigen*

Schon als junger Priester hat sich Wilhelm Schraml darauf gefreut, »Menschen zu Christus führen zu dürfen«.
Daran hat sich bis heute nichts geändert, was er auch durch seinen bischöflichen Wahlspruch unterstreicht. »Die Liebe zu Christus und die Liebe zur Kirche« – das sind, wie er selbst einmal sagte, für ihn die Wegweiser. Hier sieht er sich auch in der Tradition Adolf Kolpings, dessen Leben ihn stark geprägt hat. »Menschen eine Heimat zu geben«, das ist für ihn wichtig.
Nach Schulzeit, Studium an der Regensburger Philosophisch-Theologischen Hochschule, Priesterweihe und Dienst in einigen Pfarrstellen wurde Wilhelm Schraml 1970 zum Domvikar ernannt. Wenig später wurde er Diözesan-Präses der Kolpingfamilie.
1983 erfolgte die Aufnahme in das Regensburger Domkapitel. Papst Johannes Paul II. ernannte ihn am 7. Januar 1986 zum Titularbischof von Munaziana und Weihbischof in Regensburg.
Im Dezember 2001 schließlich erfolgte der Ruf auf den Bischofsstuhl in Passau. In der Deutschen Bischofskonferenz ist Wilhelm Schraml stellvertretender Vorsitzender der Kommission für Ehe und Familie und gehört der Kommission für Liturgie an.

# Passau – die einst größte Diözese des Reichs

Die Spuren der Diözese Passau reichen weit zurück. Römische Soldaten brachten den christlichen Glauben in die römischen Provinzen Rätien und Noricum, die dort aneinander grenzten, wo der Inn die Donau erreicht und die spätantiken Wurzeln der heutigen Stadt liegen.

Im Jahr 304 erlitt der hl. Florian, der vor allem in Bayern hoch verehrte Patron gegen Feuersbrünste und Hochwasser, den Martertod in Lorch/Oberösterreich, das bis 1783 zur Diözese Passau gehörte.

739 gründete der hl. Bonifatius die Diözese im Zusammenwirken mit Papst Gregor III.

Berühmte Klöster wurden im 8. Jahrhundert gegründet – gestiftet von den bayrischen Herzögen, den Agilolfingern: Nie-

deraltaich, Niedernburg, Mondsee, Mattsee, Kremsmünster. Karl der Große verschob die Grenzen der Diözese gar bis nach Ungarn – diese Ausdehnung sollte für fast ein Jahrtausend Bestand haben: Mit 42 000 Quadratkilometern war Passau die flächenmäßig größte Diözese des Heiligen Römischen Reiches Deutscher Nation. Im Lauf der Jahrhunderte entstanden donauabwärts neue Bistümer im Diözesansprengel: Wien (1469), Linz und St. Pölten (1783).

Dadurch wurde die Diözese auf ein Siebtel ihrer bisherigen Größe verkleinert.

Die Säkularisation 1803 brachte einen weiteren großen Machtverlust, denn mit ihr endete die weltliche Herrschaft der Passauer Bischöfe.

## Bewährung in schweren Zeiten

Durch eine bewegte Zeit, von 1936 bis 1968, führte der Benediktiner Simon Konrad Landersdorfer die Diözese. Sein bischöflicher Wappenspruch »Das Kreuz bleibt stehen, mag auch die Welt vergehen« zeigte, dass er nicht bereit war, in

### Hl. Stephanus – Patron des Passauer Doms

Der Schutzherr des Passauer Doms, der hl. Stephanus, gilt als erster Märtyrer des Christentums. Die Apostelgeschichte schildert seinen gewaltsamen Tod durch Steinigung eindrücklich. Stephanus wirkte in Jerusalem als Armenpfleger und Evangelist und wurde beim Hohen Rat wegen Lästerung gegen Gott und Moses angeklagt. In seiner Verteidigungsrede bekannte er sich zur jüdischen Geschichte und zum Christentum. Als er seinerseits seinen Anklägern und Richtern vorwarf, nicht auf Gott zu hören, ließen sie ihn außerhalb der Stadt steinigen. Seine Ermordung war das Signal zur Verfolgung der Christen in Jerusalem. Einer seiner Peiniger soll Saulus, der spätere Paulus, gewesen sein.

Grundsatzfragen Kompromisse mit dem Staat einzugehen.

Mit Antonius Hofmann (1968–1984), der aus dem Bayerischen Wald stammte, kam seit längerem wieder ein Passauer Diözesanpriester auf den Bischofsstuhl. Im Jahr 1984 übergab Bischof Hofmann die Diöze-se an den damaligen Bischofskoadjutor Franz Xaver Eder, der im Jahr 2000 aus Altersgründen von seinem Amt zurücktrat.

Seit Februar 2002 ist der in Erbendorf in der Oberpfalz geborene Wilhelm Schraml der 84. Bischof von Passau.

## Blick über die Grenzen

Rund eine halbe Million Katholiken leben heute in der Diözese, deren Gebiet vom Wallfahrtsort Altötting über das niederbayerische Hügelland bis hinein in den Bayerischen Wald reicht.

Der Austausch der mehrheitlich katholischen Christen mit ihren evangelischen Brüdern und Schwestern wird in der Diözese Passau nach Kräften gefördert. So entstand in Bad Griesbach das erste ökumenische Kirchenzentrum in Bayern.

Mit dem Aufbruch in Osteuropa hat sich ein reger Kontakt zur Nachbardiözese Budweis entfaltet.

Enge Verbindungen bestehen auch nach Ungarn, zur Diözese Veszprem.

### Daten & Fakten*

| | |
|---|---|
| Pfarreien | 306 |
| Katholiken | rd. 516 000 |
| Fläche | 5 442 qkm |
| Dekanate | 17 |
| Priester | 376 |
| Ordensleute | rd. 1 120 |
| Diakone | 17 |
| Gemeindereferenten/-innen | 155 |
| Pastoralreferenten/-innen | 72 |
| Taufen | 4 924** |
| Erstkommunionen | 6 016** |
| Trauungen | 1 147** |
| Bestattungen | 5 283** |

* Stand 2004    ** Stand 2003

## Die »Schwarze Madonna« von Altötting

Jedes Jahr empfängt die 12 000 Einwohner zählende Stadt, neunzig Kilometer östlich von München gelegen, rund eine Million Wallfahrer.

Ihr Ziel: die »Schwarze Madonna«, ein um 1300 am Oberrhein oder in Burgund entstandenes, aus Lindenholz geschnitztes Marienbild im Oktogon der ehemaligen Taufkapelle, das um 1330 nach Altötting gekommen sein dürfte.

Mit der Selig- und Heiligsprechung des Altöttinger Kapuzinerbruders Konrad von Parzham 1930 und 1934 hat Altötting neben der Gnadenkapelle ein zweites viel besuchtes Pilgerziel erhalten: das Grab des Heiligen, der inzwischen auch Bistumspatron ist, in der Kapuzinerkirche St. Konrad.

### Adresse

Bischöfliches Ordinariat
Residenzplatz 8
94032 Passau
Tel. 08 51 / 39 30
www.bistum-passau.de

*Altötting: Der Gnadenaltar mit der »Schwarzen Madonna« ist bereits seit 1489 Ziel christlicher Pilger. Damals sorgten Berichte von zwei Heilungswundern für Aufsehen.*

# Diözese Regensburg

Einst eine Metropole mit großer Strahlkraft, heute immer noch eine der schönsten Städte Deutschlands: Regensburg, die Stadt des Immerwährenden Reichstags, und seine Diözese blicken auf eine äußerst wechselvolle Geschichte zurück.

*Bereits im Jahr 1050 schwärmte der Emmeramer Mönch Otloh, Deutschland besitze nichts Herrlicheres als Regensburg, und Johann Wolfgang von Goethe notierte am 4. September im Tagebuch seiner Italienischen Reise: »Regensburg liegt gar schön. Die Gegend musste eine Stadt herlocken.« Und dabei hatten die Türme von St. Peter zu jener Zeit ihre beeindruckenden Helme noch gar nicht ...*

## St. Peter in Regensburg

Die Stadt am nördlichsten Punkt des Donaulaufes ist heute ohne ihre gotische Kathedrale nicht mehr denkbar. Mit ihren 105 Meter hohen Türmen ist sie das alles überragende Wahrzeichen der ehemaligen Reichsstadt.

Die Entstehungsgeschichte des Doms nach dem Vorbild französischer Kathedralen fiel in die auslaufende Blütezeit der Stadt im 13. Jahrhundert. In dieser Epoche entstanden auch viele andere Kirchen – etwa die lange als Dompfarrkirche dienende

St. Ulrichskirche, in der sich heute das Diözesanmuseum befindet, die Dominikanerkirche St. Blasius, eine der frühesten gotischen Kirchen Bayerns, und die Minoritenkirche. Regensburg war zu jener Zeit ein Zentrum von Handel und Gewerbe, und die Bürger gaben gern Geld für Kirchenbauten. Das wundervolle Farbenspiel gotischer Kirchenfenster findet man auch in Regensburg. Die meisten der wertvollen Glasfenster des Domes St. Peter entstanden zwischen 1220 und 1370. Die Fenster in der Westfassade kamen erst um 1830 hinzu, gestiftet vom bayerischen König Ludwig I. Aus jüngster Zeit stammen die farbigen Glasfenster im linken Nebenchor und in den Obergaden des Mittelschiffs.

## Weihbischof & Generalvikar

- Weihbischof: derzeit nicht besetzt

- Dr. Wilhelm Gegenfurtner, Generalvikar

Da die Stadt als Fernhandelsplatz im 14. Jahrhundert jedoch nur mehr eine untergeordnete Rolle spielte und vor allem kaum produzierendes Gewerbe hervorbrachte, kam es schnell zum Niedergang. So wurde der Dombau im Jahr 1520 eingestellt. Und erst von 1859 bis 1872 erfolgte der Ausbau der Querhausgiebel, vor allem aber der Turmhelme, ohne die man sich den Dom heute gar nicht mehr vorstellen

*Damit St. Peter seine Funktion als liturgischer Raum und vor allem als lebendige Stätte des Gebets weiterhin erfüllt, feiert der Regensburger Bischof Gerhard Ludwig Müller so oft wie möglich Messe in der Kirche. Eine Mittagsmeditation, jeden Werktag während des Sommerhalbjahres um 12 Uhr, und eine neu gestaltete Andachtskapelle im südlichen Seitenschiff sorgen für gottesdienstliche Lebendigkeit in den gotischen Mauern.*

## Bischof Dr. theol. Gerhard Ludwig Müller

- Geboren in Mainz-Finthen am 31. Dezember 1947
- Zum Priester geweiht am 11. Februar 1978
- Als Bischof von Regensburg eingeführt am 24. November 2002

Wahlspruch *Dominus Jesus – Jesus ist der Herr*

Als 77. Bischof seit der Bistumsgründung 739 leitet Gerhard Ludwig Müller die Diözese Regensburg. Nach dem Abitur studierte er Philosophie und Theologie in Mainz, München und Freiburg im Breisgau. Nach der Priesterweihe 1978 war er bis zur Habilitation im Jahr 1985 in drei Pfarreien als Seelsorger aktiv. Auch während seiner Zeit als Hochschullehrer in München arbeitete Gerhard Ludwig Müller in der Seelsorge. 1977 promovierte er beim derzeitigen Vorsitzenden der Deutschen Bischofskonferenz, Karl Kardinal Lehmann, zum Doktor der Theologie. Auch die Habilitation im Jahr 1985 wurde von Karl Kardinal Lehmann betreut. Bereits mit 38 Jahren erhielt Gerhard Ludwig Müller 1986 einen Ruf an den Lehrstuhl für Dogmatik an der Katholisch-Theologischen Fakultät der Ludwig-Maximilians-Universität in München. Gerhard Ludwig Müller ist stolz auf zahlreiche Gastprofessuren an Universitäten in aller Welt. Innerhalb der Deutschen Bischofskonferenz ist er Vorsitzender der Kommission für ökumenische Fragen, stellvertretender Vorsitzender der Kommission für Glaubensfragen und außerdem Mitglied der Kommission für weltkirchliche Aufgaben.

*Hl. Emmeram – einer der Patrone der Diözese Regensburg. Die Legende erzählt Folgendes über ihn: Emmeram soll sich als Vater des unehelichen Kindes ausgegeben haben, das die Herzogstochter Ota erwartete, um das Mädchen zu schützen. Otas Bruder ließ Emmeram daraufhin verfolgen und so schwer misshandeln, dass er starb. Als Otas Vater durch einen Priester die wahre Geschichte erfuhr, ließ er Emmerams Leichnam mit allen Ehren bestatten.*

kann. Die letzte große Innenrenovierung fand in den Jahren 1985 bis 1988 statt. Bei Ausgrabungen wurden Teile des ehemaligen, südlichen Arkadenganges, eines dem romanischen Vorgängerbau vorgezogenen Atriums, entdeckt. Sie wurden freigelegt und können bei einer Domführung oder während der Öffnungszeiten der Bischofsgrablege besichtigt werden.

Das neue Bronzekruzifix stammt vom Regensburger Bildhauer Rudolf Koller. Nicht zuletzt ist St. Peter auch das Gotteshaus, in dem der neben den Wiener Sängerknaben wohl berühmteste Knabenchor der Welt, die Regensburger Domspatzen, seit vielen Jahrhunderten die Gottesdienste in ganz besonderer Weise musikalisch gestaltet.

## Zahlreiche Patrone

Die Diözese Regensburg verehrt eine Vielzahl von Heiligen und Seligen. Besonders bedeutsam sind die Bistumspatrone Wolfgang, Emmeram, Erhard sowie Albertus Magnus.

Hauptpatron der Diözese ist der um 924 geborene Wolfgang. 965 wurde er Mönch der Benediktinerabtei Einsiedeln, wo ihn Bischof Ulrich von Augsburg zum Priester weihte. Die Ernennung zum Bischof der Diözese Regensburg, die er mehr als zwei Jahrzehnte leitete, erfolgte 972. Höhepunkte seines Wirkens waren die Abtrennung der Diözese Prag, die Reform der Klöster und sein sozialer Einsatz für die Menschen. Bischof Wolfgang starb 994 in Pupping bei Linz und wurde in der Klosterkirche St. Emmeram beigesetzt. Zur Heiligsprechung 1052 durch Papst Leo IX. wurden seine Gebeine in die neu erbaute Wolfgangskrypta überführt.

Ein Nebenpatron der Diözese ist der hl. Emmeram, im 7. Jahrhundert in der französischen Stadt Poitiers geboren. Näheres über seine Herkunft ist nicht bekannt. Er soll auf seinem Weg nach Osten gegen Ende des 7. Jahrhunderts nach Regensburg gekommen sein und aufgrund falscher Anschuldigungen in Kleinhelfersdorf bei München den Märtyrertod

erlitten haben. Mit der »Erhebung« seiner Gebeine (um 740) durch Bischof Gaubald begann eine sehr starke Emmeramsverehrung.

Ein weiterer Nebenpatron der Diözese ist der hl. Erhard, der um 800 in Regensburg wirkte. Er soll der Überlieferung nach sieben Kirchen erbaut und der blind geborenen Prinzessin Odilia (Ottilie) durch die Taufe das Augenlicht gegeben haben. Bestattet ist der hl. Erhard in der Niedermünsterkirche in Regensburg.

Einer der berühmtesten Heiligen der Diözese ist der große Kirchenlehrer Albertus Magnus, geboren um 1200 in Lauingen an der Donau. 1260 wurde der Dominikaner vom Papst zum Bischof von Regensburg bestellt. Auch wenn sein Episkopat nur zwei Jahre währte, so gelang es ihm doch, die beträchtliche Schuldenlast der Diözese abzutragen und die geistliche Disziplin wiederherzustellen.

Nachdem mit Leo Tundorfer ein würdiger Nachfolger gefunden worden war, verzichtete Albert freiwillig auf das Bischofsamt und kehrte zum Ordensleben zurück. Sein Schüler, der Theologe und Philosoph Ulrich von Straßburg, nannte ihn »des Zeitalters Staunen und Weltwunder«. Albert der Große wurde 1931 heilig gesprochen und 1941 zum Schutzpatron der Naturwissenschaftler proklamiert.

# Höhen und Tiefen

Nur wenige Städte haben im Verlauf ihrer Geschichte so viele Höhen und Tiefen erlebt wie Regensburg. Bereits im Jahre 179 n.Chr. wurde unter Kaiser Marc Aurel ein Legionslager am nördlichsten Punkt der Donau gegründet. Römische Soldaten und Zivilisten brachten das Christentum bald hierher, wo es rasch verwurzelte. Das älteste Zeugnis christlichen Glaubens in der Diözese Regensburg ist ein Grabstein, errichtet um das Jahr 400 zum Gedenken an eine gewisse Sarmannina.

Um die Mitte des 6. Jahrhunderts entwickelte sich ein bayerisches Stammesherzogtum unter der Führung der Agilolfinger, deren Herzöge sich bereits zum Christentum bekannten. Ihnen war daran gelegen, dem Land eine feste Kirchenorganisation zu geben. In der Mitte des 7. Jahrhunderts wirkten in Regensburg die Bischöfe Emmeram und Erhard, vorübergehend auch Bischof Rupert. 739 gründete der hl. Bonifatius die Diözese Regensburg. Der erste Oberhirte, Abtbischof Gaubald, wurde von ihm geweiht.

Mit dem hl. Wolfgang als Bischof gelangte die Diözese Ende des ersten Jahrtausends zu großer Blüte. 972 zum Bischof geweiht, stimmte er bereits ein Jahr später der Abtrennung Böhmens zu, und es kam zur Gründung der Diözese Prag. Eine weitere Grundsatzentscheidung folgte ein Jahr später: die Trennung von Abts- und Bischofswürde. Wolfgang verzichtete auf die Abtswürde von St. Emmeram, da er die beiden Ämter nicht miteinander vermischt sehen wollte. Mit der Berufung seines Freundes Ramwold aus Trier auf diesen Posten machte er Kloster St. Emmeram zu einem geistigen und geistlichen Machtzentrum im mittelalterlichen Bayern.

## Blütezeit und Niedergang

Während des 12. und 13. Jahrhundert erlebte die Diözese eine Blütezeit: Es kam zu zahlreichen Klostergründungen, und viele neue Kirchen wurden errichtet. 1245 wurde Regensburg freie Reichsstadt, was allerdings eine Abkehr von Bayern bedeutete und die Möglichkeit ausschloss, bayerische Hauptstadt zu werden.

Von 1260 bis 1262 war der große Kirchenlehrer Albertus Magnus Bischof der Diözese Regensburg.

Zu Beginn des 14. Jahrhunderts erlebte Regensburg einen dramatischen Niedergang. Die vielen königlichen, herzoglichen und kirchlichen Herrschaftsbezirke in der Stadt verhinderten, dass schwere wirtschaftliche Probleme einheitlich angegangen wurden. Der Handel ging drastisch zurück, eigene Güter wurden seit jeher kaum hergestellt, außerhalb der Stadtmauern gab es kaum landwirtschaftliche

### Die Regensburger Domspatzen

Seit mehr als tausend Jahren gibt es diesen Chor, den Bischof Wolfgang im Jahr 975 als Domschule gründete.

Theobald Schrems machte die Regensburger Domspatzen seit den dreißiger Jahren des 20. Jahrhunderts weltberühmt.

Drei Jahrzente lang, von 1964 bis 1994, leitete Georg Ratzinger, der Bruder von Papst Benedikt XVI., den berühmten Knabenchor. Seit Sommer 1994 liegt die Leitung der weltberühmten Regensburger Domspatzen in den Händen von Domkapellmeister Roland Büchner.

*Kloster Weltenburg hat mehr zu bieten, als seinen schattigen Biergarten. Das Benediktinerkloster, das schon um 760 gegründet wurde, darf eine der schönsten Abteikirchen des Hochbarock sein Eigen nennen – ein Juwel, das die unvergleichliche Handschrift der Gebrüder Cosmas Damian und Egid Quirin Asam trägt. Und das alles in einer atemberaubend schönen Landschaft, am Donaudurchbruch unweit von Kelheim.*

*Am Ende des Dreißigjährigen Krieges – um 1648 – entstand die Kappl-Wallfahrtskirche zur hl. Dreifaltigkeit. Sie gehört zu den beliebtesten Pilgerstätten der Diözese Regensburg.*

*Das weitgehend friedliche Miteinander der Konfessionen schuf in Regensburg ein Klima der Toleranz, das letztlich dazu führte, dass Regensburg sich als idealer – und von 1663 bis 1806 ausschließlicher – Tagungsort des Immerwährenden Reichstags erwies, dessen Mitglieder ja konfessionell gespalten waren.*

Nutzflächen, die der Stadt gehörten. Kurz gesagt: Die Stadt war pleite – 1486 kam es zum Regensburger Stadtbankrott.
So unterstellte sich die Stadt der Regentschaft Herzog Albrechts IV. von Bayern-München, genannt »der Weise«, und 1496 wurde das Verhältnis zwischen Regensburg (das 1492 wieder Kaiser Friedrich III. unterstellt worden war) und Bayern vertraglich geregelt, »für beide Seiten wohl letztlich zum Nachteil«, wie ein Chronist meint. Da man es sich mit niemandem verderben wollte – der Herzog beherrschte die Nahrungsmittelzufuhr, der Kaiser gewährte Schutz und (neuen) Glanz – verhielt man sich auch den neuen lutherischen Ideen gegenüber vorsichtig.
Dennoch war die Zeit der Glaubenskämpfe und der Glaubensspaltung für die Regensburger Kirche besonders schmerzlich. Mehrmals musste das Volk in der Oberpfalz die Konfession wechseln.

Der Sturm der Säkularisation traf die Diözese zunächst ohne das Hochstift und die Stadt Regensburg.
Bis 1810 regierte der letzte Kurfürst und Reichserzkanzler, Erzbischof von Mainz, Karl Theodor von Dalberg, als weltlicher und geistlicher Herr das neu gegründete Fürstentum Regensburg und die um den Aschaffenburger Teil erweiterte Diözese. Im Jahr 1810 fiel Dalbergs Fürstentum an Bayern. Die noch bestehenden Stifte und Klöster wurden säkularisiert, Hochstift und Stadt Regensburg erlitten das gleiche Schicksal.
Das Bayerische Konkordat von 1817 ordnete die Diözesanverhältnisse neu und ließ das kirchliche Leben in der Region wieder erstarken. In dieser ereignisreichen Zeit hatte die Diözese zwei starke Persönlichkeiten: die Bischöfe Johann Michael Sailer (1829–1832) und Georg Michael Wittmann (gestorben 1833 kurz vor der päpstlichen Bestätigung).

## Daten & Fakten*

| | |
|---|---|
| Pfarreien und Seelsorgestellen | 770 |
| Katholiken | rd. 1,34 Mio. |
| Fläche | 14 665 qkm |
| Dekanate | 33 |
| Priester | 1 047 |
| Ordensleute | rd. 1 850 |
| Diakone | 88 |
| Gemeindereferenten/-innen | 133 |
| Pastoralreferenten/-innen | 116 |
| Taufen | 11 447** |
| Erstkommunionen | 14 729** |
| Trauungen | 2 726** |
| Bestattungen | 13 643** |

* Stand 2004    ** Stand 2003

## Lange Amtszeiten

Von der Mitte des 19. bis zum Ende des 20. Jahrhunderts sah Regensburg ganze fünf Bischöfe: Bischof Ignatius von Senestréy hatte sein Amt von 1858 bis 1906 inne, Antonius von Henle von 1906 bis 1927. Ihm folgten Erzbischof Michael Buchberger (1928–1961) und Rudolf Graber (1962–1982). Von 1982 bis 2002 schließlich leitete Bischof Manfred Müller die Diözese des hl. Wolfgang. Unter seiner Führung durfte die Diözese drei bedeutende Ereignisse feiern: das Jubiläum 1250 Jahre Diözese Regensburg im Jahr 1989, das Wolfgangsjubiläum anlässlich des tausendsten Todestages des hl. Wolfgang im Jahr 1994 und die Eröffnung der Diözesanfeiern der Bistumspatrone im Jahr 2002. In die Amtszeit von Bischof Manfred Müller fiel auch die Besiegelung einer Partnerschaft mit der neu gegründeten Diözese Pilsen. Zuvor hatte es enge, nicht zuletzt auch geschichtlich bedingte Kontakte mit der Erzdiözese Prag gegeben, deren Gebiet ja vor über tausend Jahren der Regensburger Diözese zugehört hatte.

Doch auch in Afrika – speziell in Südafrika und Simbabwe – und Südamerika stellt die Diözese ihr Engagement für die Weltkirche unter Beweis.

*Das Forum deutscher Katholiken veranstaltete 2004 in Regensburg den 4. Kongress »Freude am Glauben«.*

*Im Juni 1999 unternahmen mehrere bayerische Diözesen eine Wallfahrt nach Regensburg, wo sie den Abschluss mit einer hl. Messe feierten.*

# Die größte Fußwallfahrt Deutschlands

Bis zu 10 000 Menschen machen sich jedes Jahr am Donnerstag vor Pfingsten auf den 111 Kilometer langen Weg von Regensburg zum berühmten Gnadenbild der Schwarzen Madonna von Altötting in der Nachbardiözese Passau. Was 1830 als private Wallfahrt einiger Angehöriger der Pfarrei Wiefelsdorf begann, gehört mittlerweile zu den größten Fußwallfahrten Deutschlands. Doch auch innerhalb der Diözese gibt es eine Vielzahl an bedeutenden Wallfahrten: Neben anderen sind dies Maria Hilfberg in Amberg, der Eichlberg (Dreifaltigkeitspatrozinium), Vilsbiburg, der Anna-Berg in Sulzbach-Rosenberg oder die Kappl bei Waldsassen.

## Adresse

**Bischöfliches Ordinariat**
**Niedermünstergasse 1**
**93047 Regensburg**
**Tel. 09 41 / 5 97 01**
**www.bistum-regensburg.de**

# Erzdiözese Bamberg

Ein kaiserliches Gründerpaar, wundervolle Barockkirchen und ein reges geistliches Leben – in Bayerns nordöstlichster Diözese, die 2007 tausend Jahre alt wird, sind Geschichte und Gegenwart eng miteinander verbunden.

*Im Dom zu Bamberg befindet sich das einzige Grab eines Papstes nördlich der Alpen: Bischof Suitger von Bamberg, der als Clemens II. nur ein Jahr den Papstthron innehatte und 1047 vermutlich an einer Bleivergiftung starb, ist hier bestattet. Sein Grab ist heute durch eine symbolische Achse mit dem Bischofssitz verbunden.*

## Der Bamberger Dom

Das »fränkische Rom« – so hieß die Bischofsstadt Bamberg über Jahrhunderte hinweg. Aber nicht nur, weil sie auch auf sieben Hügeln ruht, sondern weil der katholische Geist die Stadt an der Regnitz prägt wie kaum eine andere.

Auf einem der sieben Hügel Bambergs steht der Kaiserdom, das 1237 geweihte geistliche Zentrum der Erzdiözese. Mit seinem spätromanisch-frühgotischen Stil setzt er einen besonderen Akzent angesichts der üppigeren Nachbarn aus Renaissance und Barock, die sich mit ihm den Domberg teilen. Schon von weitem fallen seine paarweise einander gegenüberstehenden Türme ins Auge.

Wer heute den Dom betritt, kann am nordwestlichen Chorpfeiler nach wie vor die

## Weihbischof & Generalvikar

- Werner Radspieler, Weihbischof

- Alois Albrecht, Generalvikar

Bekanntschaft eines der bekanntesten Bürger der Stadt machen: Der »Bamberger Reiter« zieht den Betrachter mit vornehmer Ruhe und in die Ferne gerichtetem Blick ganz in seinen Bann. Jüngste Forschungen haben das Geheimnis um seine Identität vorerst gelüftet. Demnach stellt

diese Plastik von unbekannter Künstlerhand nicht das Idealbild mittelalterlichen König- und Rittertums dar. Man vermutet jetzt, dass König Stephan von Ungarn höchstpersönlich für sie Modell gestanden hat, der Schwager Kaiser Heinrichs II. Heinrich II. hat den Dom gemeinsam mit seiner Gemahlin Kunigunde gestiftet, beide liegen auch hier begraben. Im Zuge der liturgischen Umgestaltung hat man ihre Grablege an den neu gestalteten Aufgang zum Ostchor verlegt. Die beiden sind übrigens das einzige Kaiserpaar, das jemals heilig gesprochen wurde.

*Der Bamberger Reiter – die wohl bekannteste Skulptur des Bamberger Doms. Umfangreiche Messungen haben ergeben, dass er genau auf die Stelle blickt, an der im Vorgängerbau des heutigen Doms das Kaiserpaar Heinrich und Kunigunde begraben lag.*

## Erzbischof Dr. iur. can. Ludwig Schick

- Geboren in Marburg am 22. September 1949
- Zum Priester geweiht am 15. Juni 1975
- Als Erzbischof von Bamberg eingeführt am 21. September 2002

Wahlspruch *Sapientia nobis a deo – Die Weisheit ist uns von Gott gegeben*

Der Bamberger Erzbischof Ludwig Schick stand einst vor der Wahl, ob er Arzt werden sollte oder Priester. Er wählte das geistliche Amt und wurde – obzwar angesehener Kirchenrechtler in Fulda und Marburg – ein Seelsorger aus Leidenschaft. Seit 2002 ist er Erzbischof von Bamberg, nachdem sein Vorgänger, Erzbischof em. Karl Braun, aus gesundheitlichen Gründen zurückgetreten war.

Wer Ludwig Schick kennt, schätzt seine humorvolle und unkomplizierte Art. Besonders die Missions- und Entwicklungsarbeit liegt ihm am Herzen. Kirche müsse sich einmischen und die Welt mitgestalten, das betont der Erzbischof oft in seinen Predigten – und fördert nach Kräften Projekte in der Entwicklungshilfe und der Mission. In der Deutschen Bischofskonferenz gehört Ludwig Schick der Weltkirchen- und der Seelsorgekommission an. Bei seinen zahlreichen Besuchen und Begegnungen in der Erzdiözese spricht er den Gläubigen Mut zu und ermuntert sie, sich als lebendige und offene Kirche zu präsentieren. Christliche Werte zu erhalten und so den Ermüdungserscheinungen in Gesellschaft und Kirche etwas entgegenzusetzen, begreift er als Aufgabe aller Gläubigen. Dass diese Zielsetzung einen Menschen froh und begeistert machen kann, zeigte er einmal mehr beim bunten Programm anlässlich der Wiedereröffnung der Landvolkshochschule Feuerstein im Mai 2004: Da zeichnete sich der Erzbischof in vollem Ornat als Torschütze beim Fußball aus!

# Ein Wunschkind eines Kaisers

*Die Statue der hl. Kunigunde auf der unteren Brücke ist die beliebteste Kunigunden-Darstellung Bambergs. Sie stammt aus den Jahren 1744/45 und zeigt die typische Leichtigkeit des Rokoko. Früher sagte man dem »Kunigundswasser« Heilkräfte nach; ein Heilkraut, der Thymian, trägt auch den Namen »Kunigundskraut«. Es waren vor allem schwangere Frauen, die sich von der kinderlos gebliebenen Kunigunde Beistand erhofften.*

An der Wiege der Diözese stand im Jahr 1007 kein Missionar, sondern der König und spätere Kaiser höchstpersönlich: Heinrich II. wollte, dass Bamberg Bischofssitz wird – politisches Kalkül spielte dabei wohl ebenso eine Rolle wie echte Frömmigkeit. Er musste die Ostgrenzen seines Reiches schützen und plante in seiner Lieblingsstadt ein Stift nach seiner Vorstellung zu errichten, streng und gelehrt. So gaben die älteren Diözesen Würzburg und Eichstätt Gebiete ab, und die Diözese Bamberg war geboren. Von Anfang an von Heinrich II. großzügig ausgestattet, unterstand sie Roms besonderem Schutz. Von Bamberg aus wurden die Slawen zwischen Main und Regnitz christianisiert. Bischof Otto I. unternahm Missionsreisen bis nach Pommern. Das Hochmittelalter bedeutete für Bamberg eine Blütezeit.

In der Domschule gediehen Kultur und Bildung, wirtschaftliche Entwicklung und soziales Engagement gingen Hand in Hand, Spitäler wurden gebaut, Kirchen und Klöster gegründet.

## Fürstbischof als Sozialreformer

Das bischofseigene Territorium, das so genannte Hochstift, umfasste damals ein Drittel der Diözese.
Die anderen zwei Drittel hingegen unterstanden weltlichen Herrschern. Ihnen kam im 16. Jahrhundert die Reformation gerade recht – ein guter Anlass, sich der bischöflichen Hoheit zu entziehen. Mit der Folge, dass mehr als die Hälfte der Gemeinden in der Diözese Bamberg protestantisch wurde.
Als erste Stadt trat Nürnberg 1525 zum neuen Glauben über. Es folgten Branden-

### HII. Heinrich und Kunigunde – Patrone der Erzdiözese Bamberg

Wohl keine andere Diözese hat ein so »romantisches« Gründerpaar aufzuweisen wie Bamberg. Kaiser Heinrich II. (973–1024), der mit der Diözese seine geistlichen Ideale verwirklichen wollte, wurde in seiner religiösen Überzeugung von seiner Ehefrau Kunigunde (gest. 1033) bestärkt. Zur Hochzeit im Jahr 1000 schenkte er ihr Bamberg als Morgengabe – später gab sie es ihm als Dotationsgut zur Bistumsgründung wieder zurück. Der Kaiser vertraute seiner Frau so sehr, dass er ihr während zweier Italienzüge die Herrschaft über das Reich überließ. Auch deshalb gab es Intrigen zu bestehen: Die

Kaiserin wurde des Ehebruchs angeklagt. Sie unterwarf sich der Legende nach dem Gottesurteil, ging mit bloßen Füßen über glühende Pflugscharen – und blieb unverletzt. Diese und andere Szenen hat Tilmann Riemenschneider im Grabmal für das Kaiserpaar eindrucksvoll in Stein gehauen; es steht im Bamberger Dom. Am ersten Todestag ihres Mannes zog Kunigunde sich in das von ihr gegründete Kloster Kaufungen zurück. Der Kaiser wurde im Jahr 1146 heilig gesprochen, seine Frau im Jahr 1200. Bis heute zeugen in der Region zahlreiche Skulpturen vom Leben der beiden Bamberger Schutzheiligen. Auch das Heinrichsfest am zweiten Julisonntag und der Kunigundentag im Februar/März sind unverzichtbare Daten im Festkalender der Erzdiözese.

burg-Ansbach, das Kulmbacher Land, Bayreuth und das Erlanger Gebiet.

In der Barockzeit dann unterstand die Diözese zeitweise gemeinsam mit der benachbarten Diözese Würzburg einem Fürstbischof in Personalunion. Es war die Zeit der repräsentativen Kirchen und Schlossanlagen, die heute noch als Touristenmagneten wirken – doch waren die Kosten dafür wohl so hoch, dass 1693 dem neuen Bischof schriftlich untersagt wurde, »neue Schlösser zu bauen oder die eingefallenen kostbarlich zu reparieren«.

Ganz im Geist der Aufklärung setzte sich dann am Vorabend der Französischen Revolution der Fürstbischof Franz Ludwig von Erthal für soziale Reformen zugunsten der Bevölkerung ein und gründete mit Mitteln aus dem eigenen Portemonnaie das erste allgemeine Bamberger Krankenhaus. Er ist denn auch der einzige Bischof, dem die Bürger ein Denkmal gesetzt haben.

## Krisen und Neuanfänge

Mit der Säkularisation 1803 wurde das Fürstbistum aufgehoben und enteignet. Durch ein Konkordat Bayerns mit dem Heiligen Stuhl entstanden 1817 die Erzdiözesen München und Freising sowie Bamberg, Letztere mit den Suffraganen Würz-

burg, Eichstätt und Speyer. Der geistliche Wiederaufbau begann.

In den folgenden Jahrzehnten bestimmte die Industrialisierung vor allem im Großraum Nürnberg-Fürth-Erlangen immer stärker das Leben der Menschen. Gesellen- und Arbeitervereine entstanden. Große Anteile der katholischen Landbevölkerung zogen in die Städte. Hier entstanden neue Kirchen und Pfarreien.

Einen neuen Einbruch brachte die NS-Herrschaft: Mit der Stadt Nürnberg war die Erzdiözese Schauplatz der Reichsparteitage, hier verweigerten achtzig Prozent der Lehrer den Religionsunterricht. Gleichzeitig scharten sich viele Menschen um die Kirche. Wallfahrten und Prozessionen erfreuten sich immer größerer Beliebtheit. Zum silbernen Bischofsjubiläum von Erzbischof Jakobus von Hauck drängten sich 1937 zehntausende Menschen auf den Bamberger Domplatz. Die katholischen Verlage St. Otto (Bamberg) und St. Sebaldus (Nürnberg) lieferten sich bis zu ihrer zwangsweisen Auflösung harte Kämpfe mit den Nationalsozialisten.

Nach Kriegsende fanden viele katholische Flüchtlinge im Gebiet der Erzdiözese eine neue Heimat, der Anteil der katholischen Bevölkerung stieg auf vierzig Prozent.

*Nürnberg – Blick über die Altstadt zur Burg. Die Frankenmetropole ist heute zu einem Drittel katholisch. Mitten durch die Stadt verläuft die Grenze zur Diözese Eichstätt. Die beiden Nürnberger Dekanate haben sich zur »Katholischen Stadtkirche« zusammengeschlossen, um den Erfordernissen einer modernen Großstadtseelsorge gerecht zu werden.*

*Bamberger Dom: Am Aufgang zum Ostchor befindet sich die Grablege des Kaiserpaars Heinrich und Kunigunde. Sie wurde von Tilmann Riemenschneider zwischen 1499 und 1513 geschaffen.*

*Die Erzdiözese Bamberg umfasst heute fast ganz Oberfranken, halb Mittelfranken sowie Teile Unterfrankens und der Oberpfalz. Sie reicht von Coburg und Hof im Norden bis nach Ansbach und Rothenburg ob der Tauber im Süden.*

## Modernes Leben

Die Erzdiözese ist geprägt durch ein reiches geistliches und soziales Leben. Und das findet nicht nur in den einzelnen Pfarreien, im Bereich der Dorf- und Stadtkirchen statt, sondern auch übergemeindlich, in den Diensten und Einrichtungen für die verschiedensten Gruppen der Gesellschaft, mit Beratungs- und Sozialstationen und Bildungshäusern. Stellvertretend hierfür sei das Haus am Knock in Teuschnitz im Norden der Erzdiözese genannt. Es versteht sich vor allem als Ort für religiöses und soziales Lernen im Geiste des Franz von Assisi und als Anlaufstation für die strukturschwachen nördlichen Dekanate. Im Pastoralplan, der ab dem Jahr 2005 seelsorgerliche Schwerpunkte auch unter veränderten Rahmenbedingungen nennt, werden diese Erfordernisse einer lebensraumbezogenen Pastoral ebenso berücksichtigt wie beispielsweise die Situation der Dekanate im ländlichen Raum. Kooperation und Vernetzung sind Schlüsselbegriffe im Pastoralplan, dabei soll aber die territoriale Kirchengemeinde vor Ort der erste Anlaufpunkt der Gläubigen sein und bleiben.

Dass der christliche Glaube in der Erzdiözese lebendig und vielgestaltig bleibt, dafür sorgt auch eine Vielzahl von Verbänden, Gruppen, Initiativen sowie Geistlichen Gemeinschaften und Bewegungen. Sie präsentieren sich gemeinsam im Internet auf der Homepage der Erzdiözese und in einer Infobroschüre, die über das Ordinariat erhältlich ist.

Ganz nah am Puls der Zeit ist die Erzdiözese mit ihrem eigens gegründeten Stiftungszentrum: Unter Vorsitz von Erzbischof Ludwig Schick berät es Menschen, die mit ihrem Vermögen eine kirchliche Einrichtung unterstützen möchten und dabei sichergehen wollen, dass rechtlich und steuerlich alles seine Ordnung hat.

Einen intensiven Kontakt mit der Weltkirche pflegen einzelne Pfarreien wie auch die Erzdiözese insgesamt. Stellvertretend für die Pfarreien sei hier die Partnerschaft von St. Magdalena in Herzogenaurach mit

## Daten & Fakten*

| | |
|---|---|
| Pfarreien | 367 |
| Katholiken | rd. 754 000 |
| Fläche | 10 288 qkm |
| Dekanate | 21 |
| Priester | 519 |
| Ordensleute | rd. 1 000 |
| Diakone | 46 |
| Gemeindereferenten/-innen | 61 |
| Pastoralreferenten/-innen | 166 |
| Taufen | 5 585** |
| Erstkommunionen | 7 808** |
| Trauungen | 1 483** |
| Bestattungen | 8 078** |

* Stand 2004   ** Stand 2003

Cajamarca in Peru genannt, die bereits rund ein Vierteljahrhundert besteht. Auf Diözesanebene bestehen vielfältige Kontakte zur Weltkirche, beispielsweise nach Cochabamba in Brasilien oder nach Südindien. Mehrere Priester aus der südindischen Diözese Changanacherry sind derzeit in der Erzdiözese Bamberg tätig. Seit 1979 unterhält die Katholische Landvolkbewegung (KLB) eine Partnerschaft mit der Diözese Thiès im Senegal, die in den kommenden Jahren zu einer Diözesanpartnerschaft ausgeweitet werden soll.

*Solidariät mit den Menschen in der Dritten Welt – in der Erzdiözese Bamberg wird dieses Gebot sichtbar in den zahlreichen Partnerschaften, die zu Pfarreien und Diözesen in Südamerika und Indien unterhalten werden.*

# Wallfahrt in den Barock

Sehenswerte Städte wie Bamberg und Nürnberg, dazu Erholungsgebiete mit hohem Freizeitwert wie das Fichtelgebirge, der Steigerwald, die Fränkische Schweiz und im Südwesten die Weingegend um Iphofen – die Erzdiözese hat viel zu bieten. Zahlreiche Ausflugsziele haben als Wallfahrtsorte auch geistlichen Charakter. So ist die im 18. Jahrhundert im Obermaintal von Balthasar Neumann erbaute Wallfahrtskirche Vierzehnheiligen nach Altötting der meistbesuchte Wallfahrtsort Bayerns. Nahebei finden wir die ehemalige Klosterkirche Banz inmitten einer barocken Anlage. Gößweinstein in der Fränkischen Schweiz fasziniert durch sein spätgotisches Gnadenbild von der »freudenreichen Dreifaltigkeit«, das in einen prächtigen barocken Hochaltar eingepasst ist. Weitere barocke Wallfahrtsorte sind Maria Glosberg und Marienweiher. Gleichwohl besitzt die Erzdiözese Bamberg keine große marianische Wallfahrt – vermutlich eine Folge der starken Verehrung für die hl. Kunigunde, die die Marienverehrung überlagert hat.

In vorchristliche Zeit reichen wohl die beiden Wallfahrten auf das »Walberla« – die Ehrenbürg bei Forchheim – sowie auf den Staffelberg zur Adelgundiskapelle zurück. Dieses Heiligtum wurde um 700 wahrscheinlich über einer heidnischen Kultstätte errichtet.

*Die Wallfahrtskirche Vierzehnheiligen von Balthasar Neumann gilt als das Hauptwerk des fränkischen Barock und Rokoko. Die Kirche ist auch eine wichtige Station des neuerdings wiederbelebten Jakobspilgerweges in Oberfranken.*

Neuesten Datums hingegen sind besondere thematische Wallfahrten wie etwa die Motorradwallfahrt durch Rhön, Spessart und Odenwald unter dem Titel »Seitenlagen«, zu der das Erzbischöfliche Jugendamt Bamberg und die Motorradgemeinschaft Jakobus im Mai 2004 einluden.

**Adresse**

Erzbischöfliches Ordinariat
Domplatz 3
96049 Bamberg
Tel. 09 51 / 50 20
www.erzbistum-bamberg.de

# Diözese Eichstätt

Auch wenn die Bischofsstadt der Diözese Eichstätt ein verträumter Ort von gerade einmal 13 000 Einwohnern ist, so steht hier die einzige deutschsprachige katholische Universität, und sogar einen Papst haben die Eichstätter einst hervorgebracht.

*Durch seine verschiedenen Baustile (Romanik, Gotik, Barock) ist der Eichstätter Dom, an dem alles in allem rund tausend Jahre gebaut wurde, zu einem wahren Wegweiser durch die Kunst- und Kirchengeschichte geworden.*

## St. Maria, St. Salvator und St. Willibald

Über dem karolingischen Vorgängerbau aus der Zeit des ersten Bischofs Willibald (um 740) begann Bischof Heribert (1022–1042) mit dem Bau einer romanischen Kirche. Ihm folgte Bischof Gebhard I. von Eichstätt (1042–57), der als Papst Victor II. (1055–57) in die Geschichte eingegangen ist. Die Vollendung des Domes gelang unter Bischof Gundekar II. (1057–1075). Die Weihe von Chor samt Krypta und Langhaus erfolgte 1060, die der Turmkapellen 1072. Der Bau der romanischen Türme wurde um 1210 abgeschlossen.

Bischof Berthold Burggraf von Nürnberg (1351–1365) begann mit dem Neubau eines spätgotischen Domes. Dieser wurde um 1396 fertig gestellt und ist im Wesent-

## Wechsel am Bischofssitz in Eichstätt

Dr. Walter Mixa, zuletzt Bischof von Eichstätt, ist von Papst Benedikt XVI. zum Bischof der Diözese Augsburg ernannt worden. Seine Amtszeit in Eichstätt endete am 30. September 2005. Das Kirchen-

lichen bis heute erhalten geblieben. Das 15. Jahrhundert brachte weitere Um- und Erweiterungsbauten – etwa ab 1480 das zweischiffige Mortuarium als Begräbnisstätte des Domkapitels. Unter den Kunstwerken des Domes ist die »Buchenhüller Madonna« bemerkenswert, eine Marienfigur aus der Zeit um 1430.

recht schreibt für einen solchen Fall vor, dass das Domkapitel der Diözese binnen weniger Tage einen Diözesanadministrator wählen muss, der das Bistum dann bis zur Einführung eines neuen Bischofs leitet. Wer diese Aufgabe in Eichstätt übernehmen wird, stand bei Redaktionsschluss noch nicht fest.

*Der Eichstätter Bischof Gebhard I. (etwa 1018–1057) war der erste deutsche Papst. Er trug den Namen Viktor II. In der Kirche bahnte er Reformen an, starb jedoch nach nur zwei Amtsjahren überraschend in Arezzo.*

# Willibald – Gründer der Stadt

Wo heute der Eichstätter Dom steht, hat es wohl schon seit der Bronzezeit menschliche Behausungen gegeben. Zur Zeit der Römer, ab etwa 80 n. Chr., lag Eichstätt wenige Kilometer hinter dem Limes, dem Grenzwall des Römischen Reiches. Als die Alemannen und Bajuwaren im 6./7. Jahrhundert mit den Franken um die Herrschaft über diese Region stritten, gab es ebenfalls eine kleine Ansiedlung an der Altmühl. Im Jahr 740, als der angelsächsische Mönch Willibald nach »Eihstat« kam, fand er nur ein verwüstetes Dorf vor; allerdings mit einer unversehrten Marienkirche. Willibald kam aus England, wurde vermutlich im Jahr 700 in Wessex geboren. Er stammte aus einer vornehmen christlichen Familie. 721 brach er zu einer Wallfahrt nach Rom auf und reiste von dort weiter ins Heilige Land. Dort hielt er sich drei Jahre auf und lernte die islamisch-arabische Welt gut kennen. Über Konstantino-

pel, die damalige Hauptstadt des Römischen Reiches, gelangte er schließlich nach Montecassino, wo er das zerstörte Ursprungskloster des Benediktinerordens

*Das bekannte Willibaldsdenkmal im Eichstätter Dom. Die Plastik des Bistumsgründers aus Eichstätter Marmor schuf der Augsburger Bildhauer Loy Hering im frühen 16. Jahrhundert.*

*Im Gespräch mit Soldaten: Bischof Walter Mixa – bis 30. September 2005 Bischof in Eichstätt – ist zugleich katholischer Militärbischof für die Deutsche Bundeswehr. In dieser Eigenschaft ist er, wie alle Militärseelsorger, keineswegs Soldat, sondern Zivilist und deshalb unabhängig von staatlichen Weisungen.*

mit aufbauen half. Papst Gregor III. schickte ihn dann mit Bonifatius nach Germanien. 740 ließ Willibald sich in der »regio Eihstat« nieder. Er wurde von Bonifatius zum Priester und 741 zum Bischof geweiht, betrieb Seelsorge und Mission. Um 745 entstand dann das Bistum Eichstätt. Gegen Ende des 9. Jahrhunderts wurde Eichstätt »Reichsbistum«. 908 erhielt die bischöfliche Domburg unter Bischof Erchanbald das Markt- und Zollrecht sowie das Recht auf eine Befestigung.

Das ansehnliche Territorium und somit die wirtschaftliche Basis der Diözese musste mit der Gründung der Diözese Bamberg im Jahr 1007 erhebliche Einbußen hinnehmen: Vor allem Teile Nürnbergs gingen an Bamberg über. Die Grenze der beiden Diözesen verläuft heute noch mitten durch die fränkische Metropole.

Zum neuen Wohnsitz der Bischöfe bis zum Jahr 1725 wurde die durch Bischof Berthold von Hohenzollern (1351–1365) als Festung gegründete Willibaldsburg. Heute

### Daten & Fakten*

| | |
|---|---|
| Pfarreien | 263 |
| Katholiken | rd. 450 000 |
| Fläche | 6 025 qkm |
| Dekanate | 15 |
| Priester | 390 |
| Ordensleute | 690 |
| Diakone | 25 |
| Gemeindereferenten/-innen | 65 |
| Pastoralreferenten/-innen | 47 |
| Taufen | 3 513 |
| Erstkommunionen | 4 863 |
| Trauungen | 852 |
| Bestattungen | 4 140 |

\* Stand 2004

befindet sich in ihr das Jura-Museum, dessen kostbarstes Ausstellungsstück der berühmte Urvogel Archaeopteryx ist – ein rund 150 Millionen Jahre altes Fossil, eingeschlossen im Juragestein.

## Ein frühes Zentrum des Humanismus

Bischof Johann von Eych (1446–1464) machte Eichstätt zu einem Zentrum der Kunst und zu einem der frühesten deutschen Humanistenhöfe. Sein Nachfolger, Bischof Wilhelm von Reichenau (1464–1496), wurde der erste Kanzler der 1472 gegründeten Universität Ingolstadt; auch alle seine Nachfolger bekleideten dieses Ehrenamt, bis die Universität im Jahre 1800 nach Landshut verlegt wurde. 1564 wurde als erstes Priesterseminar nach den Vorschriften des Konzils von Trient in Deutschland das »Collegium Willibaldinum« gegründet. Man könnte es die Keimzelle der heutigen Eichstätter Universität nennen.

1614 kamen unter Fürstbischof Christoph von Westerstetten die Jesuiten nach Eichstätt. Sie erweiterten das »Collegium« baulich und brachten mit der Schutzengelkirche am Leonrodplatz den Barockstil in die Stadt. Im Dreißigjährigen Krieg wurde die Stadt 1634 als eine Hochburg des Katholizismus von den Schweden zu achtzig Prozent zerstört. Der Wiederaufbau ab etwa 1670 unter den drei Baumeistern Jakob Engel, Gabriel de Gabrieli und Maurizio Pedetti führte dazu, dass Eichstätt heute als die wohl schönste barocke geistliche Fürstenstadt Bayerns gilt. Nach der Säkularisation 1802/1803 erlebte Eichstätt wechselnde Herrscher. Schließlich wurden die Stadt und die bereits 1824 neu errichtete Diözese dem Königreich Bayern zugeschlagen.

# Eichstätt und die Weltkirche

Solidarität mit den Ländern der Dritten Welt wird in der Diözese Eichstätt groß geschrieben. Mehr als hundert aus ihr stammende Missionarinnen und Missionare arbeiten in aller Herren Länder. Schon seit 1955 gibt es eine Partnerschaft zur indischen Diözese Poona.

In Burundi hat die Diözese Eichstätt ein überregionales Priesterseminar errichtet, und die Katholische Landvolkbewegung (KLB) der Diözese unterhält eine Partnerschaft mit der Diözese Tambacounda im Senegal.

Zudem gibt es seit 1989 eine Partnerschaft der Katholischen Jungen Gemeinde (KJG) Eichstätt und der Jugend »Pastoral Juvenil« der Diözesen Salto und Florida in Uruguay. Das Kolpingwerk in der Diözese Eichstätt unterhält seit 1988 eine partnerschaftliche Beziehung zum Obra Kolping del Peru.

## Die einzige deutschsprachige katholische Universität

1843 errichtete Bischof Karl August Graf von Reisach ein kirchliches Lyzeum. Damit gelang in Eichstätt der Durchbruch zu einer kircheneigenen Ausbildung des Klerus. Die Bischöfliche Philosophisch-Theologische Hochschule in Eichstätt erlangte überregionale Bedeutung im Kulturkampf, in der NS-Zeit und nach 1945.

Konrad Graf von Preysing-Lichtenegg-Moos, Bischof von Eichstätt (1932–35) und Berlin (1935–50), war ein entschiedener Gegner des Nationalsozialismus. Nach dem Krieg nahm Eichstätt aus den zum Teil zerstörten Universitäten in München und Würzburg zeitweise bis zu 1000 Studenten aus verschiedenen Fachrichtungen auf, sodass neben Theologie auch Medizin, Jura und Naturwissenschaften gelehrt wurden. Auf Beschluss der Konferenz der bayerischen Bischöfe wurde 1958 eine kirchliche Pädagogische Hochschule gegründet, die 1972 zur Kirchlichen Gesamthochschule erweitert und 1980 zur Katholischen Universität erhoben wurde.

*Bibliothek und Lesesaal der Katholischen Universität Eichstätt-Ingolstadt. Sie ist die einzige ihrer Art im deutschsprachigen Raum. 4 000 Studierende und 120 Professoren sind voll des Lobes über die Studien- und Arbeitsbedingungen: »Anderswo muss man sich fast prügeln um Plätze in Seminaren, anderswo drängelt man sich um ein paar Minuten Sprechstunde, in Eichstätt läuft einem der Dozent sowieso dauernd über den Weg«, schrieb Der Spiegel.*

# Wallfahrten

Die Diözese Eichstätt verfügt über ein reges Wallfahrtsleben. Die Gräber des hl. Willibald im Dom und der hl. Walburga in der Abtei St. Walburg ziehen viele Pilger an. Als Wallfahrtsorte der besonderen Christusverehrung gelten die Heilig-Kreuz-Kirchen in Bergen und Schambach und der Velburger Herz-Jesu-Berg. Orte der Marienverehrung sind vor allem Freystadt, Wemding und Habsberg. Auch andere Heilige und Selige werden in der Diözese verehrt. So findet sich in der Abenberger Klosterkirche Marienburg das Grab der sel. Stilla.

## Adresse

Bischöfliches Ordinariat
Luitpoldstraße 2
85072 Eichstätt
Tel. 0 84 21 / 5 00
www.bistum-eichstaett.de

# Diözese Speyer

Eine Diözese mit ruhmreicher Vergangenheit, der größten romanischen Kirche der Welt und einer modernen Heiligen – das ist die Diözese Speyer, die heute für Lebendigkeit und Weltoffenheit steht.

*Der Dom zu Speyer, die Grabstätte salischer Herrscher, gilt als Symbol des mittelalterlichen Kaisertums. 1981 in das Weltkulturerbe der UNESCO aufgenommen, ist der Speyerer Dom eines der reifsten Beispiele romanischer Baukunst, und, nach der Zerstörung von Cluny während der Französischen Revolution, die größte erhaltene romanische Kirche weltweit.*

## Der Kaiserdom zu Speyer

Kurz nachdem der von den Reichsbischöfen geförderte Salierherzog Konrad II. im Jahr 1024 deutscher König wurde, nahm er mit dem Dombau zu Speyer ein ehrgeiziges Projekt in Angriff: Inmitten seines Familienbesitzes – zum vornehmen Adelsgeschlecht der Salier gehörten die Herzöge von Rheinfranken und Grafen im Speyergau – sollte in der alten Stadt am Rhein der größte Dom des christlichen Abendlandes entstehen.

Unter Kaiser Heinrich IV., dem Enkel des Gründers, wurde der Dom 1061 geweiht. Als Heinrich IV. im Jahr 1106 starb, war der Traum Konrads II. wahr geworden: Der Dom präsentierte sich mit 134 Metern Länge und im Mittelschiff 33 Metern Höhe als größtes Bauwerk des Abendlandes.

Nicht nur, dass der Dom immer wieder von Bränden heimgesucht wurde: Im pfälzischen Erbfolgekrieg 1689 zerstörten die Truppen des französischen Königs Ludwig XIV. systematisch die Kurpfalz. Heidelberg, Mannheim, Frankenthal und Dürkheim fielen ihnen ebenso zum Opfer wie Speyer. Im Dom wurden zunächst die Kaisergräber aufgebrochen und geplündert, bevor das Bauwerk selbst in Flammen aufging. Die gesamte westliche Hälfte fiel den Sprengversuchen der Soldaten zum Opfer. Kaum war die Kathedrale mit einem barocken Westwerk, gestaltet von Franz Ignaz Neumann, dem Sohn von Balthasar Neumann, in den Jahren 1772 bis 1778

## Weihbischof & Generalvikar

- Otto Georgens, Weihbischof

- Peter Schappert, Generalvikar

neu erstanden, brach die Französische Revolution aus; ähnlich wie im burgundischen Cluny war auch Speyer Ziel der Revolutionäre, die 1794 die Altäre zerstörten. Und genau wie Cluny sollte der Dom 1806 sogar abgerissen und als Steinbruch verwendet werden. Doch Bischof Colmar von Mainz (1802–1818) setzte bei Napoleon die Erhaltung durch.

*Geweiht ist der Dom der Gottesmutter Maria, der »Patrona Spirensis« (so der lateinische Name für Speyer). Ihr Gnadenbild, das in den Wirren der Französischen Revolution ein Raub der Flammen wurde, ließ ihn zur bedeutendsten Wallfahrtsstätte der Diözese werden. Vor dem neuen Wallfahrtsbild, das Papst Pius XI. im Jahr 1930 dem Dom schenkte, betete in ihrem letzten Speyerer Jahr Edith Stein, und auch Papst Johannes Paul II. kniete bei seinem Besuch in Speyer am 4. Mai 1987 betend vor der Madonna.*

## Bischof Dr. theol. Anton Schlembach

- Geboren am 7. Februar 1932 in Großwenkheim (Unterfranken)
- Zum Priester geweiht am 10. Oktober 1956
- Als Bischof von Speyer eingeführt am 16. Oktober 1983

Wahlspruch *Deus salus – Gott ist Heil*

Der Speyerer Bischof Anton Schlembach entstammt einer Landwirtfamilie aus dem Unterfränkischen. Schon früh wuchs in ihm der Wunsch heran, Priester zu werden.
Vom damaligen Würzburger Bischof Julius Döpfner nach Rom geschickt, empfing er dort 1956 die Priesterweihe. Dort promovierte er auch 1959 – mit einer Disserta-

tion über Matthias Joseph Scheeben, einen Dogmatiker aus dem 19. Jahrhundert. Die nachfolgenden Stationen: Direktor des Studienseminars in Aschaffenburg, Regens des Priesterseminars in seiner Heimatdiözese Würzburg und 1981–1983 ebendort Generalvikar. Als Religionslehrer zwischen 1969 und 1981 an einem Hammelburger Gymnasium hat Schlembach gelernt, »dass man auch in einer säkularisierten höheren Schule junge Menschen mit der Gottesfrage konfrontieren kann«. Am 25. August 1983 ernannte ihn Papst Johannes Paul II. zum Bischof, und am 16. Oktober desselben Jahres wurde Anton Schlembach im Dom zu Speyer vom Münchener Erzbischof Friedrich Wetter, seinem Vorgänger auf dem Speyerer Bischofsstuhl, zum Bischof geweiht. In der Deutschen Bischofskonferenz ist der Unterfranke Mitglied der Kommission für weltkirchliche Aufgaben, Vorsitzender der Unterkommission für Missionsfragen sowie Mitglied der Kommission für gesellschaftliche und soziale Fragen.

*Während seines Besuchs in Deutschland sprach Papst Johannes Paul II. am 1. Mai 1987 im Müngersdorfer Stadion in Köln die Märtyrerin Edith Stein selig.*

Nach dem Wiener Kongress 1815 und dem Münchener Vertrag zwischen Bayern und Österreich 1816 kam die Pfalz an Bayern. König Max I. ließ das Gebäude als Bischofskirche wiederherstellen. Auf Anordnung seines inzwischen regierenden Sohnes Ludwig I. gestalteten 1846 bis 1853 Johann Schraudolph und Joseph Schwarzmann den Dom im nazarenischen Stil. In den folgenden fünf Jahren wurde unter Leitung des Karlsruher Baudirektors Heinrich Hübsch der westliche Querbau mit den beiden Vordertürmen in neoromanischen Formen errichtet.

Zu einer umfassenden Domrestaurierung kam es im Frühjahr 1957, bei der die Ausmalung und der Verputz des 19. Jahrhunderts entfernt wurden. Von den Fresken Schraudolphs blieb lediglich der 24-teilige Marienzyklus am alten Platz. Durch eine Tieferlegung des Bodens auf das ursprüngliche Niveau kommen heute Größe und Harmonie des Raumes wieder besser zum Ausdruck. Auch die Dächer wurden abgesenkt und die Giebel von Querhaus und Chor im romanischem Stil wiederhergestellt. Seit 1996 läuft ein neues Restaurierungsprojekt, das voraussichtlich 2010 seinen Abschluss finden wird. Zur Unterstützung der Arbeiten wurde 1995 ein Dombauverein gegründet. Auch die »Europäische Stiftung Kaiserdom zu Speyer« engagiert sich für die langfristige Erhaltung der Kathedrale.

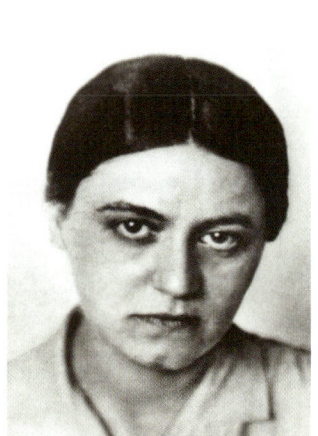

*Edith Stein: 1998, nur zwölf Jahre nach ihrer Seligsprechung, wurde die Märtyrerin heilig gesprochen.*

## Hl. Edith Stein

Edith Stein wurde 1891 in eine jüdisch-orthodoxe Familie in Breslau geboren, gab 1904 ihren jüdischen Glauben auf und gab zunächst vor, Atheistin zu sein. Sie studierte an der Universität von Göttingen Philosophie, Psychologie und Geschichte und machte dort die Bekanntschaft von Edmund Husserl, bei dem sie in Freiburg promovierte.

Die große Wende in ihrem Leben löste die Lektüre der Lebensgeschichte der heiligen Theresa von Avila aus. Edith Stein trat daraufhin zum Katholizismus über, ließ sich 1922 taufen und begann eine Lehrtätigkeit in Speyer an einer dominikanischen Mädchenschule.

Kurz nachdem sie 1932 ans Institut für Pädagogik in Münster gewechselt war, erhielt die gebürtige Jüdin im Dritten Reich Lehrverbot und musste ihre Stelle aufgeben. 1933 trat sie dem Orden der Karmelitinnen in Köln unter dem Namen Teresa Benedicta vom Kreuz bei, der sie 1938 in einen Konvent nach Holland schickte, um sie in Sicherheit zu bringen. Am 2. August 1942 wurde sie dort mit den anderen nicht arischen Ordensangehörigen von der Gestapo verhaftet, zusammen mit ihrer Schwester Rosa in das Konzentrationslager Auschwitz gebracht und ermordet. Am 1. Mai 1987 wurde sie von Papst Johannes Paul II. anlässlich eines Besuchs in Deutschland selig gesprochen, und bereits 1998 fand auf dem Petersplatz in Rom die Feier ihrer Heiligsprechung statt. Ihr Andenken und ihre Verehrung sind wohl nirgendwo so lebendig wie in der Diözese Speyer. Nur drei von vielen Beispielen: Ihre Taufkirche in Bad Bergzabern ist – besonders nach ihrer Umgestaltung – eine viel besuchte Tauferneuerungskirche. In der Taufkapelle des Speyerer Domes gibt es eine Edith-Stein-Gedenkstätte, und in Speyer hat auch die 1994 gegründete Edith-Stein-Gesellschaft Deutschlands ihren Sitz.

*Die Krypta im salischen Kaiserdom in Speyer – hier liegen acht deutsche Könige und Kaiser des Mittelalters begraben.*

# Speyer – alt und einstmals mächtig

Wann die ersten Christen in Speyer zu finden waren, ist umstritten. Einige Historiker vermuten die ältesten Wurzeln im 3. Jahrhundert und behaupten, die Gemeinde sei in der Völkerwanderung untergegangen. Im Jahr 346 wurde ein Bischof Jesse von Speyer in der Kölner Synodalakte erwähnt, deren Echtheit allerdings nicht verbürgt ist. Auf der Synode von Paris im Jahr 614 wurde Bischof Hilderich von Speyer als Teilnehmer genannt. Mit ihm begann die »amtliche«, ununterbrochene Folge der Speyerer Bischöfe. Zusammen mit anderen Diözesen am Rhein gehört Speyer somit zu den ältesten Bischofssitzen in Deutschland. 868 übersetzte der Dichtermönch Otfried aus dem Kloster Weißenburg/Elsass, das damals zur Diözese Speyer gehörte, zum ersten Mal ein Evangelium in die deutsche Sprache. An Bedeutung gewann die Diözese mit dem ersten Salierkönig und späteren Kaiser Konrad II., der 1030 den Grundstein zum Speyerer Dom legte. Als er 1039 in Utrecht starb, wurde er als Erster von acht deutschen Herrschern im Dom zu Speyer beigesetzt.

Im Jahr 1529 schrieb Speyer erneut große Geschichte, als auf dem Zweiten Reichstag evangelische Fürsten und Städte mit ihrer »Protestation« für die ungehinderte Ausbreitung der reformatorischen Lehre eintraten. Zwei Drittel der Diözese wurden innerhalb kürzester Zeit protestantisch – trotz heftiger Gegenwehr des 69. Bischofs von Speyer, Philipp von Flersheim (1529–1552).

Der Dreißigjährige Krieg und die Verwüstungen durch die Truppen des französischen »Sonnenkönigs« Ludwig XIV. brachten das Land an den Rand des Untergangs. Nur wenige bedeutende Klöster und Kirchen des Mittelalters überstanden diese Schicksalsjahre unversehrt. Kardinal Damian Hugo Philipp von Schönborn und sein Nachfolger Kardinal Franz Christoph von Hutten sorgten Mitte des 18. Jahrhunderts in dem durch Kriege verarmten und verwüsteten Fürstbistum für bessere wirtschaftliche Verhältnisse und eine religiöse Erneuerung. Immerhin ragte die Diözese in jenen Jahren noch weit in badisches und württembergisches Gebiet hinein – bis vor die Tore Stuttgarts.

*Mehr als fünfzig Reichstage fanden im Schatten des Speyerer Doms statt. Und an Weihnachten 1146 folgte von hier aus der deutsche König Konrad III. mit mehreren tausend Rittern dem Aufruf des berühmten Zisterzienserabtes Bernhard von Clairvaux zum zweiten Kreuzzug. Der hl. Bernhard soll auch vor dem Gnadenbild der Gottesmutter im Speyerer Dom gebetet haben.*

Im Jahr 1801 aber ging das alte Fürstbistum Speyer schließlich in den Wirren der Französischen Revolution unter. Der linksrheinische Teil fiel an Frankreich und wurde zum größten Teil von Papst Pius VII. der neu geschaffenen Diözese Mainz angegliedert; der rechtsrheinische Teil des Hochstifts Speyer ging 1802 an Baden.

## Bayerische Wurzeln

Doch es sollte nicht allzu lange dauern, bis die Diözese wieder errichtet wurde. Nachdem die Pfalz mit ihren 430 000 Einwoh-

*Historisch bedingt ist die Zugehörigkeit der Diözese Speyer zur bayerischen Kirchenprovinz Bamberg: Die Rheinpfalz kam im Gefolge der territorialen Neuordnung Europas durch den Wiener Kongress ab 1816 zum Königreich Bayern. Erst mit dem Ende des Zweiten Weltkrieges endete diese besondere Beziehung, als das Bundesland Rheinland-Pfalz neu geschaffen wurde.*

### Daten & Fakten*

| | |
|---|---|
| Pfarreien | 346 |
| Katholiken | rd. 613 000 |
| Fläche | 5 893 qkm |
| Dekanate | 10 |
| Priester | 427 |
| Ordensleute | rd. 860 |
| Diakone | 50 |
| Gemeindreferenten/-innen | 131 |
| Pastoralreferenten/-innen | 102 |
| Taufen | 4 347** |
| Erstkommunionen | 6 133** |
| Trauungen | 1 202** |
| Bestattungen | 7 104** |

* Stand 2004    ** Stand 2003

nern im Jahr 1816 bayerisch geworden war, wurde auch eine kirchliche Neuordnung notwendig. Bereits 1817 erstand die Diözese Speyer im bayerischen »Rheinkreis« (ab 1838 »Rheinpfalz« genannt) wieder und erhielt ihre heutige Gestalt. Bischof Nikolaus von Weis ist für die folgenden Jahrzehnte besonders hervorzuheben: Während seiner Amtszeit (1843–1869) erneuerte er die Seelsorge und förderte die Caritas, das katholische Schulwesen und die katholischen Vereine. Der Zweite Weltkrieg forderte erneut einen hohen Tribut von der kleinen Diözese an der französischen Grenze. 120 Kirchen lagen in Trümmern oder waren beschädigt. Bischof Joseph Wendel (1943–1952, danach bis 1960 Erzbischof von München und Freising) begann unter großen Schwierigkeiten mit dem kirchlichen Wiederaufbau.

1953 setzte Bischof Isidor Markus Emanuel das Werk seines Vorgängers fort. Nach 1965 leitete er die innere Erneuerung der Diözese gemäß den Beschlüssen des Zweiten Vatikanischen Konzils ein. Von 1969 bis 1982 war Friedrich Wetter Bischof von Speyer. Er wurde im Anschluss wie sein Vor-Vorgänger zum Erzbischof von München und Freising berufen. Seit 1983 leitet Anton Schlembach die Diözese Speyer.

# Deutsch-französische Freundschaft

Ein besonderes Anliegen der Diözese wurzelt in der jahrhundertealten Nachbarschaft der Rheinpfalz zu Frankreich: die deutsch-französische Freundschaft. Zwei französische Diözesen, Straßburg und Metz, grenzen ja unmittelbar an die Diözese Speyer. Schon bald nach dem Krieg trafen sich die ersten Pfarrer der Grenzgemeinden; heute finden jährlich deutsch-französische Priestertage statt. Nach den leidvollen Erfahrungen, die der Zweite Weltkrieg dem Grenzland gebracht hat, suchen Christen auf beiden Seiten die Aussöhnung zwischen den zwei Nationen. Diese Bemühungen fanden ihren besonderen Ausdruck im Bau der Friedenskirche St.

Bernhard in Speyer, die gemeinsam von deutschen und französischen Katholiken finanziert wurde.

Auch grenzüberschreitende pastorale Initiativen entwickelten sich, etwa im Bereich der Arbeiterseelsorge. Pfälzische Priester und Laien schlossen sich Mitte der sechziger Jahre mit der elsässischen »Aide au clergé« (Priesterhilfe) zur Solidaritätsaktion »Contact abbé« zusammen. Sie sah ihre Ziele in der Begegnung, im Austausch pastoraler Erfahrungen und, wo notwendig, in der Unterstützung von Landpriestern in Frankreich. Bereits Tradition haben auch die engen Beziehungen zu Straßburg und Metz, den Bischofsstädten in der Nachbarschaft, sowie zu Chartres und Ravenna, zwei Partnerstädten von Speyer.

Seit langem gibt es auch Beziehungen zu osteuropäischen Diözesen. So besteht seit 1967 eine Partnerschaft mit der kroati-

schen Diözese Djakovo, die nach Ausbruch des Krieges im ehemaligen Jugoslawien durch Hilfsaktionen intensiviert wurde. Gute Kontakte bestehen auch zu mehreren polnischen Bistümern, u.a. zu Gnesen, der

*In den Jahren 1953/54 errichteten Katholiken aus Deutschland und Frankreich in Speyer gemeinsam die Friedenskirche Sankt Bernhard – ein Symbol für Völkerverständigung und deutsch-französische Aussöhnung nach fast einem Jahrhundert kriegerischer Auseinandersetzungen zwischen den ehemaligen »Erbfeinden«.*

Speyerer Partnerstadt, sowie zu der weißrussischen Diözese Grodno und zur Apostolischen Administratur Moskau.

## Engagement für die Dritte Welt

Besonders ausgeprägt ist in der Diözese Speyer das Verantwortungsbewusstsein für die jungen Kirchen in der Dritten Welt. Mehr als hundert Missionare und Entwicklungshelfer aus der Diözese sind in 24 Entwicklungsländern tätig. In ihrer pastoralen und sozialen Arbeit werden sie durch zahlreiche Aktionen in den Pfarreien und durch Hungermärsche unterstützt. Diese besondere Form der Solidarität und Hilfe ist in der Diözese Speyer entstanden. Die Bistumszeitung »Der Pilger« hat darüber hinaus die Aktion »Silbermöwe« für Missionare und Katastrophenhilfe ins Leben gerufen.

Eine eigene Partnerschaft unterhält die Diözese seit 1982 mit der Diözese Cyangugu in Ruanda. Partnerschaftliche Beziehun-

gen gibt es auch zur Kirche in Togo und zu einem Missionspriesterseminar in Chile, das lange Zeit ein Pfälzer Missionar leitete. Für Indien engagieren sich seit Jahren mehrere Aktionsgruppen, etwa die »Aktion Bombay« der Katholischen Arbeitnehmerbewegung und die »Aktion Indienhilfe«.

### Adresse

**Bischöfliches Ordinariat**
**Kleine Pfaffengasse 16**
**67346 Speyer**
**Tel. 0 62 32 / 10 2-0**
**www.bistum-speyer.de**

# Diözese Würzburg

Vor fast 1300 Jahren gegründet, ist die Diözese Würzburg zu einem Zentrum der Marienverehrung herangewachsen, in dem Vergangenheit und Gegenwart eine spannungsvolle Verbindung eingegangen sind.

*Seit fast 800 Jahren prägen die schlanken Türme des Doms die Silhouette der mainfränkischen Metropole. Die Bischofskirche der Diözese Würzburg erhebt sich über den Fundamenten von zwei Vorgängerkirchen aus dem frühen Mittelalter.*

## Der Kiliansdom in Würzburg

Der erste Bischof der neu gegründeten Diözese, Burkard (742–753/54), wählte eine bereits bestehende Marienkirche als vorläufige Kathedralkirche. In Gegenwart Karls des Großen weihte Bischof Berowelf (768/69–800) den »neuen« Dom der Stadt, errichtet über den Gräbern der drei Märtyrer Kilian, Kolonat und Totnan, auf den Titel »Christus Salvator«. Nach einem Blitzschlag im Juni 855 brannte der Dom nieder, durch ein nachfolgendes Unwetter stürzten schon drei Tage später die Mauern ein. Bischof Arn (855–892) ließ ihn als dreischiffigen Bau neu errichten. Nun zählte der Dom zu den größten Kirchenbauten seiner Zeit und gab die Ausmaße der Kathedralkirche für die Zukunft vor. Doch 918 brannte auch dieser Dom nieder, wichtige Urkunden gingen im Feuersturm verloren.

Der später heilig gesprochene Bischof Bruno (1034–1045) fasste unter dem Eindruck des in Speyer begonnenen Dombaus den Entschluss zu einem Neubau der Bischofskirche. Geweiht wurde sie im Jahr 1187/1188, gegen 1250 erhielt sie ihre endgültige äußere Gestalt.

Im 18. Jahrhundert wurde die Kirche mit prachtvollem Stuck in reinstem Hochbarock verziert. Ferner wurde die kostbar

## Weihbischof & Generalvikar

- Helmut Bauer, Weihbischof

- Dr. Karl Hillenbrand, Generalvikar

ausgestattete Schönborn-Kapelle erbaut, als Grablege für die Fürstbischöfe des gleichnamigen Hauses.

In der Nacht des 16. März 1945 vernichtete ein Luftangriff große Teile der Stadt Würzburg. Von den Zerstörungen blieb der Dom nicht verschont.

Viel Tatkraft wurde unter Bischof Julius Kardinal Döpfner (1948–1957) aufgebracht, um die Kriegsschäden zu beseitigen. 1967 weihte Bischof Josef Stangl (1957–1979) den wieder aufgebauten Dom ein.

*Dass der deutsche Klerus mit Ausnahme des Peterspfennigs nie Steuern an den Heiligen Stuhl überweisen musste, hat viel mit dem Würzburger Dom zu tun. 1287 versammelten sich die deutschen Bischöfe zu einem Nationalkonzil im Dom. Dabei erhob der vom Papst gesandte Legat die Forderung, alle deutschen Priester hätten künftig Steuern an Rom zu zahlen. Der Unmut der überraschten Bischöfe steigerte sich zum Tumult, als Bischof Konrad Probus von Toul, ein junger Franziskanermönch, auf das Taufbecken sprang und vehement gegen die unangemessene römische Steuer wetterte. Schließlich platzte das ganze Treffen – und mit ihm die römische Hoffnung, jemals vom deutschen Klerus Steuern zu bekommen …*

## Bischof Dr. phil. Friedhelm Hofmann

- Geboren in Köln-Lindenthal am 12. Mai 1942
- Zum Priester geweiht am 3. Februar 1969
- Als Bischof von Würzburg eingeführt am 19. September 2004

**Wahlspruch** *Crux spes unica – Das Kreuz – einzige Hoffnung*

Bischof Friedhelm Hofmann ist ein waschechter Kölner: In der Domstadt aufgewachsen und auch dort zum Priester geweiht, wirkte er als Kaplan, Dompfarrer

und Künstlerseelsorger und wurde 1992 als Weihbischof in Köln berufen.

Er sei »ein fröhlicher Christ aus der rheinischen Humormetropole«, schrieb die katholische Nachrichtenagentur über den Nachfolger von Altbischof Paul-Werner Scheele.

Für den promovierten Kunsthistoriker ist es wichtig, die jahrzehntelange Entfremdung zwischen Kirche und Kunst aufzuheben. Bischof Friedhelm Hofmann ist Mitglied der Kommission für Liturgie und der Kommission für Fragen der Wissenschaft und Kultur der Deutschen Bischofskonferenz.

Weltkirchlich engagiert er sich als Mitglied der Päpstlichen Kommission für die Kulturgüter der Kirche. Als langjähriger Vorsitzender des Deutschen Lourdes-Vereins kennt er den französischen Pilgerort wie nur wenige.

# Irische Missionare in Mainfranken

*Die Hofkirche der Residenz Würzburg von Johann Balthasar Neumann (im Besitz der Bayerischen Verwaltung der staatlichen Schlösser, Gärten und Seen) zählt zu den künstlerischen Höchstleistungen des europäischen Barock.*

Mit der Gründung der Diözese Würzburg 741/42 durch den hl. Bonifatius und den hl. Burkard als erstem Bischof wurde das Christentum in Mainfranken gefestigt. Bereits im 8. Jahrhundert gab es zahlreiche Klöster, die nicht nur als religiöse und kulturelle Zentren in ihre nähere Umgebung ausstrahlten, sondern auch in der von der Diözese mitgetragenen Sachsenmission tätig waren. Von besonderer Bedeutung wurden von diesen frühen Gründungen Amorbach im Odenwald, das Gumbertuskloster in Ansbach sowie das Frauenkloster Kitzingen.

Im 11. und 12. Jahrhundert zählte die Stadt Würzburg mit der Domschule zu den wirtschaftlich und geistig führenden Orten des Reiches, ihr Bischof zumeist zu den politischen Stützen des Königtums.

Die Reformation fand vor allem bei den Eliten großen Anklang. Mit Julius Echter von Mespelbrunn (1573–1617) amtierte in Würzburg ein Bischof, der nicht nur mit harter Hand die Gegenreformation durchführte, sondern zugleich das kirchliche Leben auf allen Ebenen erneuerte.

Den Wirren des Dreißigjährigen Krieges folgte im 18. Jahrhundert eine lange Zeit des Friedens. Während des Barock wurden die bedeutendsten Künstler der damaligen Zeit von den Fürstbischöfen aus dem Haus Schönborn nach Würzburg geholt. Es ent

## Daten & Fakten*

| | |
|---|---|
| Pfarreien | 525 |
| Katholiken | rd. 871 000 |
| Fläche | 8 529 qkm |
| Dekanate | 22 |
| Priester | 693 |
| Ordensgemeinschaften und Kongregationen | 41 |
| Diakone | 179 |
| Gemeindereferenten/-innen | 125 |
| Pastoralreferenten/-innen | 150 |
| Taufen | 7 062** |
| Erstkommunionen | 9 879** |
| Trauungen | 1 879** |
| Bestattungen | 9 172** |

\* Stand 2004    \*\* Stand 2003

standen bekannte Bauwerke, allen voran die zum Weltkulturerbe zählende Würzburger Residenz.

Als Folge der Französischen Revolution führte die Säkularisation 1803 zum Ende des Hochstifts Würzburg.

*Das Denkmal des hl. Kilian vor dem Dom in Würzburg.*

## Hll. Kilian, Kolonat und Totnan – Apostel der Franken

Die Frankenapostel Kilian, Kolonat und Totnan finden als Bistumspatrone eine besondere Verehrung. Sie kamen um 686 aus Irland an den Main. Der Legende nach sollen sie auf dem Kreuzberg, der höchsten Erhebung der bayerischen Rhön, einen heidnischen Altar umgestürzt und ein Kreuz aufgerichtet haben. Von dort aus zogen sie nach Würzburg. Ihr konsequentes Eintreten für die christliche Lehre führte zum Konflikt mit den regierenden Herzögen: Im Jahr 689 erlitten sie den Märtyrertod. Ihre Reliquien ruhen im Kiliansschrein in der Krypta der Neumünsterkirche. Zahlreiche Patrozinien fränkischer Gotteshäuser weisen auf die besondere Wertschätzung der Frankenapostel hin.

*Die Benediktinerabtei Münsterschwarzach ist nicht zuletzt durch Pater Anselm Grün bekannt geworden, der mit seinen Büchern hunderttausende von Menschen erreicht und bewegt hat.*

1821 ging die Diözese Würzburg aus der bayerischen Diözesaneinteilung in neuen Grenzen hervor. In Würzburg trafen die deutschen Bischöfe 1848 zum ersten Mal zu einer Bischofskonferenz zusammen. Von starken Spannungen auch innerhalb der Kirche waren das letzte Drittel des 19. und die erste Hälfte des 20. Jahrhunderts geprägt. Die Verbundenheit der Unterfranken mit ihrer Kirche und mit

Bischof Matthias Ehrenfried (1924–1948) zeigte sich im Wiedererstarken der Kilianswallfahrt seit 1935.

Zu den zahlreichen Impulsen der Amtszeit von Bischof Paul-Werner Scheele (1979–2003) gehörte das Pastoralgespräch »Wir sind Kirche – Wege suchen im Gespräch«, das gemeinsam mit engagierten Christen Leitlinien für die Zukunft der Seelsorge erarbeitete.

## Partner der Dritten Welt

Die Verkündigung der frohen Botschaft endet nicht an den Grenzen der Diözese. Zurzeit setzen fast 200 Missionskräfte aus der Diözese ihren Glauben, ihr Können und Wissen auf allen Kontinenten ein. Die seit 1989 bestehende Partnerschaft mit der Diözese Mbinga in Tansania ist ein Beispiel für das enge und rege Zusammenwirken zweier Diözesen in der Weltkirche. Ein besonderes Zeichen der Solidarität setzt der 1998 gegründete Verein »Würzburger Partnerkaffee«. Ziel des Vereins ist der Verkauf von Kaffee aus Tansania zu den Bedingungen des fairen Handels: Die Kleinbauern

können ihren Kaffee zu Preisen über Welthandelsniveau verkaufen – und das mit langfristigen Abnahmegarantien.

### Adresse

Bischöfliches Ordinariat Würzburg
Domerschulstraße 2
97070 Würzburg
Tel. 09 31 / 38 6-0
Fax 09 31 / 38 63 34
www.bistum-wuerzburg.de

*Die Spuren der Glaubensgeschichte können auf dem Fränkischen Marienweg entdeckt werden. »Frankenland – Marienland«: Dieses Wort hat der Würzburger Bischof und spätere Kardinal Julius Döpfner gern gebraucht. Unzählige Madonnen an Hauswänden, Bildstöcke am Weg, Kapellchen in Feld und Wald und ein dichtes Netz von Marienwallfahrtsorten geben Zeugnis von der Marienverehrung. Auf einer Länge von über 800 Kilometern führen die Wander- und Radwege des »Fränkischen Marienwegs« durch alle Landschaften der Diözese zu fünfzig ausgewiesenen Wallfahrtsorten.*

# Erzdiözese Paderborn

Einem Gipfeltreffen vor 1200 Jahren verdankt die heutige Erzdiözese ihre Entstehung. Lange Zeit Fürstbistum, entwickelte sich Paderborn zu einem bedeutenden geistlichen Zentrum in der Mitte Deutschlands.

*Ende des 12. Jahrhunderts wurde der mächtige Westturm des Paderborner Doms errichtet. Er ist neben der Krypta, die um das Jahr 1100 angelegt wurde, der Grundstock für den heutigen Dom, der im Lauf des 13. Jahrhunderts als dreischiffige Hallenkirche entstand.*

## Der Paderborner Dom

Eine »Kirche von eindrucksvoller Großartigkeit« ließ Karl der Große an der Stelle bauen, an der er Papst Leo III. Ende des Jahres 799 begegnet war. Hintergrund des Treffens: Der Papst war aus Rom vertrieben worden und suchte militärischen Beistand beim Frankenkönig, der sich in seiner Pfalz oberhalb der Paderquellen aufhielt.

Zum Dank sicherte der Papst Karl die Kaiserkrönung zu, die fast auf den Tag genau ein Jahr später in Rom stattfand. Bei ihrem

Treffen gründeten Papst und König auch die Diözese Paderborn.

Mehrere Brände zerstörten in der Folgezeit den Kirchenbau an der Pader. Bis heute erhalten sind die rund tausend Jahre alten Bodenplatten in der Brigidenkapelle: 1047 wurde die hl. Brigida von Schweden zur Mitpatronin des Doms ernannt. Aus Anlass dieses Patroziniums ließ der bedeutende Paderborner Bischof Meinwerk (1009–1036) die Brigidenkapelle bauen. Der heutige Dom stammt im Wesentlichen aus dem 13. Jahrhundert. 1978 begannen umfassende Sanierungsarbeiten. Die seit dem Krieg bestehende Notverglasung wurde seitdem durch künstlerisch gestaltete Fenster ersetzt. Im Langhaus zeigen sie den Weg des Gottesvolks von den Anfän-

gen bis zum himmlischen Jerusalem. Heilige aus der Paderborner Bistumsgeschichte sind im östlichen Querhaus zu sehen – sie gehören nach *Heb 23,1* ebenso zur »Wolke der Zeugen« wie die 23 Statuen auf dem Chorgestühl, die Hainz-Gerhard Bücker aus Vellern/Westfalen geschaffen hat.

## Weihbischöfe & Generalvikar

- Dr. Karl-Heinz Wiesemann, Weihbischof

- Manfred Grothe, Weihbischof

- Matthias König, Weihbischof

- Alfons Hardt, Generalvikar

*Von Süden her führt das Paradiesportal in den Dom. Hier begrüßt eine Marienfigur die Eintretenden. Die Gottesmutter ist die Hauptpatronin des Doms. Ihr begegnet man auch im Innern der Kirche: Eine Madonna im Strahlenkranz grüßt den Besucher im Mittelschiff. Sie ist um 1480 entstanden. Als Doppelmadonna stellt sie einerseits die neue Eva dar, die der Schlange den Kopf zertritt, andererseits die Himmelskönigin mit Jesus auf dem Arm.*

## Erzbischof Hans-Josef Becker

- Geboren in Warstein am 8. Juni 1948
- Zum Priester geweiht am 11. Juni 1977
- Als Erzbischof von Paderborn eingeführt am 28. September 2003

**Wahlspruch** *In verbo autem tuo – Auf dein Wort hin*

Mit Menschen zu tun haben wollte Hans-Josef Becker schon immer, und so wurde der gebürtige Sauerländer zunächst Grund- und Hauptschullehrer. Doch vom Schuldienst zog es ihn schon bald in den kirchlichen Dienst: Er wurde Priester. Nach Studium und Priesterweihe war er

in Paderborn Vikar, Pfarradministrator und ab 1987 Pfarrer in Lippstadt sowie Dechant des Dekanats Lippstadt. 1995 übernahm er die Leitung der Zentralabteilung Pastorales Personal im Generalvikariat Paderborn. Hier bereitete er die Einführung von Pastoralverbänden vor. Im Jahr 2000 erfolgten die Bischofsweihe und die Ernennung zum Titularbischof und zum Weihbischof in Paderborn. 2002 wurde er zum Diözesanadministrator gewählt und am 3. Juli 2003 zum Erzbischof von Paderborn ernannt. Hans-Josef Beckers seelsorgerliche Fähigkeiten und sein Humor verbinden sich mit einer profunden Kenntnis der Erzdiözese. So ist er auch als Moderator im Klerus und in den Gemeinden sehr gefragt. In der Deutschen Bischofskonferenz ist er Mitglied der Kommission für geistliche Berufe und kirchliche Dienste, der Kommission für Erziehung und Schule sowie der Kommission für publizistische Fragen.

# Eine Diözese mitten in Deutschland

*Hl. Liborius, der Patron der Erzdiözese Paderborn, soll als Bischof von Le Mans 217 Priester und 184 Diakone geweiht haben. Seine Gebeine ruhen seit 836 im Paderborner Dom. Seit damals besteht zwischen den beiden Kirchen von Le Mans und Paderborn eine Schutz- und Gebetsgemeinschaft, die alle Kriege in Europa überstanden hat und bis heute andauert.*

Schon im Jahr 777 hatte in Paderborn eine Reichsversammlung mit Missionssynode getagt. Doch erst als sich Papst Leo III. im Jahr 799 drei Monate lang in Paderborn aufhielt, entstand die Diözese. Zunächst wurde sie von Würzburg aus verwaltet. Um 806 dann kam der hl. Hathumar, ein Sachse, als erster Bischof an die Pader. 836 wurden die Reliquien des hl. Liborius aus Le Mans nach Paderborn gebracht.

## Konflikte mit Köln

Unter Bischof Meinwerk begann der zwei Jahrhunderte dauernde Wandel zum Fürstbistum. Bei dem Versuch der Paderborner Fürstbischöfe, ihr Hoheitsgebiet auszuweiten, gerieten sie in Konflikt mit der Erzdiözese Köln und zunehmend auch mit der Stadt Paderborn. Bischof Otto von Rietberg (1277–1307) verlegte daher seinen Sitz ins benachbarte Neuhaus.

Im 13. Jahrhundert umfasste das Fürstbistum die heutigen Landkreise Paderborn und Höxter. Bischof Bernhard V. zur Lippe (1321–1340) baute dann die Landeshoheit weiter aus, was er mit Sonderrechten für

Paderborn erkaufte: Er genehmigte die seit 1295 bestehende Mitgliedschaft in der Hanse, außerdem gestattete er die freie Ratswahl.

Im 15. Jahrhundert versuchte die Erzdiözese Köln, das benachbarte Fürstbistum Paderborn mit sich zu vereinigen.

## Gegenreformation

Der Protestantismus setzte sich unter Erich von Braunschweig (1508–1532) zunächst nur kurzzeitig durch. Sein Nachfolger, der Erzbischof von Köln, stellte als Administrator die katholischen Verhältnisse wieder her. Noch einige Male wechselten im Fürstbistum die Konfessionen. Unter Heinrich von Sachsen-Lauenburg (1577–1585) war es gänzlich lutherisch. Im Jahr 1580 berief das Domkapitel die Jesuiten nach Paderborn. 1585 übernahmen sie die Domschule, wo sie ein Jahr später bereits über 400 Schüler unterrichteten. 1592 wurde im ehemaligen Minoritenkloster am Kamp das Jesuitenkolleg eingerichtet. Bischof Dietrich von Fürstenberg (1584–1618) verhalf dem Katholizismus

### HI. Liborius – Patron der Erzdiözese Paderborn

Vom Leben des hl. Liborius weiß man wenig. Sicher ist, dass er im 4. Jahrhundert Bischof von Le Mans war. Liborius war ein Zeitgenosse des hl. Martin von Tours – laut dessen Lebensbeschreibung weilte Martin am Sterbebett des Liborius. Dessen Tod wird auf den 23. Juli 397 datiert. Schon bald nach der Beisetzung sollen am Grab in der Zwölfapostelkirche von Le Mans Heilungswunder geschehen sein.

Im Frühling des Jahres 836 wurden die Gebeine des Liborius in den Paderborner Dom überführt.

Alljährlich beginnt am Samstag nach dem 23. Juli, wenn dieser Tag nicht selbst ein Sonntag ist, im Paderborner Dom das Liborifest mit der Erhebung der Reliquien. Am Sonntag ziehen die Gläubigen mit dem Schrein durch die Stadt. Zwei Tage später wird der Schrein wieder beigesetzt, doch mit seinen Vorträgen, Ausstellungen und Gottesdiensten dauert das Liborifest eine ganze Woche lang.

dann endgültig zum Sieg: 1604 eroberte er Paderborn, unterwarf Bürgerschaft und Magistrat mit Gewalt und ließ den Bürgermeister Liborius Wichard hinrichten. Die Stadt verlor alle ihre Privilegien. 1614 gründete der Fürstbischof die Jesuitenuniversität, die älteste Hochschule in Westfalen. Heute ist von ihr noch die katholische Fakultät übrig geblieben.

Während des Dreißigjährigen Krieges gab es noch ein protestantisches Intermezzo: 1622 besetzte der »tolle Christian«, der Herzog von Braunschweig-Wolfenbüttel, mit seinen Truppen Paderborn. Er ließ den Liborischrein rauben und in die so genannten »Pfaffenfeindtaler« umschmelzen. Nach dem Abzug der Truppen wurde Paderborn wieder katholisch. Eine evangelische Gemeinde gab es erst wieder nach dem Anschluss an Preußen 1802.

In der zweiten Hälfte des 17. Jahrhunderts löste sich das Fürstbistum für einige Zeit von der Kölner Vorherrschaft. Kunst und Wissenschaft blühten unter Fürstbischof Ferdinand von Fürstenberg (1661–1683) auf.

Aus dem Siebenjährigen Krieg, in dem das Fürstbistum auf der Seite der Alliierten gegen Preußen kämpfte, ging es verarmt hervor.

## Vom Fürstbistum zur Erzdiözese

Mit der Säkularisation zu Beginn des 19. Jahrhunderts fiel das Fürstbistum – gemeinsam mit dem 1792 abgesonderten Hochstift Corvey – an Preußen. Die Diözese jedoch blieb bestehen. Die Bischöfe Franz Egon von Fürstenberg (Paderborn) und Ferdinand von Lüning (Corvey) hielten die kirchliche Ordnung aufrecht.

Mit der Bulle »De salute animarum« umschrieb der Heilige Stuhl die Grenzen der Diözese 1821 neu: Corvey sowie Teile der Diözesen Mainz, Köln, Osnabrück, Minden, Halberstadt und Magdeburg kamen hinzu.

Bereits 1818 war die Universität aufgehoben worden, was jedoch erst 1844 in die Tat umgesetzt wurde. Die philosophisch-theologische Fakultät blieb allerdings unangetastet. Im 19. und beginnenden 20. Jahrhundert ragten die Bischöfe Konrad Martin (1856–1879) und Wilhelm Schneider (1900–1909) durch theologisches Wissen und seelsorgerlichen Weitblick hervor. 1875 wurde Bischof Martin aufgrund des Kulturkampfes zwischen Staat und katholischer Kirche verhaftet und zeitweise abgesetzt.

Das Preußische Konkordat erhob die Diözese Paderborn 1929 zur Erzdiözese. Gemeinsam mit den Suffraganen Fulda und Hildesheim bildete es die Mitteldeutsche Kirchenprovinz.

*Kern der heutigen Universität war die Domschule, an der ab 1585 Jesuiten unterrichteten. 1532 entstand das Jesuitenkolleg, und 1614 gründete der Fürstbischof die Jesuitenuniversität, damals die erste Hochschule in Westfalen.*

*Ein ökumenisches Gebetstreffen fand anlässlich des Besuchs von Papst Johannes Paul II. im Juni 1996 im Paderborner Dom statt.*

*Beim alljährlichen Liborifest wird der goldene Schrein mit den Reliquien des Heiligen durch die Stadt getragen, hier im Jahr 2002.*

## Die Grenzen verändern sich

1936 gestaltete sich das Liborifest zu einer eindrucksvollen Glaubenskundgebung der Katholiken. Erzbischof Kaspar Klein (1920–1941) berief Dompropst Paul Simon in das Domkapitel – die Nationalsozialisten hatten Kaspar Klein, einen Wegbereiter der liturgischen Erneuerung in Deutschland, von seinem Rektorat der Universität Tübingen zwangsweise entbunden.

Die Aufbauphase nach dem Krieg wurde geprägt durch Lorenz Kardinal Jaeger – er stand der Erzdiözese von 1941 bis 1973 vor und machte sich besonders um den interkonfessionellen Dialog verdient. 1957 gründete er das »Johann-Adam-Möhler-Institut für Konfessions- und Diasporakunde«, eine wichtige Einrichtung zur Behandlung ökumenischer Fragen innerhalb der katholischen Kirche. Es ist benannt nach dem katholischen Kirchenhistoriker Johann Adam Möhler (1796–1838). Auch beim Zweiten Vatikanischen Konzil brachte Lorenz Jaeger ökumenische Perspektiven ein.

1949 ernannte der Erzbischof den Magdeburger Propst Wilhelm Weskamm zum Weihbischof mit Sitz in Magdeburg: Dieser Teil der Erzdiözese lag nun hinter dem Eisernen Vorhang.

Im Jahr 1958 veränderten sich die Grenzen der Erzdiözese noch einmal: Die neue Diözese Essen erhielt einige Dekanate von Paderborn, darunter Bochum und Gelsenkirchen. Heute reicht die Erzdiözese im Westen bis nach Dortmund und im Süden bis ins Siegerland.

Kardinal Jaegers Nachfolger war bis zum Jahr 2002 Johannes Joachim Kardinal Degenhardt. Er stellte besonders die Familie und die Weitergabe des Glaubens von den Eltern an die Kinder in den Mittelpunkt seiner Arbeit.

### Daten & Fakten*

| | |
|---|---|
| Pfarreien | 776 |
| Katholiken | rd. 1 770 000 |
| Fläche | 14 754 qkm |
| Dekanate | 40 |
| Priester | 1 253 |
| Ordensleute | 2 337 |
| Diakone | 126 |
| Gemeindereferenten/-innen | 289 |
| Taufen | 13 677** |
| Erstkommunionen | 18 405** |
| Trauungen | 3 303** |
| Bestattungen | 18 253** |

* Stand 2004    ** Stand 2003

1994 wurde der kirchliche Verwaltungsbezirk Magdeburg zur Diözese erhoben. Als Suffragan gehört es jedoch weiterhin zu Paderborn, ebenso wie die gleichfalls neu gegründete Diözese Erfurt.
Das bisherige Paderborner Suffragan Hildesheim wechselte zur Kirchenprovinz Hamburg, Fulda hingegen blieb der Kirchenprovinz Paderborn zugeordnet. Erzbischof Johannes Joachim Kardinal Degenhardt starb 2002 mit 76 Jahren. Sein Nachfolger im Amt des Erzbischofs von Paderborn wurde im September 2003 Hans-Josef Becker.

## Familien und Berufstätige stärken

Unter dem Motto »Familien feiern Kirchenjahr« steht eine Initiative des Referats Ehe und Familie. Müttern, Vätern und Kindern werden neue Wege aufgezeigt, das Kirchenjahr gemeinsam und bewusst zu feiern. Das Projekt startete erstmals zum 1. Advent 2002 und wird seitdem wiederholt.
Wer teilnehmen will, sucht sich andere Mütter und Väter, Familien und Alleinerziehende, um mit ihnen gemeinsam die kirchlichen Festtage zu begehen. 25 Materialsendungen, die den Teilnehmern per Post zugestellt werden, helfen beim kreativen Feiern und beim tieferen Durchdringen der Festtage und Festzeiten. Allein am ersten Jahresdurchlauf haben über tausend Familien teilgenommen.
An Berufstätige richtet sich ein Beratungs- und Seelsorgeangebot der Erzdiözese, das über das Internet gezielt Themen rund um den Arbeitsplatz behandelt. Unter www.mensch-arbeit.de werden per Mail oder Chat Fragen und Probleme aus der Berufswelt behandelt. Die Besucher der Website können auswählen, ob die Kommunikation seelsorgerlich oder aber sachorientiert ausgerichtet sein soll.

*»LISA – Leben in Selbstständigkeit im Alter« heißen die Seniorengruppen, in denen ältere Menschen trainieren, um ihren Alltag ohne fremde Hilfe zu bewältigen. Die Trainerinnen der LISA-Gruppen werden in Kursen des Diözesanbildungswerks und des Diözesancaritasverbandes ausgebildet.*

## Wallfahrten zur Muttergottes

26 Marienwallfahrtsstätten gibt es in der Erzdiözese Paderborn. Die Wallfahrtsbasilika in Werl ist der größte Marienwallfahrtsort Westfalens und einer der bedeutendsten der Bundesrepublik. Zu hohen Feiertagen trägt die Werler Madonna die Krone, mit der sie 1911 unter Papst Pius X. gekrönt wurde.
In Lichtenau-Kleinenberg steht die Wallfahrtskirche Mariä Heimsuchung mit dem spätgotischen Gnadenbild der »Helferin vom Kleinen Berge« inmitten eines barocken Hochaltars. Sie ist Ziel nicht nur erwachsener Pilger, auch Jugendliche suchen die Wallfahrtskirche und ihre Gebetsstätte gern auf.

Das Gnadenbild »Trösterin der Betrübten« in der Verner Pfarrkirche St. Bartholomäus stammt aus dem 13. Jahrhundert. Jedes Jahr am ersten Sonntag im Juli wandern die Paderborner Gläubigen zu Fuß hierher – eine Tradition, die seit 1763 besteht.

### Adresse

Erzbischöfliches Generalvikariat
Domplatz 3
33098 Paderborn
Tel. 0 52 51 / 12 50
www.erzbistum-paderborn.de

*Anlässlich einer Heimatvertriebenen-Wallfahrt von 60 000 schlesischen Katholiken im Juni 1953 zur Wallfahrtskirche in Werl fand auch eine eindrucksvolle nächtliche Lichterprozession statt.*

# Diözese Erfurt

Bonifatius, der Apostel der Deutschen, und die hl. Elisabeth von
Thüringen waren prägende Gestalten in der langen und wechselvollen
Geschichte dieser alten und zugleich jungen Diözese.

*Der Erfurter Dom
St. Marien in nächtlicher
Beleuchtung, rechts daneben
die St.-Severi-Kirche. Sie
entstand zwischen 1278 und
1400 auf dem Gelände eines
Benediktinerinnenklosters.
Dieses wurde erstmals
urkundlich erwähnt, als man
die Gebeine des hl. Severus
von Ravenna nach Erfurt
überführte. Der Heilige
hat im 4. Jahrhundert gelebt
und war ursprünglich als
Wollweber tätig.*

## St. Marien in Erfurt

Die Vorgeschichte des Erfurter Doms beginnt mit Bonifatius, dem Gründer der Diözese Erfurt. Vermutlich Mitte des 8. Jahrhundert ließ er auf dem »unteren Berg«,
dem heutigen Domberg, eine Kirche errichten.
Im Jahr 1153 wurde vom Einsturz einer
großen Kirche an gleicher Stelle berichtet.
Bereits 1154 nahm man den Bau einer

romanischen Basilika am selben Ort in
Angriff. Eine Legende besagt, dass dabei
die Gräber der beiden Mitarbeiter des
hl. Bonifatius zum Vorschein kamen:
Der hl. Adalar und der hl. Eoban wurden
im Mittelalter als Stadtpatrone verehrt.
In der Folgezeit erfuhr der Erfurter Dom
ständig Erweiterungen und Umbauten. Im
14. Jahrhundert wollte man einen Hohen

## Generalvikar

- Dr. Georg Jelich, Generalvikar

Chor bauen, für den auf dem Domberg allerdings nicht genug Platz war. Also entstanden die Kavaten, gewölbte Unterbauten, als sicheres Fundament. Der Hohe Chor steht seitdem auf drei Kelleretagen und damit fünfzehn Meter hoch über dem Boden des Domplatzes – eine bewundernswerte Meisterleistung mittelalterlicher Bautechnik. Im Jahr 1370 wurde der Hohe Chor geweiht. Mitte des 15. Jahrhunderts drohte das romanische Langhaus einzu-

stürzen. Also riss man es 1455 vorsorglich ab und errichtete stattdessen eine spätgotische Halle. 1697 entstand der barocke Hochaltar. Er zeigt neben den Evangelisten auch Heilige, die mit der Geschichte Thüringens eng verbunden sind.

Im 18. und 19. Jahrhundert erfuhr der Mariendom eine neogotische Umgestaltung – die teilweise in den sechziger Jahren des 20. Jahrhunderts wieder rückgängig gemacht wurde. Heute beeindruckt der Dom insgesamt als gotisches Bauwerk. Sehenswert ist unter anderem die »Stuckmadonna«: ein romanischer Altaraufsatz, der in einer Nische unter dem Südturm steht. Sie wurde um 1160 geschaffen.

*Der »Wolfram«, ein romanischer Lichterträger, stammt aus der Zeit um 1160. Die Figur ist die erste Vollplastik eines zeitgenössischen mittelalterlichen Menschen in Deutschland. Einer Inschrift an ihrem Gürtel zufolge haben ein Wolfram und eine Hiltisburg sie gestiftet.*

## Bischof Dr. theol. Joachim Wanke

- Geboren in Breslau am 4. Mai 1941
- Zum Priester geweiht am 26. Juni 1966
- Als Bischof von Erfurt eingeführt am 8. Juli 1994

Wahlspruch *Vestigia Christi sequi – Den Spuren Christi folgen*

Aufgewachsen im thüringischen Ilmenau, verspürte der gebürtige Breslauer Joachim Wanke den Wunsch, Priester zu werden. Nach Studium und Priesterweihe in Erfurt erlebte er, bis dahin die Diaspora gewohnt, als Vikar im Eichsfeld erstmals ein katholisch geprägtes Umfeld. Es folgten 1973 Promotion und 1980 Habilita-

tion und die Professur für Neutestamentliche Exegese in Erfurt, am 26. November 1980 dann die Bischofsweihe.

Im Folgejahr wurde er als Nachfolger von Bischof Hugo Aufderbeck Apostolischer Administrator von Erfurt-Meiningen. 1985 wählte ihn die damalige Berliner Bischofskonferenz zum stellvertretenden, 1988/1989 zum kommissarischen Vorsitzenden. Seelsorge und Ökumene als interkonfessioneller Dialog sind das Anliegen des Erfurter Bischofs. Er sieht den missionarischen Auftrag der Kirche gerade in einer säkularen Gesellschaft als Herausforderung. Die Christen, so sagt er, müssten das Evangelium in Wort und Tat so verkünden und leben, dass inmitten des Alltags das »Licht von oben« erfahren werden kann. In dieser Aufgabe sieht er Katholiken und Protestanten miteinander verbunden. So gehört Joachim Wanke in der Deutschen Bischofskonferenz auch der Glaubens- und der Ökumenekommission an und ist Vorsitzender der Pastoralkommission.

# Diözese im Herzen Deutschlands

*Tausende Bürgerinnen und Bürger nahmen voller Betroffenheit am 3. Mai 2002 in der thüringischen Landeshauptstadt an der Trauerfeier für die Opfer des Amoklaufs in einem Erfurter Gymnasium teil.*

742 von Bonifatius gegründet, kam das Bistum rund 70 Jahre später zur Diözese Mainz. Diese beanspruchte bald auch die weltliche Herrschaft in Erfurt, was über die Jahrhunderte zu Kämpfen mit der erstarkenden Bürgerschaft führte.

Die politische Trennung brachten erst die napoleonischen Kriege. Im Zuge der Säkularisation ging die Erfurter Region an Preußen über. Bis 1820 wurden die Klöster – mit Ausnahme des heute noch bestehenden Ursulinenklosters – aufgelöst. Teile Thüringens kamen zum Bistum Paderborn, das Eichsfeld ging an die Diözese Regensburg. 1929/1930 wurde das Bistum, ebenso wie das Dekanat Erfurt, der benachbarten Diözese Fulda zugeordnet, die übrigen thüringischen Gebiete blieben bei Würzburg.

Das änderte sich auch nach 1945 nicht. Trotz der vielen praktischen Schwierigkeiten, die die deutsche Teilung mit sich brachte, begann die katholische Kirche in Thüringen eigene Strukturen aufzubauen. Dabei halfen auch die Diözesen Paderborn, Fulda und Würzburg. Bereits 1952 wurde

ein Priesterseminar in Erfurt gegründet. 1953 wurde der Erfurter Propst Joseph Freusberg zum Weihbischof ernannt. Er

## Daten & Fakten*

| | |
|---|---|
| Pfarreien | 95 |
| Katholiken | rd. 166 000 |
| Fläche | 12 000 qkm |
| Dekanate | 7 |
| Priester | 204 |
| Ordensleute | rd. 300 |
| Diakone | 18 |
| Gemeindereferenten/-innen | 61 |
| Taufen | 1 269** |
| Erstkommunionen | 992** |
| Trauungen | 420** |
| Bestattungen | 1 646** |

\* Stand 2004   \*\* Stand 2003

und sein Nachfolger Hugo Aufderbeck (1964–1981) stammten aus dem Erzbistum Paderborn.

1973 errichtete Rom aus dem Bischöflichen Kommissariat das Bischöfliche Amt

*Erfurt schrieb auch in der Reformationszeit Geschichte: 1507 wurde Martin Luther im dortigen Augustiner-Chorherrenstift zum Priester geweiht. 1530 legte der Vertrag von Hammelburg fest, dass beide Konfessionen in Erfurt gleichberechtigt waren: Die katholische Kirche verlor damit ihre Vorrangstellung in Thüringen.*

## Hl. Elisabeth – Patronin der Diözese Erfurt

Patronin der Diözese wie auch der Caritas ist die hl. Elisabeth von Thüringen. Um 1207 als Tochter des Königs von Ungarn geboren, heiratete sie 1221 den Landgrafen Ludwig von Thüringen; aus der Ehe gingen drei Kinder hervor. Unter dem Einfluss der ersten Franziskaner in Eisenach wandte sich Elisabeth den Armen und Bedürftigen zu. Zahlreiche Legenden berichten, wie sie dabei von der höfischen

Umwelt angefeindet, von ihrem Mann indes bestärkt wurde.

Nach seinem frühen Tod im Jahr 1227 folgte Elisabeth umso strenger dem Ideal der Armut, ging betteln und errichtete schließlich mit ihrem Witwenvermögen ein Spital in Marburg. Hier arbeitete sie als Pflegerin und starb 1231 mit 24 Jahren. Bereits 1235 wurde sie heilig gesprochen. Den Legenden entsprechend wird sie oft mit einem Rosen- oder Brotkorb dargestellt, aber auch mit einer Schüssel voller Fische oder als Bettlerin.

Erfurt-Meiningen. Zu ihm gehörten die Fuldaer und die Würzburger Diözesangebiete jenseits der innerdeutschen Grenze. Hugo Aufderbeck und sein Nachfolger Joachim Wanke waren nun residierenden Bischöfen gleichgestellt.

Nach der Wiedervereinigung stand die Frage im Raum, ob die zu Fulda und Würzburg gehörenden Gebiete diesen Diözesen zugeordnet werden sollten.

Doch Papst Johannes Paul II. entschied anders: 1994 wurde das Bistum Erfurt errichtet und der Erzdiözese Paderborn zugeordnet. Nur das Dekanat Geisa verblieb bei Fulda. Neu hinzu kamen Randgebiete der Bistümer Hildesheim, Magdeburg, Dresden-Meißen und Fulda. Erster Bischof wurde Joachim Wanke.

*Die Leidensprozession von Heiligenstadt am Palmsonntag 1971: Über die Straße waren Banner mit sozialistischen Parolen gespannt – was die Gläubigen aber nicht davon abhielt, ihrer christlichen Überzeugung Ausdruck zu verleihen.*

## Seelsorge in der Diaspora

Abgesehen vom Eichsfeld ist die katholische Kirche in Thüringen eine Kirche in der Diaspora. Dennoch ist sie bei den Menschen vor Ort: Im ostthüringischen Rudolstadt-Schwarza etwa findet im »Centro« offene Jugendarbeit statt, die nicht nur katholische sondern auch kirchlich nicht gebundene Jugendliche anspricht.

Den antireligiösen Prägungen der DDR-Zeit trägt die Lebenswendefeier Rechnung, die der Erfurter Dompfarrer Reinhard Hauke als Alternative zur säkularen Jugendweihe ins Leben gerufen hat: Nach mehrmonatiger Vorbereitung feiern nicht getaufte Jugendliche ihren Schritt ins Erwachsenenleben – mit eigenen Texten, Musik und einer Segnung. Auch zu Segnungsgottesdiensten und einem Weihnachtslob am Heiligen Abend sind Nichtchristen in den Dom eingeladen.

## Leidensprozession Heiligenstadt

Lebensgroße Passionsdarstellungen werden jährlich am Palmsonntag durch Heiligenstadt im Eichsfeld getragen. Diese Leidensprozession, an der auch Protestanten teilnehmen, geht auf die Jesuiten zurück, die im 16. und 17. Jahrhundert die katholische Frömmigkeit neu belebt haben. Die Prozession wurde auch zu Zeiten des Dritten Reichs und der DDR abgehalten.

**Adresse**

Bischöfliches Ordinariat
Herrmannsplatz 9
99084 Erfurt
Tel. 03 61 / 6 57 20
www.bistum-erfurt.de

*Die Arbeit mit Jugendlichen nimmt einen breiten Raum ein; Projekte und Aktivitäten werden auf einer Webseite im Internet vorgestellt: www.bistum-erfurt.de / jugend*

# Diözese Fulda

Ein Kloster war die Keimzelle der Diözese. Der Apostel der Deutschen, Bonifatius, liebte diese Gründung besonders; hier wurde er auf eigenen Wunsch begraben. Seit mehr als hundert Jahren treffen sich die deutschen Bischöfe alljährlich im Herbst an seinem Grab.

*Baumeister des Doms zu Fulda war Johann Dientzenhofer aus Bamberg. In dieser Kirche verarbeitete er die Eindrücke eines Studienaufenthaltes in Rom. Auch das Fuldaer Stadtschloss und die fürstäbtliche Sommerresidenz, Schloss Bieberstein, wurden nach seinen Plänen erbaut.*

## Der Hohe Dom zu Fulda

Mit seiner zentralen Kuppel ist der Dom selbstverständlicher Mittelpunkt des Fuldaer Barockviertels. Er wurde zwischen 1704 und 1712 auf dem Fundament einer abgerissenen romanischen Stiftskirche erbaut. Auftraggeber war Fürstabt Adalbert von Schleiffras.
Am 15. August 1712 weihte er die Kirche mit besonderer päpstlicher Erlaubnis zu

Ehren des Erlösers (Salvator) und den Hochaltar zu Ehren der in den Himmel aufgenommenen Gottesmutter.
Der Gruftaltar erhielt erst 1731 zu Ehren des hl. Bonifatius die Weihe. Der Bistumspatron hat dem Christentum in Hessen und Thüringen ein kirchliches Fundament gegeben und wurde auf eigenen Wunsch in der Klosterkirche Fulda beziehungs-

## Weihbischof & Generalvikar

- Dr. Karlheinz Diez, Weihbischof

- Peter-Martin Schmidt, Generalvikar

weise in deren Nachfolgebau, dem Dom, beigesetzt. Im Auftrag von Bonifatius hatte dessen Schüler Sturmius das Benediktinerkloster Fulda einst gegründet – der rechte Querschiffaltar ist ihm geweiht. Im Dom liegt ein mittelalterlicher König begraben: Konrad I. (911–918), der letzte Karolinger und erste gewählte König des ostfränkischen Reiches, wie man die deutschen Gebiete zu jener Zeit nannte.

Sein Grab befand sich vor dem Kreuzaltar der alten Stiftskirche, ist allerdings heute nicht mehr auszumachen. Nur eine Gedenktafel aus Sandstein verweist noch auf ihn. Die Überlieferung besagt, dass Konrad auf dem Sterbebett den Sachsen Heinrich I. zum König bestimmt haben soll, woraufhin man ihm die Krone am Quedlinburger Vogelherd angetragen habe. Das barocke Gehäuse der großen Orgel geht noch auf die Entstehungszeit des Doms zurück. Das Instrument wurde in den Jahren 1708 bis 1713 erbaut. Als man den Dom in den neunziger Jahren restaurierte, wurde die alte Farbgebung des Prospektes freigelegt und so originalgetreu wie möglich wieder hergestellt.

*Der Hauptaltar des Fuldaer Doms ist der in den Himmel aufgenommenen Gottesmutter geweiht. Er ist ein beeindruckendes Zeugnis sakraler Kunst des Barock.*

## Bischof
## Heinz Josef Algermissen

- Geboren am 15. Februar 1943 in Hermeskeil bei Trier
- Zum Priester geweiht am 19. Juli 1969
- Als Bischof von Fulda eingeführt am 23. September 2001

Wahlspruch *Thesaurus in vasis fictilibus – Ein Schatz in zerbrechlichen Gefäßen*

Die Ökumene ist ein wichtiges Thema für den Bischof von Fulda. Das erklärt sich nicht zuletzt auch aus seinem beruflichen Werdegang. Nach Studium und Priesterweihe wirkte er als Vikar und Pfarrer in Bielefeld. Von 1974 bis 1979 war er auch Studentenseelsorger an der Abteilung

Meschede der Gesamthochschule Paderborn. 1984 wurde er Dechant des Dekanates Bielefeld, 1991 Regionaldekan. Als Pfarrer im überwiegend evangelisch geprägten Bielefeld trug Heinz Josef Algermissen mit gemeinsamen Bibel- und Bildungswochen zum Miteinander der Konfessionen bei. Von 1989 bis 1996 leitete er die Ökumene-Kommission der Erzdiözese Paderborn. Im Juli 1996 wurde er zum Titularbischof und zum Weihbischof in Paderborn ernannt, die Bischofsweihe empfing er am 21. September 1996. Im Jahr 1999 wurde er ins Paderborner Metropolitankapitel berufen.
Am 20. Juni 2001 ernannte Papst Johannes Paul II. Heinz Josef Algermissen zum Bischof von Fulda. 2002 wurde der Bischof zum Vorsitzenden von Pax Christi gewählt. In der Deutschen Bischofskonferenz ist Heinz Josef Algermissen stellvertretender Vorsitzender der Ökumene-Kommission, außerdem gehört er der Liturgie-Kommission an.

*Fulda und sein Dom sind heute ein wichtiges Zentrum der Kirchenmusik. Seit fast zweihundert Jahren besteht der Domchor, daneben gibt es weitere Ensembles. Das bischöfliche Kirchenmusikinstitut (KMI) in Fulda ist Ausbildungsstätte für nebenberufliche Organisten und Chorleiter.*

# Ratger-Basilika und Michaelskirche

Wo sich heute der Dom erhebt, stand ursprünglich eine Basilika aus dem 9. Jahrhundert. Sie war zwischen 791 und 819 als neue Klosterkirche und als Grabeskirche für die Gebeine des hl. Bonifatius erbaut worden. Ihr Bauherr Ratger, zugleich Abt des Fuldaer Klosters, verwendete dafür die Pläne der großen Pilgerkirche St. Peter in Rom. Auf diese Weise sollte für Bonifatius eine vergleichbare Verehrung begründet werden wie für Petrus in Rom.

Anders als die Ratger-Basilika ist die benachbarte Michaelskirche erhalten geblieben. Sie diente ursprünglich als Totenkapelle für den hier angelegten Mönchsfriedhof.

# Diözese Fulda - Heimstatt des hl. Bonifatius

*Diese Sitzfigur des hl. Bonifatius ist um 1360/1380 im Oberweserraum entstanden. Sie besteht aus Holz und weist eine Reliquienöffnung sowie Reste einer vermutlich nicht ursprünglichen Einfassung auf.*

Die Anfänge der Diözese Fulda sind eng verknüpft mit der Gestalt des hl. Bonifatius, des »Apostels der Deutschen«. 672/673 bei Exeter geboren, ging Winfried, wie der Heilige zuerst hieß, nach seiner Ausbildung in den englischen Benediktinerklöstern Exeter und Nursling auf den Kontinent. Am 15. Mai 719 empfing er von Papst Gregor II. den Missionsauftrag und den Namen Bonifatius, der römische Heilige vom Vortage. Bonifatius wirkte zunächst in Thüringen und Hessen, wo er mehrere Klöster gründete.

722 wurde er in Rom zum Missionsbischof geweiht. Auf Empfehlung des Papstes erhielt er den Schutzbrief des fränkischen Hausmeiers Karl Martell. Weitere Klostergründungen in Hessen und Franken folgten. Um das Jahr 725 fällte er an der hessisch-thüringischen Grenze eine dem heidnischen Gott Donar geweihte Eiche. Hier entstand später das Kloster Fritzlar. 737/38 folgte eine weitere Romreise. Unterstützt durch den bayerischen Herzog Odilo ordnete Bonifatius die Kirche in Bayern mit den Diözesen Passau, Freising, Regensburg und Salzburg, und wenig später gründete er die Diözesen Würzburg, Büraberg, Erfurt und Eichstätt. Karl Martells Söhne Karlmann und Pippin beauftragten ihn 742 als Bischof des östlichen Landesteils Austrien mit der Reform der fränkischen Kirche.

## Klostergründung in Fulda

743 schenkte Karlmann Bonifatius das Wirtschaftsgebiet der alten befestigten Siedlung Fulda für eine Klostergründung. Nach dem Willen des Heiligen sollte hier ein Musterkloster entstehen. Am 12. März 744 pflanzte Bonifatius' Schüler Sturmius das Kreuz. In den folgenden Jahren wurden die erste Kirche und das Kloster er-

### Auf Bonifatius' Spuren

Das Grab des hl. Bonifatius in Fulda ist Ziel der Pilger weit über die Diözesangrenzen hinaus, ebenso das Grab der hl. Elisabeth von Thüringen in Marburg. Neben dem Apostel der Deutschen ist sie die Schutzpatronin der Diözese Fulda. Zum 1250. Todestag des Apostels der Deutschen wurde im Sommer 2004 ein neuer Wander- und Pilgerweg eröffnet. Ausgangs- und Endstation sind Mainz und Fulda. Er führt vom Rheingau an Frankfurt vorbei, durch die Wetterau und am Vogelsberg vorüber bis ins Fuldaer Land.

baut. Am 4. November 751 unterstellte Papst Zacharias Fulda direkt dem Heiligen Stuhl. Damit war es jedem bischöflichen Zugriff entzogen – ganz so, wie Bonifatius es sich für den Ort gewünscht hatte, an dem er auch begraben sein wollte.

Im Jahr 753 brach Bonifatius ins nördliche Friesland auf, wo 716 sein erster Missionsversuch auf dem Kontinent gescheitert war. Im friesischen Dokkum starb er achtzigjährig am 5. Juni 754 den Märtyrertod und wurde in Fulda beigesetzt. An seinem Grab versammeln sich die deutschen Bischöfe alljährlich im Herbst.

## Frühe Bildungsstätte

Noch unter Bonifatius erhielt das Kloster reiche Schenkungen und hatte schon bald Streubesitz zwischen Nordsee und Bodensee, Rhein und Saale. Es lag direkt an der Grenze zwischen den Diözesen Mainz und Würzburg. Die Fuldaer Äbte besaßen das Recht, die meisten der rund siebzig Pfarreien auf ihrem Territorium selbst zu besetzen – beste Voraussetzungen also, um eines Tages selbst Diözese zu werden. Von 791–819 wurden unter Abt Ratger Kirche und Kloster neu gebaut. 820 bis 822 entstand die benachbarte Michaelskirche. Im Jahr ihrer Fertigstellung trat Hrabanus Maurus (780–856) das Amt des Abtes an. Er hatte der Fuldaer Klosterschule zuvor europaweit Ruhm verschafft. Der fruchtbarste Schriftsteller der Karolingerzeit legte in seinem Werk die geistigen Grundlagen des Abendlandes, indem er Antike und germanische Mythologie gleichermaßen verarbeitete. Der deutsche »Tatian« und der »Heliand«, zwei harmonisierende Nacherzählungen der Evangelien, werden mit der Fuldaer Schule in Zusammenhang gebracht. Der »Heliand« ist das erste überlieferte Buchepos in deutscher Sprache.

*Das Glasfenster in der romanischen Pfarrkirche St. Peter zu Fritzlar zeigt den hl. Bonifatius. Diese Darstellung gehört zu einem Zyklus über das Leben des hl. Wigbert von Fritzlar. Im Juli 2004 wurde St. Peter zur Päpstlichen Basilika erhoben.*

Für seine Auslegung des Neuen Testaments zog Hrabanus Maurus auch jüdische Schriften heran.

## Die Äbte werden Reichsfürsten

Im Jahr 927 begann die Amtszeit Abt Hadamars. Mit ihm und seinen Nachfolgern gewannen die Äbte immer mehr an politischer Bedeutung. 940 verlieh Otto I. dem Kloster das Recht auf Zollstätten. 969 wurden die Fuldaer Äbte Primas der Benediktinerabteien für Deutschland und Frankreich, drei Jahre später zu Erzkanzlern jeder Kaiserin – ein Amt von vor allem zeremonieller Bedeutung. Am letzten Tag des Jahres 999 verfügte Papst Silvester II., dass die Fuldaer Äbte ausschließlich vom Papst geweiht und nur in Rom vor Gericht gebracht werden dürfen. Unter Abt Poppo (1014–1018) schließlich wurde das Kloster im Sinne Clunys reformiert.

Im Lauf der Jahrhunderte war auch die Ansiedlung rund um das Kloster stetig ange-

*Vom Kloster Cluny in Burgund ging im 10. Jahrhundert eine Erneuerungsbewegung der Klöster aus: Liturgie, Fürbittengebet und Totengedenken gewannen neben der profanen Arbeit an Bedeutung.*

*Alljährlich treffen sich die deutschen Bischöfe zu einer Vollversammlung in Fulda; diese Aufnahme entstand während des Eröffnungsgottesdienstes der Herbst-Vollversammlung am 22. September 2003.*

*Zum Hochfest des hl. Bonifatius 2004 ist in der Diözese Fulda ein Beiheft zum »Gotteslob« erschienen. Neben alten und bekannten Liedern enthält es auch viel gesungene neue geistliche Lieder.*

wachsen. Seit dem 12. Jahrhundert wurde Fulda als »Stadt« und als »Bürgerschaft« bezeichnet, und im Jahr 1220 wurde der Fuldaer Abt Reichsfürst – der Gipfel der Macht war erreicht.

## Daten & Fakten*

| | |
|---|---|
| Pfarreien und Filialgemeinden | 301 |
| Katholiken | rd. 441 000 |
| Fläche | 10 000 qkm |
| Dekanate | 21 |
| Priester | 409 |
| Ordensleute | 432 |
| Diakone | 32 |
| Gemeindereferenten/-innen | 110 |
| Pastoralreferenten/-innen | 12 |
| Taufen | 3 201** |
| Erstkommunionen | 4 205** |
| Trauungen | 774** |
| Bestattungen | 4 529** |

\* Stand 2004   \*\* Stand 2003

## Erhebung zur Diözese

In den folgenden Jahrzehnten kam es immer wieder zu Auseinandersetzungen mit den Bürgern. 1331 standen die Bürger gegen erhöhte Steuerforderungen des Abtes auf und zerstörten dessen Burg, wurden aber niedergeschlagen.

Um 1500 waren auf den fürstäbtlichen Territorien die Rechte der eigentlich zuständigen Diözesen Mainz und Würzburg weitgehend ausgeschaltet. 1533 scheiterte der Fürstabt mit dem Versuch, in Rom die endgültige Loslösung von den beiden Diözesen zu erreichen. Fortan schufen die Fuldaer Fürstäbte Tatsachen, indem sie sich wie Quasi-Bischöfe verhielten.

Fürstabt Philipp Schenk zu Schweinsberg erließ 1542 eine Reformationsordnung. Die Gegenreformation siegte mit Fürstabt Balthasar von Dernbach: Er rief die Jesuiten nach Fulda, die 1584 das Päpstliche Seminar und eine Jesuitenschule gründeten. Im 17. Jahrhundert berief der Fürstabt häufiger Diözesansynoden ein und visitierte

Pfarreien – beides ist nur einem Bischof gestattet. 1727 setzte er in Rom durch, dass ein Fuldaer Mönch Weihbischof wurde. Dessen Nachfolger wurde 1737 selbst Abt. So war es letztlich nur noch Formsache, als Papst Benedikt XIV. am 5. Oktober 1752 die Fürstabtei Fulda zum Fürstbistum erhob. 1757 wurde es der Mainzer Kirchenprovinz unterstellt.

Nach den Wirren der Französischen Revolution und der Säkularisation kam das Fuldaer Land 1815 an Preußen, 1816 an Kurhessen und mit diesem 1866 wiederum an Preußen. Die südlichen Teile waren 1815 bereits an Bayern gegangen. 1821 wurden die Grenzen der Diözese neu umschrieben: Der auf bayerischem Gebiet liegende Teil wurde der Diözese Würzburg zugeschlagen, andererseits kamen hessische Gebiete hinzu. 1857 wurden die katholischen Gläubigen des Großherzogtums Sachsen-Weimar der Diözese zugeordnet.

Seit 1867 tagt die Deutsche Bischofskonferenz alljährlich in Fulda.

## Neuordnung im 20. Jahrhundert

1929 brachte das Konkordat mit Preußen neue Veränderungen: Drei Viertel des Frankfurter Stadtgebietes gingen an die Diözese Limburg. Von der Diözese Paderborn erhielt Fulda das Kommissariat Heiligenstadt im katholisch geprägten Eichsfeld und das Dekanat Erfurt, das nur einen geringen Katholikenanteil aufwies. Fulda gehörte fortan als Suffragan zur Kirchenprovinz Paderborn.

Im Jahr 1980 besuchte Papst Johannes Paul II. Fulda.

Nach der Wiedervereinigung blieb in den neuen Bundesländern nur das Dekanat Geisa aufgrund seiner historischen Beziehungen bei Fulda, die übrigen Gebiete gingen in der 1994 neu errichteten Diözese Erfurt auf. Heute reicht die Diözese Fulda von Kassel im Norden und Marburg im Westen bis nach Hanau im Südwesten. Sie deckt sich – ausgenommen den Großteil der Frankfurter Region, die Wetterau und den Vogelsberg – überwiegend mit dem Bundesland Hessen. Dazu kommt das Geisaer Land in Thüringen.

Unter den Bischöfen des 20. Jahrhunderts erlangte besonders Erzbischof Johannes Dyba einen großen Bekanntheitsgrad. Er stand der Diözese von 1983 bis zu seinem unerwarteten Tod im Juli 2000 vor und bezog immer wieder deutlich Position zu gesellschaftlich strittigen Themen. Sein Nachfolger wurde im September 2001 Bischof Heinz Josef Algermissen.

*Mit einem Aufkleber – hier auf einer Auto-Windschutzscheibe – wirbt die Diözese Fulda für die Erhaltung des Sonntags – eine Forderung, die angesichts des wirtschaftlichen Strukturwandels aktueller ist denn je.*

# Spirituelles Wachstum

Ein reiches Angebot hält die Diözese Fulda für alle bereit, die Einkehr und geistliches Wachstum suchen. Ob individuelle geistliche Begleitung, Exerzitien in der Gemeinschaft, Kontemplation oder biblische Kurse, ob Exerzitien im Jahreskreis oder speziell für Jugendliche, für Familien, Senioren oder Trauernde – die vielen attraktiven Angebote sind auf der Homepage der Diözese zugänglich gemacht.

## Adresse

**Bischöfliches Generalvikariat**
**Paulustor 5**
**36037 Fulda**
**Tel. 06 61 / 8 70**
**www.bistum-fulda.de**

# Diözese Magdeburg

Otto der Große, der hl. Norbert und die hl. Gertrud – sie prägten die mittelalterliche Geschichte der Diözese, deren besonderer Reichtum die vielen romanischen Kirchen sind.

*Die Bischofskirche der Diözese Magdeburg, Sankt Sebastian, ist mit ihren romanischen Türmen, die von barocken Hauben gekrönt werden, ein Wahrzeichen der Landeshauptstadt von Sachsen-Anhalt. Im Zweiten Weltkrieg stark zerstört, wurde sie bis in die jüngste Vergangenheit umfassend renoviert und wartet heute auch mit moderner religiöser Kunst auf.*

## St. Sebastian in Magdeburg

An den Türmen kann man sie noch erkennen, die romanische Magdeburger Basilika. Um 1170 war sie entstanden – an jener Stelle, an der Erzbischof Gero um 1015 eine Kirche geweiht hatte. Zweimal durch Feuer stark beschädigt, wurde St. Sebastian im 14. und 15. Jahrhundert zu einer gotischen Hallenkirche umgebaut.

Der Dreißigjährige Krieg brachte erneute Zerstörungen, gegen Ende des 17. Jahrhunderts erfolgte der Wiederaufbau. Während der napoleonischen Kriege verkam die Kirche zum Lagerraum. 1873 konnte die katholische Gemeinde in Magdeburg sie zurückkaufen und sanieren. Erstmals seit der Reformation wurde 1878 wieder eine hl. Messe darin gefeiert. St. Sebastian wurde 1949 Hauptkirche des Erzbischöflichen Kommissariats und mit dessen Erhebung zur Diözese im Jahr 1994 Kathedrale.

# Mission und Mystik

Nachdem Karl der Große Sachsen erobert hatte, entstand im Jahr 804 die Diözese Halberstadt, die bereits fünfzig Jahre später wie ein Halbring den östlichen Harz umschloss. Unter den Ottonen entwickelte sich das Gebiet zwischen Harz und Elbe zum Zentrum des Reiches. Otto der Große brachte den Papst 968 dazu, in seiner Lieblingsstadt Magdeburg eine Erzdiözese

## Generalvikar

• Raimund Sternal, Generalvikar

zu errichten, wozu die alte Halberstädter Diözese einen Teil ihres Gebiets abtreten musste. Suffragane waren die in der Refor-

mation untergegangenen Diözesen Brandenburg und Havelberg sowie die neuen Diözesen Zeitz, Merseburg und Meißen. Einen erneuten Anlauf nahm die Missionierung unter den Prämonstratensern. Erzbischof von Magdeburg – und späterer Bistumspatron – wurde 1126 der hl. Norbert von Xanten, der den Orden in die Region brachte. Im Südosten, bei Mansfeld, ließen sich zur selben Zeit Zisterzienserinnen nieder, die schon bald nach Helfta bei Eisleben umsiedelten. Kloster Helfta, heute ein Bildungs- und Exerzitienhaus, ist zwischen 1207 und 1302 berühmt geworden durch die Mystik der sel. Mechthild von Magdeburg, der hl. Mechthild von Hakeborn und der hl. Gertrud von Helfta.

*Aus dem 12. Jahrhundert stammt die Krypta von St. Marien und Nikolaus in Jerichow, einem ehemaligen Prämonstratenserstift. Das Bauwerk gehört zur Straße der Romanik, einer Denkmalsroute in Sachsen-Anhalt, entlang derer 72 zumeist kirchliche Bauzeugnisse des Mittelalters präsentiert werden.*

## Bischof Dr. theol. Gerhard Feige

• Geboren in Halle/Saale am 19. November 1951
• Zum Priester geweiht am 1. April 1978
• Als Bischof von Magdeburg eingeführt am 16. April 2005

**Wahlspruch** *Vigilate et orate – Wachet und betet*

Die Einheit der Christen und die Arbeit an gesellschaftlichen Problemen liegen Gerhard Feige sehr am Herzen. Sein besonderes Interesse aber gilt dem Dialog mit

der Ostkirche. Bereits 1983 erhielt er die Erlaubnis, den Gottesdienst im byzantinischen Ritus zu feiern. Die Denker der Alten Kirche und die ostkirchliche Liturgie waren Thema seiner Lehrtätigkeit als Dozent und Professor an der Erfurter Universität. Seit 1993 gehört er zur Gemeinsamen Kommission der griechisch-orthodoxen Metropolie von Deutschland und der römisch-katholischen Kirche in Deutschland. Auch im Gesprächskreis zwischen Vertretern des Rates der evangelischen Kirche in Deutschland und der Deutschen Bischofskonferenz ist er aktiv. Am 11. September 1999 empfing Gerhard Feige in Magdeburg die Bischofsweihe. In der Deutschen Bischofskonferenz gehört er der Ökumenekommission und der Kommission für Wissenschaft und Kultur an. Als Diözesanadministrator leitete Gerhard Feige das Bistum Magdeburg bereits vor seiner Einführung ins Bischofsamt.

*Bildnis des hl. Norbert von Xanten – er war ab 1126 der dreizehnte Erzbischof von Magdeburg.*

*Hl. Gertrud die Große in einer modernen Darstellung. Sie und ihre Mitschwestern, die sel. Mechthild von Magdeburg und die hl. Mechthild von Hakeborn, haben durch ihre Christusmystik das Kloster Helfta berühmt gemacht.*

### Hl. Norbert – Patron der Diözese Magdeburg

400 Jahre nach seiner Heiligsprechung 1582 ist der hl. Norbert Patron der Magdeburger Kirche geworden. Zwischen 1080 und 1085 in Xanten geboren, war der Adlige zunächst Kleriker und erlebte den Investiturstreit an der Seite von Heinrich V. mit. Nach einer inneren Bekehrung 1115 wurde er Wanderprediger und gründete 1121 den Prämonstratenserorden.

1126 kam er als Oberhirte in die Erzdiözese Magdeburg. Unter seiner Führung wurde aus dem hiesigen Stift Unserer Lieben Frau ein Prämonstratenserkloster und Stützpunkt der Slawenmission. Der Reformgeist, der ihn und seinen Orden beseelte, stieß allerdings nicht nur auf Gegenliebe, zeitweise musste Norbert aus Magdeburg fliehen. Am 6. Juni 1134 starb er nach einer Romreise in Magdeburg. Sein Grab befindet sich heute in der Prager Klosterkirche Strahov.

## Die Reformation kommt nach Mitteldeutschland

Auf dem Gebiet der Diözese Magdeburg liegt Mansfeld, die Stadt, in der Martin Luther seine Kindheit verlebte. 1498 besuchte der spätere Reformator sogar ein Jahr lang die Magdeburger Domschule. Und ein wichtiger Gegner Luthers kam aus Magdeburg: Erzbischof Albrecht, zugleich Erzbischof von Mainz und Administrator von Halberstadt, förderte die Ablasspredigten des Johann Tetzel.

Die Reformation setzte sich in Magdeburg und Halberstadt noch während der Amtszeit von Erzbischof Albrecht durch, der sich schließlich 1541 nach Mainz zurückzog. Die beiden Diözesen gingen in der Folgezeit unter: In der Folge bewahrten siebzehn Klöster und hinzukommende kleinere Missionen den Katholizismus in der Region. Sie waren dem Nuntius in Köln unterstellt und später, wie ganz Nordeuropa, dem »Apostolischen Vikariat der Nordischen Missionen«.

Rings um die verbliebenen Klöster bildeten sich mit der Zeit insgesamt dreizehn kleine katholische Gemeinden. Durch die Seelsorge an Soldaten und Studenten entstanden außerdem vier Missionspfarreien. Nach der Säkularisation 1803 erkannte Preußen alle siebzehn Pfarreien an.

## Die Neuerrichtung der Diözese

Nach der Wiedervereinigung errichtete der Heilige Stuhl am 8. Juli 1994 die Diözese Magdeburg mit St. Sebastian als Kathedrale neu. Es gehört als Suffragan zur

### Daten & Fakten*

| | |
|---|---|
| Pfarreien/ Seelsorgestellen | 186 |
| Katholiken | rd. 120 000 |
| Fläche | 23 000 qkm |
| Dekanate | 10 |
| Priester | 150 |
| Ordensleute | 51 |
| Diakone | 21 |
| Gemeindereferenten/-innen | 58 |
| Taufen | 550 |
| Erstkommunionen | 364 |
| Trauungen | 148 |
| Bestattungen | 1 123 |

* Stand 2004

Erzdiözese Paderborn, womit die historisch gewachsene Verbindung innerhalb Mitteldeutschlands gewahrt bleibt. Erster Bischof wurde Leo Nowak. Er blieb fast genau zehn Jahre lang im Amt, bis Papst Johannes Paul II. am 17. März 2004 sein altersbedingtes Rücktrittsgesuch annahm. Seit dem 16. April 2005 leitet der vormalige Diözesanadministrator Dr. Gerhard Feige die Diözese als neuer Bischof.

Die heutige Diözese Magdeburg folgt in ihren Grenzen größtenteils denen des Bundeslandes Sachsen-Anhalt. Drei Viertel der Einwohner dieses Gebietes gehören keiner Religionsgemeinschaft oder Kirche an – ein Erbe der SED-Herrschaft. Angesichts dessen sind vor allem die drei großen Städte Magdeburg, Halle und Dessau Schwerpunkte kirchlichen Lebens.

Nach wie vor besteht eine enge Partnerschaft zur Erzdiözese Paderborn. Begegnungen zwischen den Diözesen bringen neue Erkenntnisse: Dass beispielsweise die Gemeindeassistenten drei Stunden Fahrt für eine halbe Stunde Katechese mit fünf Kommunionkindern auf sich neh-

*Ein Rollstein aus der Nähe Bethlehems erinnert an die Steine, mit denen im Heiligen Land vor 2000 Jahren Felsengräber verschlossen wurden. Am Ostermontag 2001 nahmen beim bundesweiten Frauenfest mehrere hundert Frauen im Kloster Helfta bei Eisleben den Stein in Empfang. Er war vorher quer durch Deutschland gereist.*

men – typisch für kirchliche Arbeit in der Diaspora. Womit auch gleich ein Markenzeichen der Magdeburger Diözese erwähnt ist: der gelbe »Kirchenbulli«, ohne den zwischen Altmark und Saale-Unstrut nichts läuft.

Etwas Besonderes ist die Stiftung Netzwerk Leben (NL), die Altbischof Leo Nowak als offene Initiative ins Leben gerufen hatte. Sie berät nicht nur Frauen in Schwangerschaftskonflikten, sondern unterstützt auch junge Familien und alleinerziehende Mütter.

*1811 wurde ein Fürstbischöfliches Kommissariat für das Elbe- und Saale-Departement eingerichtet, das ab 1821 der Diözese Paderborn zugehörte – bis 1994, als Magdeburg zur Diözese erhoben wurde.*

## Magdeburger Fußwallfahrt

Alljährlich am 4. August machen sich in Magdeburg Pilger auf den Weg, um zu Fuß binnen zehn Tagen den im Eichsfeld in der heutigen Diözese Erfurt gelegenen Marienwallfahrtsort »Klüschen Hagis« zu erreichen (der Ortsname kommt von »Klüschen« gleich »Eremitenklause« und »Hagis« gleich »Neuenhagen«.) 1982 fand diese Wallfahrt erstmals statt. Sie war ursprünglich eine Alternative zu der polnischen Fußwallfahrt von Warschau nach Tschenstochau, an der immer DDR-Bürger teilgenommen hatten, was nach 1981 infolge des Kriegsrechts in Polen aber unmög-

lich geworden war. Weitere Wallfahrtsorte sind unter anderem das Benediktinerkloster Huysburg bei Halberstadt und Kloster Helfta bei Eisleben.

### Adresse

Bischöfliches Ordinariat
Max-Josef-Metzger-Straße 1
39104 Magdeburg
Tel. 03 91/5 96 10
www.bistum-magdeburg.de

# Erzdiözese Berlin

Großstadtgemeinden und Landpfarreien, Kirche in der Diaspora und die jahrzehntelange politische Teilung Deutschlands: Schwierige gesellschaftliche und politische Bedingungen prägen die Erzdiözese in der Mark Brandenburg und Vorpommern, die zwar jung an Jahren ist, aber auf eine lange Vorgeschichte zurückblicken kann.

*Die St.-Hedwigs-Kathedrale ist Pfarrkirche der Berliner St.-Hedwigs-Gemeinde. Auf ihrem Gebiet liegen weite Teile des neuen Regierungsviertels ebenso wie viele Botschaften. So kommen nicht nur Gemeindeglieder zum Gebet in die Kirche, sondern auch viele ausländische Besucher.*

## St. Hedwig in Berlin

»Kirche der Berliner Katholiken«, so steht es auf einer Münze aus dem 18. Jahrhundert. Gemeint ist die St.-Hedwigs-Kathedrale in Berlin. Ihre Baupläne stammen von Friedrich dem Großen höchstpersönlich. Mitte des 18. Jahrhunderts wollte der Preußenkönig seinen katholischen Untertanen in den östlichen Landesteilen und vor allem der anwachsenden katholischen Bevölkerung in Berlin ein würdiges neues Gotteshaus geben. Dass das vom König entworfene Bauwerk lange Zeit als »umgestülpte Kaffeetasse« bezeichnet wurde, ist eine nette Anekdote. Tatsächlich hat die Berliner St.-Hedwigs-Kathedrale ihre runde Form nach dem Vorbild des Pantheons in Rom erhalten.

Patronin der Kirche ist die hl. Hedwig, die Schutzpatronin Schlesiens – auch dies eine Geste des Königs gegenüber seinen schlesischen Untertanen. 1773 wurde die Kirche geweiht, seit der Gründung der Diözese Berlin 1930 ist sie Bischofskirche. Die Bombenangriffe des Zweiten Weltkriegs brachten schwere Zerstörungen, zwischen 1952 und 1963 konnte die Kirche aber wieder aufgebaut werden. Dabei erhielt sie statt der Holz- eine Betonkuppel, und die Krypta wurde zu einer Unterkirche geöffnet, was dem Zentralraum mehr

## Weihbischof & Generalvikar

- Wolfgang Weider, Weihbischof

- Ronald Rother, Generalvikar

Weite gibt. Sehenswert sind vor allem die Nachbildung der Pietà von 1420 und eine Madonnenfigur aus dem 16. Jahrhundert.

# Mittelalterliche Wurzeln

Im Jahr 1237 wurde ein gewisser Symeon als Pfarrer von Cölln erwähnt. Sieben Jahre später tauchte derselbe Symeon als Propst von Berlin wieder auf. Dieses Jahr gilt als Geburtsjahr der Doppelstadt Cölln-Berlin – damit eng verknüpft ist die Entwicklung des kirchlichen Lebens in der Stadt. Für das Ende des 13. Jahrhunderts sind in Berlin zahlreiche Kirchen, Klöster und Bruderschaften belegt.

Doch die heutige Erzdiözese umfasst mehr als nur die Hauptstadt. Sie reicht von der Nordspitze Rügens bis nach Jüterbog und Frankfurt/Oder im Süden und Osten.

*Als im 14. Jahrhundert mit Ludwig dem Bayern der erste Wittelsbacher gegen den Willen von Papst Johannes XXII. auf den Kaiserthron wollte, führte das in Berlin zu einer Bluttat: 1325 drohte Propst Nikolaus Cyriakus von Bernau den Papstgegnern mit Kirchenstrafen und wurde daraufhin beim Verlassen der St.-Marien-Kirche niedergeschlagen und öffentlich verbrannt. Als Folge verhängte der Erzbischof von Magdeburg ein Interdikt, das über zwanzig Jahre währte und von dem nur die Klöster der Franziskaner und Dominikaner ausgenommen waren: In diesem Zeitraum durften keine Gottesdienste gefeiert werden.*

## Erzbischof
## Georg Kardinal Sterzinsky

- Geboren in Warlack am 9. Februar 1936
- Zum Priester geweiht am 29. Juni 1960
- Als Bischof von Berlin eingeführt am 9. September 1989
- Zum Kardinal erhoben am 28. Juni 1991

(Titelkirche: S. Giuseppe all' Aurelio)

Wahlspruch *Deus semper maior – Gott ist immer größer*

Im Erfurter Priesterseminar ausgebildet, wirkte der gebürtige Ostpreuße Georg Sterzinsky nach seiner Priesterweihe zunächst in Eisenach, Heiligenstadt und Jena, bis er 1981 Generalvikar des Bischöflichen Amtes Erfurt-Meiningen wurde. Von dort wechselte er 1989 als Bischof nach Berlin. Am 28. Juni 1991 empfing er die Kardinalswürde. 1989/90 war er Vorsitzender der Berliner Bischofskonferenz und 1990 bis 1996 Vorsitzender der Arbeitsgemeinschaft der Bischöfe der Region Ost der Deutschen Bischofskonferenz. 1994 wurde Berlin Erzdiözese und Georg Sterzinsky am 27. Juni zum Erzbischof ernannt. In der Deutschen Bischofskonferenz ist der Erzbischof Vorsitzender der Kommission für Ehe und Familie sowie stellvertretender Vorsitzender der Kommission für Seelsorgefragen und der Kommission für Migrationsfragen. Bis 1996 gehörte er darüber hinaus der Ökumenekommission an.

*Diese Schnitzfigur der hl. Hedwig entstand um 1720/30 in Schlesien. Sie steht in der Unterkirche der Berliner St.-Hedwigs-Kathedrale.*

## Frühe Gründungen

Heinrich I. (919–936) und Otto der Große (936–973) unterwarfen die slawischen Stämme westlich von Berlin. 948 errichtete Otto die Diözesen Brandenburg und Havelberg. Der Slawenaufstand von 983 unterbrach den Aufbauprozess jedoch. Mit dem Kreuzzug der Wenden 1147 gelangte das Christentum erneut in die Region, vor allem dank der Prämonstratenser.
Südlich von Berlin trugen vor allem die Zisterzienser den christlichen Glauben ins Land. Sie gründeten das Kloster Lehnin als Hauskloster der Askanier.
Der Bamberger Bischof Otto schließlich missionierte die Gebiete östlich und nördlich von Berlin – die Uckermark und Vorpommern. Um 1140 entstanden hier die Diözesen Kammin und Lebus.
In der Reformationszeit zerfielen die vier Diözesen rund um Berlin – 1540 führte Kurfürst Joachim II. die Reformation in der Mark Brandenburg ein. In Pommern war der Protestantismus bereits fünf Jahre früher zum verbindlichen Bekenntnis ausgerufen worden. Katholische Messen konnten künftig nur noch im Verborgenen gefeiert werden. Daran änderte sich auch während der Gegenreformation nichts.

## Preußische Toleranz

1742 eroberte Friedrich der Große das katholische Schlesien. Der Preußenkönig, ein Anhänger der Aufklärung und jeglichem religiösen Fanatismus abgeneigt, respektierte aufrichtige, altgläubige Frömmigkeit. 1740 erließ er in einer seiner ersten Kundgebungen nach Regierungsantritt die berühmte Randnote: »Die Religionen müssen alle toleriert werden … Hier muss jeder nach seiner Fasson selig werden.« Bis zur formellen Religionsfreiheit dauerte es aber noch einige Jahrzehnte. Erst 1794 mit dem Allgemeinen Landrecht für die preußischen Staaten wurde sie gewährt.
Die Zahl der katholischen Einwohner stieg aber nicht nur durch die Annektion Schlesiens. Katholisch waren oftmals schon die großenteils ausländischen »langen Kerls« und die Gewehrmacher gewesen, die unter dem Vater Friedrichs des Großen, dem Soldatenkönig, für die Leibgarde angeworben worden waren. Der Katholizismus lebte denn auch zuerst in den preußischen Garnisonsstädten wieder auf.

## Fürstbischöfliche Delegatur

1821 errichtete Papst Pius VII. die Fürstbischöfliche Delegatur für Brandenburg und

*Das einstige Kloster Chorin, eine Tochtergründung des Klosters Lehnin, zeugt vor allem mit der berühmten Westfront von der klaren, unverspielten Gotik zisterziensischer Ziegelbauten. Chorin ist heute Bildungsstätte und viel besuchter Ort kultureller Veranstaltungen.*

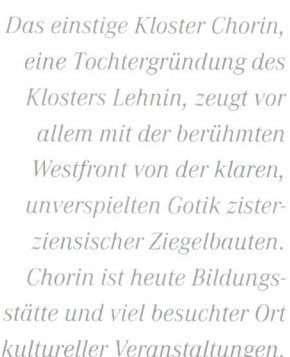

## Widerstand aus christlicher Verantwortung

Während des Dritten Reichs wurden, neben anderen, der Ministerialdirektor Erich Klausener, Vorsitzender der Laienbewegung »Katholische Aktion« in Berlin, und Dompropst Bernhard Lichtenberg zu Blutzeugen: Klausener wurde 1934 in seinem Dienstzimmer erschossen, nachdem er auf dem Märkischen Katholikentag spontan zum Bekenntnis des Glaubens im Alltag aufgerufen hatte.

Bernhard Lichtenberg war dem Regime ebenfalls unbequem: Er leitete das »Hilfswerk beim Bischöflichen Ordinariat Berlin«, wo verfolgte Juden Hilfe fanden, und betete öffentlich für Juden und KZ-Häftlinge. Nach zweijähriger Haft starb er 1943 auf dem Weg ins KZ Dachau. Seine Beisetzung auf dem Domfriedhof St. Hedwig gestaltete sich zu einem überwältigenden Bekenntnis des Glaubens – rund 5 000 Menschen nahmen öffentlich Anteil an seinem Schicksal. 1965 wurden seine Gebeine in die Unterkirche von St. Hedwig überführt.

Das Reichskonkordat vom 20. Juli 1933 schien die Rechte der katholischen Kirche im Dritten Reich zu sichern. Entsprechend optimistisch beurteilten viele deutsche Katholiken zunächst die Perspektiven der Kirche unter den braunen Machthabern.

Doch Verletzungen der Konkordatsverträge und Gewaltakte wie der Mord an Klausener zeichneten bald ein anderes Bild. So äußerte sich der Berliner Bischof Konrad von Preysing (1935 bis 1950 im Amt) stets eindeutig kritisch in Richtung des Unrechtsstaates.

Pommern. Sie umfasste die Pfarreien in Berlin, Potsdam, Spandau, Frankfurt/Oder, Stettin und Stralsund. Delegat des Bischofs von Breslau wurde der Propst von St. Hedwig in Berlin.

In den folgenden Jahrzehnten stieg vor allem in Berlin durch den Zuzug von Industriearbeitern die Zahl der Katholiken. Unter den Priestern ragte Eduard Müller hervor (1818–1895). Er wirkte ab 1852 als Missionsvikar an St. Hedwig und betreute Arbeiter, sozial Schwache und Durchwanderer. 1920 wurden seine Gebeine in die Kirche St. Eduard nach Berlin-Neukölln überführt.

1923 residierte mit Josef Deitmer erstmals ein Weihbischof in Berlin. Immer noch stieg die Zahl der Katholiken. Nicht nur aus Schlesien, auch aus dem Rheinland kamen sie als Arbeitskräfte in die Hauptstadt. Von 1918 bis 1929 wirkte der Priester Carl Sonnenschein als Großstadtseelsorger, Arzt und Sozialarbeiter in einem. Die Grundlagen der Diözese Berlin hat nicht zuletzt er gelegt, auch wenn er dessen Gründung selbst nicht mehr erleben durfte.

## Gründung der Diözese

Am 13. August 1930 gründete Papst Pius XI. die Diözese Berlin. Sie umfasste die Gebiete der früheren Bistümer Havelberg, Brandenburg, Kammin und Lebus. Die Symbole des Bistumswappens erinnern an die vier untergegangenen Diözesen: der Schlüssel für Brandenburg (und den Bistumspatron St. Petrus), Tatzenkreuz und zwei gekreuzte Bischofsstäbe für Havelberg, ein Krückenkreuz (ein Kreuz mit Querbalken an den vier Enden) für Kammin und ein Stern über zwei Bootshaken für Lebus. Erster Bischof war, bis 1933, Christian Schreiber.

*Der Märtyrer Bernhard Lichtenberg wurde am 23. Juni 1996 von Papst Johannes Paul II. im Olympiastadion in Berlin selig gesprochen. Der Papst nannte den Gottesdienst eine »Gnadenstunde für die Kirche«. Das Foto zeigt die Videowand des Olympiastadions mit dem überlebensgroßen Porträt Bernhard Lichtenbergs, darunter die voll besetzten Ränge.*

*Nach 1945 sind die östlich der Oder gelegenen Bistumsteile von Lebus und Kammin eigene polnische Bistümer geworden.*

## Diözese im geteilten Deutschland

Nach dem Zweiten Weltkrieg gelang es den – nunmehr im Westteil residierenden – Bischöfen Berlins zunächst, den Zusammenhalt über die Sektorengrenzen hinweg zu erhalten. Es gab in der DDR auch keinen stalinistischen Kirchenkampf wie in anderen Ostblockstaaten. 1952 erhielt Erfurt ein Priesterseminar. Im selben Jahr und 1958 fanden in beiden Stadthälften Berlins gesamtdeutsche Katholikentage statt.

1957 nahm Julius Kardinal Döpfner den Berliner Bischofssitz ein. Er galt den DDR-Behörden als »NATO-Bischof«, und schon bald wurde ihm der Zutritt zu den Diaspora-Gemeinden außerhalb Berlins verwehrt. Durch Rundfunkansprachen versuchte er den Kontakt zu den Gläubigen zu halten. Im Sommer 1961, kurz vor dem Mauerbau, der auch so manche Pfarrei durchschnitt, berief der Papst ihn zum Erzbischof der Erzdiözese München und Freising. Sein Nachfolger, der spätere Kardinal

*Das Erbe der kirchenfeindlichen SED-Herrschaft wirkt bis heute nach und erfordert besondere Anstrengungen. So hat die Erzdiözese Berlin gemeinsam mit der Diözese Osnabrück und der Deutschen Bischofskonferenz ein Internetangebot für Menschen eingerichtet, die erwägen, wieder in die katholische Kirche einzutreten. Unter der Adresse www.kircheneintrittsstelle.de findet der Besucher alles, was diesen Schritt erleichtert.*

### Daten & Fakten*

| | |
|---|---|
| Kirchengemeinden | 111 |
| Katholiken | rd. 380 000 |
| Fläche | 31 200 qkm |
| Dekanate | 18 |
| Priester | 438 |
| Ordensleute | 429 |
| Diakone | 27 |
| Gemeindereferenten/-innen | 84 |
| Pastoralreferenten/-innen | 23 |
| Taufen | 2 119** |
| Erstkommunionen | 2 329** |
| Trauungen | 463** |
| Bestattungen | 2 625** |

* Stand 2004    ** Stand 2003

Alfred Bengsch, residierte in Ostberlin, durfte aber mehrmals im Monat die Gemeinden im Westteil der Stadt besuchen. 1963 wurde die im Krieg zerstörte St.-Hedwigs-Kirche wieder geweiht.

*Papst Johannes Paul II. am Grab von Bernhard Lichtenberg in der St.-Hedwigs-Kathedrale am 23. Juni 1996.*

Nach Alfred Bengschs frühem Tod 1979 wurde der Erfurter Weihbischof Joachim Meisner Bischof in Berlin. Zum fünfzigjährigen Jubiläum im Jahr 1980 erhielt die Diözese eine Statue ihres Patrons, des hl. Petrus, von Papst Johannes Paul II. zum Geschenk; sie ist heute in St. Hedwig zu bewundern.

1983 erhob der Papst Bischof Joachim Meisner – wie viele von dessen Vorgängern auf dem Berliner Bischofsstuhl – zum Kardinal. Auch Meisners Nachfolger ab 1989, Georg Sterzinsky, erhielt zwei Jahre nach Amtsantritt die Kardinalswürde.

### Rangerhöhung zur Erzdiözese

Nach der Wiedervereinigung wurde die Kirchenlandschaft in Deutschland neu geordnet, und Berlin stieg 1994 zur Erzdiözese auf, als Suffragane sind ihr seitdem die Diözesen Dresden-Meißen und Görlitz zugeordnet.

Starke Gegensätze prägen nach wie vor die Erzdiözese: auf der einen Seite eine Metropole von Weltrang, auf der anderen Seite die Pfarreien in den Dörfern und

*Beim Ökumenischen Kirchentag in Berlin im Mai 2003 segneten Erzbischof Georg Kardinal Sterzinsky (links) und Wolfgang Huber, evangelischer Bischof in Berlin (rechts), gemeinsam die Gläubigen zum Abschluss eines Gottesdienstes auf dem Gendarmenmarkt.*

Kleinstädten auf dem Land. Dazu kommt das Erschwernis der Diaspora, und immer noch gilt es, nach dem Ende der Teilung Deutschlands nicht nur innerhalb der Kirche das Zusammenwachsen zu gestalten. Dieses Zusammenwachsen besitzt auch eine europäische Perspektive. So bestehen intensive Kontakte nach Polen und Russland. Mehrere Priester sind in die ehemalige Sowjetunion beurlaubt.

Einen starken Akzent setzt Berlin in der Bildungsarbeit: Die 1990 gegründete Katholische Akademie bietet ein Forum für religiöse wie auch politische Gespräche.

*Ein Dauerthema ist in Berlin der Religionsunterricht. Bislang stellt er gemäß der »Bremer Klausel« ein freiwilliges Angebot der Kirchen dar, das großenteils das Land Berlin finanziert. Im Jahr 2005 wurde diskutiert, zusätzlich ab Klasse 7 verpflichtend und ohne Abmeldemöglichkeit das Fach Ethik einzuführen. Die Kirchen befürchteten, dass in diesem Fall nur noch wenige Schüler und Schülerinnen das Angebot des Religionsunterrichtes wahrnehmen würden. Eine Entscheidung war bis Redaktionsschluss noch nicht gefallen.*

# Wallfahrten und Bußgänge

Wer heute zur Obstblüte nach Werder fährt, der sollte der Zisterzienser von Lehnin gedenken: Sie haben im Mittelalter den Obstanbau an der Havel eingeführt. Werder ist auch Ort einer kleinen kirchlichen Wallfahrt: Die Muttergottes in der dortigen Kirche Maria Meeresstern wird jährlich am Sonntag nach Mariä Himmelfahrt aufgesucht.

Aber nicht nur Marienkirchen überall im Land wie etwa die Schutzmantelmadonna in Alt-Buchhorst oder Maria Frieden in Mariendorf sind Ziel der Gläubigen. Bußgänge finden beispielsweise auch zum

Grab von Dompropst Bernhard Lichtenberg in St. Hedwig statt, und auf dem Gelände des ehemaligen KZ Sachsenhausen werden Sühnegottesdienste gefeiert.

## Adresse

Erzbischöfliches Ordinariat
Niederwallstraße 8–9
10117 Berlin
Tel. 0 30 / 32 68 40
www.erzbistum-berlin.de

# Diözese Dresden-Meißen

Zwei Städte als Brennpunkte, ein barockes Kloster im Dreiländereck Deutschland – Polen – Tschechien und die sorbische Tradition: Das sind nur einige besondere Merkmale dieser Diözese.

*Ss. Trinitatis (rechts), seit jeher auch »Hofkirche« genannt, ist erst seit 1980 Bischofskirche – als die Diözese den Doppelnamen Dresden-Meißen bekam – und löste damit St. Petri in Bautzen ab. Dort, in der Oberlausitz, hatte sich ab 1220 ein zweiter, östlicher Mittelpunkt der Diözese Meißen entwickelt.*

## Ss. Trinitatis in Dresden

Sie ist die größte Kirche in Sachsen und zugleich der jüngste Barockbau in Dresden: die Hofkirche.
Mitte des 18. Jahrhunderts wurde sie nach Plänen von Gaetano Chiaveri erbaut und 1751 der Heiligsten Dreifaltigkeit geweiht.

Chiaveri holte seine Bauleiter und Steinmetzen aus seiner italienischen Heimat – trotzdem verließ er Dresden nach Jahren enttäuscht und mit dem Gefühl, er sei in seinen Bemühungen nicht unterstützt worden.

Von außen wirkt der im spätrömischen Barock gehaltene Bau fast verspielt. 78 Steinfiguren von Lorenzo Mattielli – Apostel, Heilige, Kirchenfürsten – zieren die Balustraden und Nischen. Im Inneren fehlen die für den Barock typischen Deckengemälde und die farbige Marmorierung; ein frühklassizistischer Einfluss ist unverkennbar, das einfallende Licht betont die Bogenarchitektur. Nur die vier Eckkapellen sind üppig verziert.

## Weihbischof & Generalvikar

- Georg Weinhold, Weihbischof

- Dr. Konrad Zdarsa, Generalvikar

Im Zweiten Weltkrieg wurde bei den Angriffen auf Dresden auch die Hofkirche stark in Mitleidenschaft gezogen. 1968 erstand sie in alter Schönheit wieder.

# Meißen – Bautzen – Dresden

Mit der Gründung der Diözese Meißen im Jahr 967 begann die offizielle Kirchengeschichte in der Region. Ein Jahr später wurde der Meißener Burgkaplan Burchard erster Bischof. Die ersten Jahrhunderte in der Geschichte der Diözese waren bestimmt von der weiteren Christianisierung durch die Ostkolonisation.

Von 1399 bis 1994 war die Diözese Meißen, bis dato dem Magdeburger Metropolitanverband zugehörig, unmittelbar dem Heiligen Stuhl unterstellt.

*Mit der Reformation endete 1581 die Geschichte der katholischen Diözese Meißen: Das Domkapitel wählte den evangelischen Kurfürsten zum neuen Kirchenherrn, die Klöster wurden säkularisiert. Nur in der zu Böhmen gehörenden Lausitz bestand der Katholizismus weiter, der Bautzener Domdekan Johan Leisentrit wurde als Apostolischer Administrator prägend für das katholische Leben in der Diaspora.*

## Bischof Joachim Reinelt

- Geboren am 21. Oktober 1936 in Neurode / Niederschlesien
- Zum Priester geweiht am 29. Juni 1961
- Als Bischof von Dresden-Meißen eingeführt am 20. Februar 1988

Wahlspruch *Jesus in medio – Wo zwei oder drei in meinem Namen versammelt sind, da bin ich mitten unter ihnen*

»Meine Vision vom Bistum Dresden-Meißen ist: Im Glauben froh gewordene Christen, die nicht schweigen können von dem, was sie gehört und gesehen haben.« In seinem Hirtenwort zu Ostern 2004 betonte Bischof Joachim Reinelt den unverzichtbaren Beitrag, den christlicher Glaube und christliche Werte für die Gesellschaft leisten. »Statt der Anpassung brauchen wir Mut zum Kontrast. Die christliche Sicht von den Dingen und Geschehnissen wird häufig besser angenommen, als wir meinen.«

Joachim Reinelt, der gebürtige Niederschlesier, gehörte als Pfarrer in Freiberg einer Teampfarrei an, bevor er als Pfarrer und später als Dekan in Altenburg wirkte. 1986 ging er als Direktor der Diözesancaritas nach Dresden. Am 20. Februar 1988 wurde er zum Bischof geweiht. In der Deutschen Bischofskonferenz steht er der Caritaskommission vor und ist stellvertretender Vorsitzender der Kommission Gesellschaft und Soziales.

*Hl. Benno – hier in einer modernen Reliefdarstellung, die im Bischöflichen Ordinariat in Dresden bewundert werden kann.*

### Hl. Benno – Patron der Diözese Dresden-Meißen

Schutzpatron der Diözese Dresden-Meißen ist der hl. Benno (gestorben 1106). Sein Name bedeutet »der Bärenstarke«. Er übernahm um 1066 die Diözese Meißen. Im Investiturstreit stellte er sich auf die Seite des Papstes: König Heinrich IV. ließ ihn absetzen. Durch Vermittlung von Clemens III., dem während des Investitur-streits von Heinrich eingesetzten Gegen-papst, bekam Benno seine Diözese wieder. Der Legende nach wurde der Dom-schlüssel in Meißen unter den Kiemen eines großen Fisches entdeckt. Deshalb zeigen viele Darstellungen den hl. Benno oft mit Schlüssel und Fisch. Unter dem Eindruck der Reformation wurde Benno heilig gesprochen, seine Gebeine sind heute in der Münchener Frauenkirche bei-gesetzt.

# Wiedererrichtung der Diözese

1921 errichtete Rom die Diözese Meißen wieder. Das war nicht zuletzt dem Wirken von Bischof Franz Löbmann zu verdanken, dem Apostolischen Administrator in Bautzen. Bischofssitz war St. Petri in Bautzen, erster Bischof wurde Christian Schreiber.

### Leben in Unfreiheit

Während des Dritten Reichs wurden von 185 Priestern 36 inhaftiert, elf kamen ins KZ. Nach 1945 gehörte die Diözese Meißen zur sowjetischen Besatzungszone. Durch die Flüchtlingsströme aus dem Osten er-höhte sich die Zahl der Katholiken vor-übergehend um nahezu das Doppelte. Be-schädigte und zerstörte Kirchen wurden renoviert und ein vielfältiges seelsorger-liches Netz entstand.

Auf Bischof Heinrich Wienken folgte 1958 Bischof Otto Spülbeck. Unter seiner Ägide begann 1969 die erste Diözesansynode nach dem Zweiten Vatikanischen Konzil. Ihr schloss sich die Pastoralsynode der Jurisdiktionsbezirke in der DDR an, die bis 1975 sieben Mal in der Hofkirche zu Dresden tagte. 1970 starb Bischof Spülbeck, Gerhard Schaffran trat seine Nachfolge an (bis 1987).

1980 wurde der Bischofssitz von Bautzen nach Dresden verlegt und die Diözese in »Bistum Dresden-Meißen« umbenannt. Sieben Jahre später fand zum ersten und einzigen Mal ein DDR-weites Katholiken-treffen in Dresden statt. Wiederum ein Jahr später wurde Caritasdirektor Joachim Reinelt zum Bischof ernannt. Er steht der Diözese bis heute vor.

1994, vier Jahre nach der Wiederver-einigung war Dresden Schauplatz des 92. deutschen Katholikentages.

*Der Dresdner Zwinger entstand Anfang des 18. Jahrhunderts. In dieser Zeit lebte der Katholizismus in Dresden wieder auf. Den Grund dafür hatte der sächsische Kurfürst August der Starke gelegt: 1697 war er zum katholischen Glauben übergetreten, um die polnische Königskrone empfangen zu können.*

## Daten & Fakten*

| | |
|---|---|
| Pfarreien | 121 |
| Katholiken | rd. 147 000 |
| Fläche | 16 934 qkm |
| Dekanate | 9 |
| Priester | 266** |
| Ordensleute | rd. 220 |
| Diakone | 7** |
| Gemeindereferenten/-innen | 54 |
| Taufen | 1 048 |
| Erstkommunionen | 823 |
| Trauungen | 321 |
| Bestattungen | 1 489 |

\* Stand 2003    \*\* Stand 2004

## Neue Kirchenbauten

Nach der Wiedervereinigung wurden über 25 Kirchen neu gebaut, weil die alten Villen oder ehemaligen Gasthaussäle, die bisher als Kapellen gedient hatten, baufällig waren oder an andere Eigentümer übergeben werden mussten. Die Seelsorge ist heute geprägt von der Diasporasituation und einem säkularen Umfeld. Deshalb werden besonders die Kinder und Jugendlichen angesprochen, um die Zukunft der Gemeinden zu sichern. Neben der örtlichen Ministranten- und Jugendarbeit erleben die Kinder den katholischen Glauben in der Religiösen Kinderwoche (RKW), die jedes Jahr in allen Pfarreien stattfindet. Die RKW gab bereits zu DDR-Zeiten.

*Das Zisterzienserkloster St. Marienthal, erbaut im böhmischen Barock, ist bis heute ein bedeutendes geistliches Begegnungszentrum, das auch über die Grenzen nach Polen und Tschechien wirkt.*

## Begegnungszentren im Dreiländereck

In den beiden Zisterzienserinnenabteien St. Marienstern und St. Marienthal in der Oberlausitz ist die klösterliche Tradition seit über 700 Jahren ungebrochen. 1992 stifteten die Schwestern die leer stehenden Wirtschaftsgebäude des Klosters, damit ein internationales Begegnungszentrum entstehen konnte.

## Sorbisches Osterreiten

Zwischen Bautzen und Kamenz leben die Sorben. Sie haben ihre Bräuche über die Jahrhunderte hinweg bewahrt und mit dem katholischen Glauben verknüpft. Einer dieser katholisch-sorbischen Bräuche ist das Osterreiten: Am Ostersonntag verkünden Reiterprozessionen die Auferstehung Christi. Das Zweite Vatikanische Konzil hat die sorbische Sprache übrigens als liturgische Sprache anerkannt!

## Wallfahrtsorte

Alle zwei Jahre begeben sich viele Katholiken der Diözese auf eine Bistumswallfahrt. Oft führt sie nach Rosenthal in der Oberlausitz.
Ein zweiter bedeutender Wallfahrtsort ist Wechselburg an der Mulde. Die dortige Stiftskirche ist für ihr romanisches Triumphkreuz bekannt.

## Adresse

Bischöfliches Ordinariat
Käthe-Kollwitz-Ufer 84
01309 Dresden
Tel. 03 51 / 3 36 46 00
www.bistum-dresden-meissen.de

*Lebendiges Brauchtum: die sorbischen Osterreiter bei einer Prozession am Ostersonntag.*

# Diözese Görlitz

Am Rande Deutschlands gelegen, aber im Zentrum historischer Ereignisse – das kennzeichnet die Diözese Görlitz, die jüngste Diözese Deutschlands. Der Brückenschlag nach Polen ist eine ihrer großen Zukunftsaufgaben.

*St. Jakobus, die Kathedralkirche der Diözese Görlitz, ist eine vergleichsweise junge Kirche – sie wurde erst im Jahr 1900 geweiht. Die Geschichte des christlichen Glaubens in der Region allerdings reicht gut tausend Jahre zurück: Im 10. Jahrhundert unterwarfen Heinrich I. und Otto der Große die in der Lausitz ansässigen Slawen und schufen erste kirchliche Zentren.*

## St. Jakobus in Görlitz

Im Süden von Görlitz erhebt sich der neugotische Backsteinbau von St. Jakobus. Am 6. Oktober 1900 konsekriert, ist die dreischiffige Kathedrale dem hl. Jakobus d. Ä. geweiht, dem Apostel der Pilger. Ursprünglich diente sie als Filialkirche der Pfarrei Heilig Kreuz.

1918 entstand jedoch unter dem Breslauer Fürstbischof Kardinal Adolf Bertram rings um die Kirche die neue Pfarrei St. Jakobus. In den letzten Tagen des Zweiten Weltkriegs wurde die Kirche durch Artilleriebeschuss stark beschädigt. Erst im März 1946 fand in einer Notkapelle unter der Orgelempore wieder ein Gottesdienst statt, gut ein Jahr später dann der erste Nachkriegsgottesdienst im Hauptschiff.

Nachdem 1972 die selbstständige Apostolische Administratur Görlitz entstanden war, wurde St. Jakobus ein Jahr später Pro-Kathedrale.

Seit der Errichtung der Diözese Görlitz vier Jahre nach der Wiedervereinigung ist sie Bischofskirche.

# Diözese in der Diaspora

Angesichts der Situation einer Diasporakirche und der Brüche durch die Abtrennung von Breslau leistete der Görlitzer Kapitelsvikar und spätere Bischof Ferdinand Piontek eine bemerkenswerte organisatorische und geistliche Aufbauarbeit. Er stärkte damit nicht nur die bereits ansässigen Katholiken, sondern half auch den vielen Flüchtlingen, hier heimisch zu werden – machten die Katholiken 1950 doch rund zehn Prozent der Gesamtbevölkerung aus.

Mit achtzig Jahren empfing Ferdinand Piontek 1959 die Bischofsweihe. 1963 starb er hoch angesehen; seine volkstümlichen Predigten werden zur Freude der Gläubigen bis heute zitiert. Ferdinand Pionteks Nachfolger als Kapitelsvikar wurde Weihbischof Gerhard Schaffran. Ab 1970 war er zugleich Bischof von Meißen. 1972 wurde das Erzbischöfliche Amt in Görlitz per Beschluss des Vatikans von der Erzdiözese Breslau getrennt, und es begann die rund zwanzigjährige Geschichte der Apostolischen Administratur Görlitz.

## Generalvikar

- Hubertus Zomack, Generalvikar

Der mittlerweile emeritierte Bischof Bernhard Huhn, der in Neuzelle seine Priesterweihe empfangen hat, übernahm die Leitung, die Kirche St. Jakobus in Görlitz wurde Pro-Kathedrale. 1994 wurde der vormalige Weihbischof Rudolf Müller als Diözesanbischof in sein Amt eingeführt.

*Anfang des 15. Jahrhunderts kritisierte der tschechische Theologe Jan Hus den Reichtum der Kirche und erkannte nur die Bibel als gültige Instanz an. Seine Verurteilung und Verbrennung auf dem Konstanzer Konzil 1415 war ein Auslöser der böhmischen Freiheitsbewegung. In den folgenden Schlachten belagerten die Hussiten auch Görlitz, das sich gegen die hussitische Reformbewegung gestellt hatte, zerstörten es aber nicht.*

*1520 bereits wurde in Görlitz die erste evangelische Predigt gehalten, wenige Jahre später die Reformation offiziell eingeführt. Nach einigen Jahrzehnten gab es in der Region nahezu keine katholischen Spuren mehr.*

## Bischof Rudolf Müller

- Geboren in Schmottseiffen am 24. Juni 1931
- Zum Priester geweiht am 17. Juli 1955 in Neuzelle
- Als Bischof von Görlitz eingeführt am 3. September 1994

Wahlspruch *In gratia cantantes deo – Ihr seid in Gnade, darum singet Gott*

Die Kirchenmusik liegt Rudolf Müller besonders am Herzen. Sogar im Bischofswappen kommt die Musik vor – als Orgelprospekt. Ein weiteres Symbol in diesem Wappen erinnert an die Verbundenheit des Bischofs mit St. Jakobus: der Pilgerstab. Und auch ein aufgeschlagenes Evangelienbuch ist abgebildet: zur Erinnerung an Rudolf Müllers Tätigkeit als theologischer Lehrer und Rektor des Katechetenseminars Görlitz und als Ökumenereferent.

Nach seiner Priesterweihe war Rudolf Müller als Kaplan in Wittichenau, Hoyerswerda und Görlitz tätig, bevor er 1964 das Görlitzer Katechetenseminar übernahm. 1972 wurde Rudolf Müller Ordinariatsrat und Leiter des Seelsorgeamtes. Ab 1987 stand er als Weihbischof dem damaligen Diözesanbischof Bernhard Huhn zur Seite, den er 1994 ablöste. Innerhalb der Deutschen Bischofskonferenz gehört Rudolf Müller der Kommission für weltkirchliche Aufgaben an.

## Die Gründung der Diözese

Mit der Wiedervereinigung stellte sich auch die Frage nach einer Neuordnung der katholischen Kirche auf dem Gebiet der früheren DDR. Am 8. Juli 1994 erhob Papst Johannes Paul II. die Apostolische Administration Görlitz zur Diözese. Sie ist als Suffragan der Erzdiözese Berlin zugeordnet. Erster Bischof wurde Rudolf Müller, der dieses Amt bis heute bekleidet.

Die Diözese Görlitz gehört jeweils zur Hälfte zum Freistaat Sachsen und zum Land Brandenburg. Sie reicht vom touristisch attraktiven Biosphärenreservat Spreewald im Norden bis zum Oberlausitzer und Zittauer Bergland im Süden.

Während die Bevölkerung auch nach dem Ende der Flüchtlingsströme noch anwuchs, weil der Staat den Zuzug von Arbeitskräften in die Zentren der Kohle-, Stahl- und Kunstfaserindustrie förderte, hat sich die Tendenz seit einigen Jahren umgekehrt. Außerhalb der industriell geprägten Ballungszentren um Senftenberg, Hoyerswerda und Cottbus sind weite Landstriche ohnehin dünn besiedelt. Und viele Menschen verlassen nach wie vor die Region. Der Bevölkerungsrückgang und das säkulare Umfeld als Erbe der DDR haben die Situation der Kirche in der Diaspora nicht einfacher gemacht.

Die Tradition des Ordenslebens ist gleichwohl ungebrochen. Acht weibliche Konvente und Säkularinstitute gibt es in der Diözese, dazu ein Männerkloster der Franziskaner. Drei Einkehr- und Bildungshäuser stehen kirchlichen und nicht kirchlichen Gruppen offen.

*Zum Gebiet der Diözese gehört auch der Spreewald. Die idyllischen Fahrten mit den flachen Kähnen auf den weit verzweigten Kanälen sind eine weithin bekannte touristische Attraktion.*

# Projekt »Bistumsbibel«

2003, im Jahr der Bibel, ist in der Diözese Görlitz eine handgeschriebene Bibel entstanden.

Im Rahmen dieses Projektes haben zum Beispiel zwölf Menschen in Eisenhüttenstadt das Buch Exodus abgeschrieben – der jüngste dieser »Schreiber« war 40, der älteste 75 Jahre alt.

Der allerjüngste Beitrag zu dem ehrgeizigen Projekt kam aus Gröditsch: Dort hat ein fünfjähriges Kind im besten Vorschulalter einige Wörter aus dem Buch Rut beigetragen.

Und den 1. Johannesbrief hat eine Blinde für die Bistumsbibel in Blindenschrift abgeschrieben.

## Hl. Hedwig – Patronin der Diözese Görlitz

Die Diözese Görlitz ist dem Schutz der hl. Hedwig anvertraut. 1174 im bayerischen Andechs geboren, wurde Hedwig zwölfjährig mit Heinrich I., dem Sohn des Herzogs Boleslaus I. von Schlesien, verheiratet. Als Herzogin von Schlesien wirkte sie fortan in ihrer neuen Heimat. Ihre religiöse Überzeugung, aber auch ihr soziales Wirken für Arme, Kranke und Waisen begründeten bald ihren Ruhm.

Nach dem Tod ihres Mannes zog Hedwig sich zu den Zisterzienserinnen in Trebnitz zurück, wo sie 1243 starb. Papst Clemens IV. sprach sie bereits 1267 heilig.

Weil Hedwig sich für ein friedliches Zusammenleben und für die Verständigung von Deutschen und Polen in Schlesien eingesetzt hat, wird sie in beiden Nationen gleichermaßen verehrt.

# Brückenschlag über die Neiße

»Das Bistum Görlitz ist zwar zahlenmäßig sehr klein, hat aber wegen seiner besonderen Geschichte und der östlichen Grenzlage keine geringe Bedeutung.« Mit diesen Worten begrüßt Bischof Rudolf Müller die Besucher der Homepage seiner Diözese. Ihrer Bedeutung trägt die Diözese durch intensive Kontakte nach Polen Rechnung.

### Daten & Fakten*

| | |
|---|---|
| Pfarreien | 47 |
| Katholiken | rd. 35 000 |
| Fläche | 9 733 qkm |
| Dekanate | 3 |
| Priester | 73 |
| Ordensleute | 101 |
| Diakone | 6 |
| Gemeindereferenten/-innen | 14 |
| Taufen | 197** |
| Erstkommunionen | 197** |
| Trauungen | 81** |
| Bestattungen | 331** |

\* Stand 2004   \*\* Stand 2003

Sie wurden schon vor der Wende und unabhängig von ideologisch verordneter Freundschaft zwischen kommunistischen »Bruderstaaten« geknüpft: Seit 1972 nahmen Pfarrer aus Zgorzelec an Görlitzer Fronleichnamsprozessionen teil, und an den Vormittagen dieses Feiertages hielt Bischof Bernhard Huhn auf polnischer Seite Gottesdienst. Seit 1990 finden die Prozessionen grenzüberschreitend statt. Nachdem die deutschen Franziskaner aus Görlitz fortgegangen sind, besteht hier ein Konvent aus drei polnischen Brüdern. Auch die Pfarrgemeinden beiderseits der Grenze laden einander regelmäßig ein. Seit 1991 existiert ein bischöflicher Hilfsfonds für kirchliche Mitarbeiter und Jugendliche, die die polnische Sprache erlernen möchten.

Feiern schaffen ein fruchtbares Miteinander. Seit 1993 treffen sich die Seelsorger beiderseits der Neiße zum deutsch-polnischen Stadtkonvent. Auch die Kirchenchöre kommen zusammen. 1998 stiftete die Diözese Görlitz für die in Zgorzelec neu gegründete Pfarrei St. Hedwig eine Glocke.

*Uli Warnatsch betreut als kirchlicher Sozialarbeiter die Görlitzer Jugendlichen. Abends schlüpft er in die Rolle des Nachtwächters, und setzt seine Arbeit auf den Straßen der Stadt fort.*

# Wallfahrten

Gemeinsame Pilgerfahrten und Wallfahrten sind gerade in der Diaspora von großer Bedeutung.
Alljährlich im Juni und im September führen eine Jugend- und eine allgemeine Fußwallfahrt von Wellmitz nach Neuzelle. Anlässlich der Fußwallfahrt 2003 kam erstmals die handgeschriebene Bistumsbibel zum Einsatz.
Jedes Jahr im Mai findet eine große Fußwallfahrt von Spremberg nach Bloischdorf statt.

Auch ökumenische Fußwallfahrten stehen auf dem Programm.

### Adresse

Bischöfliches Ordinariat
Carl-von-Ossietzky-Straße 41/43
02826 Görlitz
Tel. 0 35 81/4 78 20
www.bistum-goerlitz.de

*Auch in der noch jungen Diözese Görlitz leben alte Traditionen fort: Sternsinger der St.-Hedwig-Gemeinde aus Neuhausen auf dem Sternsinger-Empfang des Bundeskanzlers.*

# Erzdiözese Hamburg

Die Erzdiözese Hamburg hat eine lange Geschichte: Gegründet vom hl. Ansgar, in der Reformation untergegangen und nach der Wiedervereinigung neu errichtet, gibt sie heute dem Katholizismus im Norden ein festes Fundament.

*Im belebten Hamburger Stadtteil St. Georg liegt die Bischofskirche St. Marien, nur einen Steinwurf vom Hauptbahnhof entfernt. Auch wenn er wesentlich älter aussieht – der Dom aus Backstein ist erst gut hundert Jahre alt.*

## St. Marien in Hamburg

Der Dom der Erzdiözese Hamburg lädt zum Innehalten und Besinnen ein. Seine neoromanischen Backsteinbögen und die hellen, warmen Farben schenken dem Besucher Geborgenheit.

Über dem Altar spannt sich das Gewölbe wie ein Baldachin. »Aufgefahren ist Maria in den Himmel«, steht im Apsismosaik, das einem Vorbild in Sta. Maria Maggiore in Rom nachempfunden ist.

St. Marien, eine kleinere Backsteinversion des Bremer Doms, wurde am 28. Juni 1893 geweiht.

Das Kreuz mit vergoldetem Corpus am dunklen Holz der Mooreiche stammt von dem zeitgenössischen Bildhauer Hainz-Gerhard Bücker aus Vellern/Westfalen. Seit Februar 2004 hängt eine Kopie des Ansgar-Bildes aus der evangelischen Hauptkirche St. Petri in St. Marien. Ansgar ist der Gründungsheilige und erste Bischof der Erzdiözese Hamburg.

Die Kopie wurde von der protestantischen Bischöfin Maria Jepsen anlässlich des Ansgartages am 4. Februar 2004 an Erz-

## Weihbischöfe & Generalvikar

- Dr. Hans-Jochen Jaschke, Weihbischof
- Norbert Werbs, Weihbischof
- Franz-Peter Spiza, Generalvikar

bischof Werner Thissen übergeben. Beide Kirchen, die evangelische wie die katholische, bringen mit dieser Geste zum Ausdruck, dass sie sich der Tradition des Gründungsheiligen der Stadt Hamburg verpflichtet fühlen.

## Erzbischof Dr. theol. Werner Thissen

- Geboren in Kleve am 3. Dezember 1938
- Zum Priester geweiht am 29. Juni 1966
- Als Erzbischof von Hamburg eingeführt am 25. Januar 2003

Wahlspruch *In Christo nova creatura – In Christus eine neue Schöpfung*

»Was gibt es Neues?« Mit dieser Frage begann der neue Erzbischof seine Predigt anlässlich der Amtseinführung. Um klar zu machen: Neues erfahren, neu werden, das ist ein wesentlicher Teil christlichen Lebens. Sich immer wieder neu zu bekehren, das eröffnet eine dreifach gute Beziehung: zu Gott, zu den Mitmenschen und zu sich selbst. »Nicht, dass damit alle

Probleme gelöst wären«, schränkt Werner Thissen ein. »Aber sie erhalten einen anderen Stellenwert.«

Glaube als Beziehung: Dieses seelsorgerliche und im besten Sinne fromme Thema zieht sich durch die Biografie des am Niederrhein geborenen Oberhirten, der 1974 in Münster promoviert wurde. 1977 übernahm Werner Thissen die Hauptabteilung Seelsorge im Bischöflichen Generalvikariat Münster, bekam bald darauf die Personalverantwortung hinzu und wurde 1986 Generalvikar in Münster. 1999 erfolgte die Bischofsweihe. Als Seelsorger wie als Verwaltungschef erfahren, löste er Anfang 2003 in Hamburg den damaligen Erzbischof Ludwig Averkamp ab, der mit 75 Jahren aus dem Amt geschieden war.

Werner Thissen, in dessen Erzdiözese viele ausländische Katholiken leben, hat dieses bei seinem Amtsantritt als »Markenzeichen« des Erzbistums bezeichnet. Innerhalb der deutschen Bischofskonferenz gehört er der Kommission für weltkirchliche Aufgaben an.

*Im Rahmen der Übergabefeier des Ansgarbildes in St. Marien sprachen Bischöfin Maria Jepsen und Erzbischof Werner Thissen ein ökumenisches Gebet, das nach Aussage beider Geistlicher einen festen Platz in den Gottesdiensten beider Konfession finden sollte: »Wir denken an die Brüder und Schwestern in unseren evangelischen/ katholischen/ orthodoxen Nachbargemeinden und in der Gemeinschaft der ganzen Christenheit. Gott, lass uns lebendig erfahren, dass wir zusammengehören, im Gebet und Fürbitte, in Leben und Dienst, in Freude und Leid. Du führst deine Kirche auf ihrem Weg durch die Zeit. Dir sei Lob und Ehre jetzt und in Ewigkeit. Amen.«*

# Eine wechselvolle Geschichte

*Diese Statue des hl. Ansgar steht auf der Trostbrücke in Hamburg.*

Wenig friedlich waren die Anfänge des Christentums in der Region: Karl der Große unterwarf und bekehrte die in Südholstein und Mecklenburg ansässigen Sachsen mit dem Schwert. An der Stelle, wo Elbe und Alster zusammenfließen, legte der Kaiser einen befestigten Bezirk an: die »Hammaburg«.

Um die Missionierung des Nordens zu fördern, beschloss Ludwig der Fromme auf dem Reichstag 831, die Diözese Hamburg zu errichten. Papst Gregor IV. erhob sie zur Erzdiözese und ernannte den Benediktinermönch Ansgar zu dessen Bischof.

845 zerstörten die Wikinger Hamburg, und Ansgar musste fliehen. Drei Jahre später vereinigte der Benediktiner, inzwischen Bischof von Bremen, die beiden Diözesen. Sitz des Erzbischofs wurde Bremen. Unter den Nachfolgern Ansgars ragt besonders Adalbert von Bremen hervor (gestorben 1072). Er herrschte zeitweise wie ein »König der Nordsee« über Skandinavien. Auch östlich der Elbe verhalf er dem Christentum zu einem vorläufigen Durchbruch: 1062 gründete er die Diözese Mecklenburg, die allerdings durch die Aufstände der Wenden unsicher blieb. So erklärte man aus Sicherheitsgründen im Jahr 1106 Schwerin zum Bischofssitz Mecklenburgs.

Erst um 1147 wurden die Wenden dauerhaft besiegt – was freilich die friedliche Mission durch den Bremer Domschulmeister Vicelinus (gestorben 1154) zunichte machte.

1158 ernannte Heinrich der Löwe den Missionar und Zisterzienser Berno zum Bischof von Mecklenburg. In den folgenden Jahrhunderten entstanden hier zahlreiche Klöster und Stifte.

Besonders die Prämonstratenser und Zisterzienser trugen zur Kultivierung des Landes östlich der Elbe bei.

*Im Jahr 965/66 wird Hamburg Exilort des von Otto I. abgesetzten Papstes Benedikt V., der hier unter der Obhut Adaldags, des Erzbischofs von Hamburg-Bremen (937–988), stirbt.*

## Hl. Ansgar – Apostel des Nordens

Sein Name bedeutet »Gott schützt«. Um 801 in Nordfrankreich geboren, hatte Ansgar mit zwanzig eine Vision. Eine Stimme sagte zu ihm: »Gehe hin! Mit der Krone des Martyriums wirst du zu mir zurückkehren.« Er trat daraufhin ins Kloster seiner Heimatstadt Corbie ein, das ihn 823 ins neu errichtete Corvey in Westfalen entsandte. Die friedliche Mission Norddeutschlands und Skandinaviens wurde sein Lebenswerk. Dabei musste er so viele Rückschläge hinnehmen, dass ein Biograf sein ganzes Leben als Martyrium bezeichnet hat – obgleich der Heilige eines natürlichen Todes gestorben ist.

831 wurde Ansgar Bischof von Hamburg: Von dort aus sollte Skandinavien missioniert werden. Er unternahm mehrere Reisen in den Norden, traf die Könige Dänemarks und Schwedens und gründete Kirchen. Die Wikinger machten sein Werk zeitweise wieder zunichte, jedoch gelang es Ansgar letztlich, das Christentum in Schleswig, Dänemark und Schweden zu verankern. Zweimal wurde Hamburg zerstört: Ansgar zog sich jeweils nach Bremen zurück, wo er Spitäler errichtete, Gefangene freikaufte, sich für die Abschaffung des Sklavenhandels einsetzte und eine Gebetssammlung schrieb. Nach langer Krankheit starb er 865.

*»Assumpta est Maria in coelum« – »Aufgefahren ist Maria in den Himmel« steht auf dem Mosaik in der Apsis des Hamburger Doms. Als Zeichen ihrer Würde trägt Maria eine Krone.*

## Das Recht auf einen Kirchturm

In der Reformationszeit wurden die katholischen Diözesen in Skandinavien und Norddeutschland Opfer der neuen Verhältnisse: In Schleswig-Holstein, das fortan bis 1864 von Dänemark regiert wurde, nahm der dänische König – gegen den ausdrücklichen Rat Martin Luthers – die Bischöfe gefangen, um sie zur Abdankung zu bewegen.

Auch in Mecklenburg wurden die Mönche vertrieben und die Klöster aufgehoben – bis auf einige Frauenklöster, die als Versorgungsanstalten für unverheiratete adlige Damen bis 1920 weiter bestanden. Um 1555 lebte der für die katholischen Gläubigen Mecklenburgs nächsterreichbare Geistliche im fernen Lübeck.

Erst als 1663 Herzog Christian Louis zum katholischen Glauben übertrat, fanden in der Schlosskirche zu Schwerin wieder Messen statt. Nach seinem Tod wurde die Schlosskirche erneut lutherisch, der neue Herzog erlaubte jedoch katholische Gottesdienste in Privathäusern.

Ab 1670 gehörten Alt-Hamburg, Teile des heutigen Schleswig-Holstein und Mecklenburg zum »Apostolischen Vikariat der norddeutschen Missionen«.

In den Jahren 1718–1723 ermöglichten Wiener Kaufleute den Bau der Barockkirche St. Joseph an der Großen Freiheit – eine Straße, die heute mitten in St. Pauli liegt, damals jedoch zum Stadtteil Altona gehörte. Und dort herrschten schon im 18. Jahrhundert Religions- und Gewerbefreiheit: Das erklärt den Straßennamen und machte den Bau von St. Joseph überhaupt erst möglich. Von dieser ersten katholischen Kirche auf heutigem Hamburger Gebiet ist seit dem Zweiten Weltkrieg nur noch die Barockfassade erhalten.

1863 konnte die Religionsfreiheit der Katholiken in Holstein durchgesetzt werden, 1868 kam der (bis 1937) preußische Teil Hamburgs zur »Apostolischen Präfektur Schleswig-Holstein«.

Östlich der Elbe gestand man den Katholiken (und übrigens auch den Evangelisch-Reformierten) in Mecklenburg-Schwerin erst 1903 die öffentliche Religionsausübung zu – womit die Erlaubnis verbunden war, einen Kirchturm mit Glocken zu errichten.

*Die Auseinandersetzungen zwischen Katholiken und Protestanten während der Reformation wurden im Norden Deutschlands mit besonderer Heftigkeit geführt: Bischöfe wurde in Haft genommen, Mönche wurden vertrieben und Klöster aufgelöst.*

*Das »Wort zum Sonntag«
gehört seit Jahrzehnten zum
festen Bestandteil des ARD-
Samstagabendprogramms.
Am 6. Mai 2004 wurde in
der Katholischen Akademie
in Hamburg der fünfzigste
Geburtstag der Sendung gefeiert – nicht nur mit Worten,
sondern auch mit Musik.*

*Nach dem Zweiten Weltkrieg
war in Mecklenburg die Zahl
der Katholiken durch die
Vertriebenen auf 42 Prozent
angewachsen. Sie sank je-
doch bald wieder, weil die
Menschen aufgrund der
schlechten wirtschaftlichen
Bedingungen das Land verlie-
ßen. Während der deutschen
Teilung stand nach mehreren
regionalen Umstrukturierun-
gen ein jeweils vom Papst er-
nannter Apostolischer Administrator der katholischen
Kirche in Mecklenburg vor.
Er hatte auch bischöfliche
Rechte inne. Unabhängig davon blieb die Zugehörigkeit
zur Mutterdiözese Osnabrück
formal bestehen.*

## Eine eigenständige Diözese

1930 wurde das »Apostolische Vikariat der
norddeutschen Missionen« mit Hamburg,
Schleswig-Holstein und Mecklenburg der
Diözese Osnabrück eingegliedert. Bereits
damals gab es den Ruf nach der Gründung
einer eigenen Diözese, der nach dem Zweiten Weltkrieg erneut deutlich vernehmbar
war. Doch der Vatikan vermied diesen
Schritt, weil er mit einer staatsrechtlichen
Anerkennung der DDR verbunden gewesen wäre – und das wollte auch in der
Bundesrepublik niemand.
Nach der deutschen Einigung schloss sich
die katholische Kirche in Deutschland dem
Wunsch des Papstes nach einer neuen Diözese an, die Hamburg, Schleswig-Holstein
und Mecklenburg umfassen sollte. Die be-
treffenden Bundesländer Schleswig-Holstein, Hamburg und Mecklenburg-Vorpom-
mern gaben ihre Zustimmung zu der
neuen Erzdiözese. Das Hamburger Stadt-
gebiet südlich der Elbe wurde aus der Diözese Hildesheim ausgegliedert und ebenfalls der neuen Erzdiözese zugeordnet,
die seit dem 7. Januar 1995 besteht. Erster
Erzbischof wurde der Osnabrücker Bischof
Ludwig Averkamp, dem 2003 Werner Thissen folgte.

## Die flächengrößte Diözese

Heute ist die Erzdiözese Hamburg die
flächengrößte Diözese Deutschlands.
»Salz im Norden« – so lautet das Motto
des 2004 begonnenen Pastoralgesprächs,
das auf allen Ebenen der Erzdiözese als
zweieinhalbjähriger Dialog über die heutigen Aufgaben und Möglichkeiten von
Glaube und Kirche stattfindet.
Jede der zur Erzdiözese gehörenden Regionen hat ihre Besonderheit. Die Kirchen an
Schleswig-Holsteins Küsten werden im
Sommer von Urlaubsgästen besucht und
bieten ihrerseits Kurseelsorge an.
In Hamburg leisten die vielen ausländischen Gläubigen einen wichtigen spirituellen Beitrag zum kirchlichen Leben. So ist
die ghanaische Mission bekannt für ihre
Messen mit Gospelchor und Tanz.
In Nütschau, zwischen Hamburg und Lübeck, haben die Benediktiner aus Gerleve
1951 ein eigenes Kloster gegründet. In den
ersten Jahrzehnten widmeten sie sich vor
allem der Seelsorge für die aus den ehema-

## Daten & Fakten*

| | |
|---|---|
| Pfarreien | 144 |
| Katholiken | rd. 397 000 |
| Fläche | 32 654 qkm |
| Dekanate | 17 |
| Priester | 256** |
| Ordensleute | 510 |
| Diakone | 49** |
| Gemeindereferenten/-innen | 96** |
| Pastoralreferenten/-innen | 42** |
| Taufen | 2 828 |
| Erstkommunionen | 2 703 |
| Trauungen | 649 |
| Bestattungen | 2 554 |

* Stand 2003    ** Stand 2004

ligen deutschen Ostgebieten vertriebenen Katholiken. Heute ist St. Ansgar im idyllisch gelegenen Nütschau ein beliebtes Bildungs- und Einkehrhaus.

In Mecklenburg laden das Edith-Stein-Bildungshaus in Parchim und das Thomas-Morus-Bildungswerk mit seinen zahlreichen lokalen Veranstaltungen zur Besinnung und zum Austausch ein. Getreu dem Wort vom »Salz im Norden« spielen hierbei auch die Bezüge zu Kultur und Politik eine Rolle.

In den CARIsatt-Läden sind die Preise niedrig, weil kein Gewinn erwirtschaftet werden soll. Die Waren stammen zum Teil aus Überproduktionen oder Serien mit Verpackungsschäden. Fördermittel und ehrenamtliche Arbeit halten die Personalkosten gering.

## CARIsatt und CARIland

Die Caritas in Mecklenburg hat nach der Wende zahlreiche neue Aufgaben übernommen, und viele ambulante Dienste wurden aus dem Nichts aufgebaut. Inzwischen ist die Caritas Mecklenburg mit einem vergleichbar vielfältigen Angebot ebenso aktiv wie die seit langem tätigen Caritas-Verbände in Hamburg und Schleswig-Holstein.

Etwas Besonderes sind die CARIsatt-Läden: Hier können Menschen mit niedrigem Einkommen Waren des täglichen Bedarfs um ein Drittel oder gar die Hälfte preiswerter kaufen als anderswo. Bislang gibt es CARIsatt-Läden in den Städten Güstrow, Neubrandenburg, Schwerin und Rostock.

Die Caritas-Initiative CARIland schließlich vermittelt Kleingärten an sozial schwache Familien. Diese Projekte bestehen derzeit in Schwerin, Neubrandenburg und Güstrow.

## Wallfahrtsorte

Kirche in der Diaspora, das bedeutet nicht zuletzt: Weite Entfernungen müssen überbrückt werden, um die Menschen zu erreichen. Der Routenplaner auf der Homepage des Erzbischöflichen Amtes Schwerin ist ein aussagekräftiges Symbol dafür. Gemeinschaft über die großen räumlichen Entfernungen hinweg stiften auch die alljährlichen Wallfahrten im Sommer und Herbst. So finden Anfang Juni und im September Bistumswallfahrten zum Ansveruskreuz bei Ratzeburg statt. Das Kreuz erinnert an den Märtyrertod des Klerikers Ansverus, der hier 1066 beim Wendenaufstand starb.

In Mecklenburg pilgern die Gläubigen vor allem nach Burg Stargard. Dort wurde in den sechziger Jahren in Eigenarbeit eine Kirche errichtet und der Rosenkranzkönigin von Fatima geweiht. Weitere Dekanats-wallfahrten in Mecklenburg führen die Gläubigen nach Bad Doberan, Schloss Dreilützow und Teterow.

Eine der bedeutendsten Wallfahrten der Diözese führt alljährlich zweimal nach Ratzeburg zum Ansveruskreuz: Der hl. Ansver war vermutlich Abt im dortigen Georgikloster. Auf einer seiner Missionsreisen zu den Slawen soll er im Jahr 1066 zu Tode gesteinigt worden sein.

### Adressen

Erzbistum Hamburg
Generalvikariat
Danziger Straße 52 a
20099 Hamburg
Tel. 0 40 / 24 87 70
www.erzbistum-hamburg.de

Erzbischöfliches Amt Schwerin
Lankower Straße 14 – 16
19057 Schwerin
Tel. 03 85 / 48 97 00
www.eba-schwerin.de

# Diözese Hildesheim

Die Wurzeln der niedersächsischen Diözese reichen ins frühe Mittelalter zurück: An der Wiege des beeindruckenden Mariendoms zu Hildesheim, so berichtet eine Legende, stand ein Rosenstrauch.

*Den Bomben des Zweiten Weltkriegs fielen nicht nur weite Teile der Hildesheimer Altstadt zum Opfer, sondern auch der Dom St. Marien, der fast vollständig zerstört wurde. Bis 1960 wurde er in seiner ursprünglichen Form als flach gedeckte romanische Hallenkirche wieder aufgebaut.*

## St. Marien in Hildesheim

Der Ursprung des Hildesheimer Doms ist mit einer Legende verknüpft. Sie wird in verschiedenen Varianten erzählt, immer jedoch spielt ein Rosenstrauch eine wichtige Rolle. Eine der Legenden erzählt die folgende Geschichte:
Um 815 ging Kaiser Ludwig der Fromme, ein Sohn Karls des Großen, in der Gegend des heutigen Hildesheim auf die Jagd. Dabei verlor er sein Marienreliquiar und fand es später an einem Wildrosenstrauch wieder. Zu Ehren der Gottesmutter ließ Ludwig an dieser Stelle eine Kapelle errichten – neben der Rose.
Bis heute steht der »Tausendjährige Rosenstock« an der Apsis des Hildesheimer

Doms. Er hat sogar den Feuersturm des Zweiten Weltkriegs überlebt: Acht Wochen nach der völligen Zerstörung des Hildesheimer Doms am 22. März 1945, bei der auch die Rose verbrannt war, sprossen aus der von Trümmern verschütteten Wurzel fünfundzwanzig neue Triebe hervor. Und wenn sich alljährlich gegen Ende Mai die Blüten öffnen, so wissen die Hildesheimer, dass es ihrer Stadt weiterhin gut gehen wird – so die Legende. Archäologische Forschungen haben ergeben: Der jetzige Wildrosenstock ist immerhin 700 Jahre alt.

## Weihbischöfe

- Hans-Georg Koitz, Weihbischof und Diözesanadministrator

- Dr. Nikolaus Schwerdtfeger, Weihbischof

Die Geschichte der Diözese Hildesheim indes reicht noch viel weiter zurück. Sie beginnt um 815 mit einer Kapelle, die Ludwig der Fromme bauen ließ. Fünfzig Jahre später wurde unter Bischof Altfried der erste

## Diözesanadministrator Hans-Georg Koitz, Weihbischof

- Geboren in Striegau/Schlesien am 4. April 1935
- Zum Priester geweiht am 30. Juni 1962
- Zum Diözesanadministrator von Hildesheim gewählt am 23. August 2004

**Wahlspruch** *Damit sie das Leben haben (Joh 10,10)*

Er spricht die Sprache der Kirche und kennt sich aus mit Zahlen: Hans-Georg Koitz hat Latein und Mathematik unterrichtet – auf Englisch, in Nigeria. Dorthin zog es ihn 1965, nach seiner Kaplanszeit in Hannover. In Afrika habe er gelernt, wie man »ein Leben in Einfachheit führen kann«, sagt er rückblickend. Und einen Blick für die Vielfalt des katholischen Glaubens habe er dort bekommen. Zwei

Jahre blieb er in Nigeria, dann kehrte Hans-Georg Koitz nach Niedersachsen zurück. Dort, in Salzgitter-Bad, hatte er nach der Flucht 1946 seine Jugend verlebt, bevor er zum Theologiestudium nach St. Georgen und nach München ging. Nach sieben Jahren als Religionslehrer am Hildesheimer Josephinum wurde er 1974 Regens des Bischöflichen Priesterseminars. Er gestaltete maßgeblich die »Rahmenordnung für die Priesterbildung« der Deutschen Bischofskonferenz mit. Bis heute ist Hans-Georg Koitz als Mitglied der Kommission für geistliche Berufe und kirchliche Dienste der Deutschen Bischofskonferenz Beauftragter für die Priesterbildung. Er gehört ferner der Kommission für Erziehung und Schule an. Am 25. Oktober 1992 wurde er in Hildesheim zum Bischof geweiht und zum Titularbischof ernannt. Seit August 2004 leitet Hans-Georg Koitz die Diözese Hildesheim bis zur Ernennung eines neuen Bischofs. Das Domkapitel wählte ihn zum Diözesanadministrator, nachdem Papst Johannes Paul II. dem altersbedingten Rücktrittsgesuch von Bischof Dr. Josef Homeyer stattgegeben hatte.

*Mittelalterliche Schatzkunst des 11. bis 13. Jahrhunderts ist im Dom-Museum zu bewundern. Das älteste Stück, das Gründungsreliquiar, stammt aus dem frühen 9. Jahrhundert. Prächtige Handschriften, mit Perlen und Edelsteinen verzierte Reliquiare, kostbare Altargeräte sowie aufwändig gearbeitete Samt- und Seidengewänder zeugen von der mittelalterlichen Bedeutung der Diözese.*

große Dom errichtet. Auch alle Nachfolgebauten erhoben sich an dieser Stelle. Der heutige Dom, 1960 vollendet, ist seinem Vorgänger aus dem 11. Jahrhundert nachgebildet, eine dreischiffige romanische Basilika. 1985 nahm die UNESCO den Dom zusammen mit der ehemaligen Abteikirche St. Michael in ihr berühmtes Verzeichnis »Weltkulturerbe der Menschheit« auf. Zu den Kunstschätzen im Dom zählen der nach Bischof Hezilo benannte Leuchter aus dem 11. Jahrhundert – eine romanische Leuchterkrone, die das himmlische Jerusalem abbildet – und der spätromanische Bronze-Taufbrunnen. Seine vier Träger symbolisieren die Paradiesflüsse Euphrat, Tigris, Phison und Geon.
Die Hildesheimer Dombibliothek ist eine der ältesten Norddeutschlands und für den kirchlichen Bereich eine der bedeutendsten.

# Eliteschmiede und Zankapfel

So schön die Legende vom Rosenstock auch ist: Bei der Entstehung der Diözese Hildesheim spielten handfeste politische Interessen eine Rolle. Ludwig der Fromme wollte Sachsen in das Frankenreich eingliedern und brauchte dafür einen ostfälischen Bischofssitz. Enge Beziehungen bestanden anfangs zur Diözese Reims: Der erste Abt in Hildesheim war der Kanoniker Gunthar, der aus Reims stammte. Und der Name »Hildesheim« deutet vielleicht sogar auf den Abt Hilduin der dortigen Stiftskirche St. Denis hin.

Bereits in der Frühzeit führten mehrere Bischöfe die Diözese Hildesheim zu einer ersten Blüte. Altfried (851–874) ließ den Dom bauen und gründete die Domschule. Sie prägte rund hundert Jahre später einen jungen Domschüler: Kaiser Heinrich II., der heilig gesprochene Stifter der Erzdiözese Bamberg, hat sich zeitlebens an Hildesheim erinnert und es nach Kräften gefördert. Bernward mehrte den Ruhm der

## Hl. Maria – Patronin der Diözese Hildesheim

Maria, die Muttergottes, ist Patronin der Diözese Hildesheim, nachdem deren Stifter, Ludwig der Fromme, sein verlorenes Marienreliquiar der Legende nach in einem Wildrosenstrauch wiedergefunden hat. Vermutlich ist das Marien-Patrozinium aus Nordfrankreich übernommen worden: Auch die Diözese in Reims, die bei der Gründung von Hildesheim Pate stand, ist der Muttergottes geweiht.

Diözese durch die Stiftung vieler Kunstschätze. Godehard (1022–1038) und Hezilo (1054–1079) setzten diese Tradition fort. Hildesheim war zu jener Zeit der Kirchenprovinz Mainz zugeordnet – dennoch kam es im Südwesten an der gemeinsamen Grenze zu ständigen Auseinandersetzungen um das Reichsstift Gandersheim. Die Frage, wohin das Reichsstift gehören sollte, wurde 1030 zugunsten von Hildesheim entschieden. Da hatte bereits Bernwards Nachfolger Godehard den Bischofssitz inne. Der Abt aus dem bayerischen Niederaltaich – nach ihm ist der Sankt-Gotthard-Tunnel benannt – erwies sich als konsequenter Klosterreformer. Für zwei Jahrhunderte, bis etwa 1125, war Hildesheim nun so etwas wie eine Eliteschmiede der Kirche. Zeitweise kam in Deutschland jeder vierte Bischof aus Hildesheim.

## Die Stiftsfehde

Darüber hinaus versuchte man schon früh, nicht nur die Kirchenorganisation, sondern auch die Landesherrschaft auszubauen. Um 1100 waren bereits die meisten Grafen in der Region Lehnsleute der Bischöfe. Deren Sitz umgab ein Ring schützender Burgen, das »Hildesheimer Burgenvieleck«. Um 1300 erreichte das Hochstift, der weltliche Herrschaftsbereich des Bischofs, seine größte Ausdehnung. In den folgenden Jahrzehnten verloren die Bischöfe an Einfluss, Hildesheims Bürger gaben sich ihr eigenes Stadtrecht. Gleichwohl blieben die Bischöfe von 1235 bis zur Säkularisation 1803 die Landesherren. Die Jahrhunderte waren geprägt von politischen Auseinandersetzungen. Denn Hildesheim war umgeben von welfischen Stammlanden, und so kam es immer wieder zum Konflikt mit den Herzögen im benachbarten Braunschweig-Wolfenbüttel. Die so genannte Hildesheimer Stiftsfehde endete 1523 mit dem vorläufigen Verlust eines großen Teils des Hochstifts an die Welfen.

## Hilfe vom Hause Wittelsbach

Ab 1542 brachte Johannes Bugenhagen, ein Freund Martin Luthers, die Reformation in die Stadt und das Umland. Die Klosterkirchen St. Michael, St. Paul und St. Martin wurden lutherisch. Der Dom, die Stiftskirche Heiligkreuz, das Kloster St. Godehard und St. Maria-Magdalenen blieben katholisch. Auch etwa ein Drittel der Bevölkerung war weiterhin katholisch.

*Bischof Bernward prägte eine ganze Kunstepoche und hinterließ in Hildesheim Kunstschätze von außergewöhnlichem Rang, darunter die Christussäule. Auf ihrem spiralig aufsteigenden Reliefband zeigt sie nach dem Vorbild römischer Siegessäulen Szenen aus dem Leben Jesu.*

*Auch die bronzenen Bernwardstüren im Dom sind ein Erbe des kunstsinnigen Bischofs: Wie in einer riesigen Bilderbibel sind in je acht Szenen die Heilsgeschichte des Alten und des Neuen Testamentes einander zugeordnet.*

*Vor der Kaiserpfalz in Goslar steht seit 1900 das Standbild Kaiser Friedrich Barbarossas. Goslar am Nordharz war vom 11. bis 13. Jahrhundert Schauplatz von über hundert Reichstagen. Der unweit der Kaiserpfalz gelegene Dom und seine Schule brachten viele Bischöfe hervor.*

Die Diözese bestand – neben Osnabrück als Einzige in Norddeutschland – fort. Für zwei Jahrhunderte stellte nun das bayerische Fürstenhaus Wittelsbach die Hildesheimer Bischöfe. Sie verwalteten die Diözese zusammen mit Köln und Münster. Andernfalls wäre sie wohl untergegangen. Nach der napoleonischen Zeit, die 1803 das Ende der geistlichen Fürstentümer brachte, kamen Stadt und Diözese unter preußische Herrschaft. 1813 wurde Hildesheim dem Königreich Hannover zugeteilt und gehörte ab 1866 mit diesem wieder zu Preußen. Bereits 1824 waren die Grenzen der Diözese neu festgelegt worden: Sie reichte nun von der Weser bis zur Unterelbe und umfasste damit den größten Teil des heutigen östlichen Niedersachsen.

## Neuorientierung im 20. Jahrhundert

Im 20. Jahrhundert gehörte der Historiker und Schriftsteller Adolf Kardinal Bertram, der 1906 Bischof von Hildesheim wurde,

### Daten & Fakten*

| | |
|---|---|
| Kirchengemeinden | 313 |
| Katholiken | rd. 659 500 |
| Fläche | 33 500 qkm |
| Dekanate | 26 |
| Priester | 474 |
| Ordensleute | rd. 500 |
| Diakone | 92 |
| Gemeindereferenten /-innen | 138 |
| Pastoralreferenten /-innen | 83 |
| Taufen | 4 422** |
| Erstkommunionen | 5 675** |
| Trauungen | 1 162** |
| Bestattungen | 6 619** |

\* Stand 2004  \*\* Stand 2003

zu den herausragenden Persönlichkeiten der Diözese. Nach dem Zweiten Weltkrieg siedelte sich rund eine halbe Million katholischer Flüchtlinge in der Diözese Hildesheim an. Dreihundert Kirchen wurden gebaut, der größte Teil unter Bischof Heinrich Maria Janssen (1957–1982).
Bis 1930 gehörte die Diözese zur Kirchenprovinz Köln, anschließend zur Erzdiözese Paderborn. 1995 wurde sie der neu gegründeten Kirchenprovinz Hamburg zugeordnet. Von 1983 bis 2004 hatte Josef Homeyer das Amt des Bischofs inne.
Hildesheim ist heute eine der flächengrößten Diözesen Deutschlands. Aber nur im südlich des Harzes gelegenen Eichsfeld sowie in den Dörfern des alten Hochstifts leben mehr Katholiken als Protestanten. Das jedoch ist eher Ansporn denn Hindernis: Eine Vielzahl bemerkenswerter Aktionen und Initiativen prägt heute das Bild einer lebendigen Diözese.

### Spiritualität und Gerechtigkeit

Zwei wichtige Pfeiler in der Arbeit in der Diözese sind mit den Themen »Spiritualität« und »Gerechtigkeit« verbunden. Das »Referat für spirituelle Bildung in der Arbeitsstelle für pastorale Fortbildung und Beratung« bietet Weiterbildungen sowie – für Gruppen und für Einzelpersonen – geistliche Begleitung im Alltag an. Es orientiert sich dabei vor allem an der Exerzitien-Tradition, die auf Ignatius von Loyola zurückgeht. So werden unter anderem alle zwei Jahre zur Fastenzeit Materialien für »Exerzitien im Alltag« verschickt, die jeder Interessierte in sein tägliches Leben einbauen kann. Das Referat berät auch auf spezielle Anfrage hin und begleitet bei geistlichen Projekten vor Ort.
Ähnlich geht man mit dem Thema Weltkirche um. Beim Fachbereich Diakonie erhal-

ten interessierte Gemeinden Ausstellungsmaterial, aber auch Unterstützung für Bildungsveranstaltungen und Informationen zu allgemeinkirchlichen Aktionen wie etwa dem Erlassjahr oder der Kampagne für gerecht produzierte Kleidung. Die Diözese unterstützt auch direkt soziale Projekte in der Weltkirche. Seit vielen Jahren besteht eine intensive Partnerschaft mit Bolivien, die auf Pfarrgemeinde- und Dekanatsebene gepflegt wird.

Der »Friedensgrund«, ein internationales Zeltlager von Jugendlichen aus der Diözese in jeweils einem Land in Mittel- und Osteuropa, ermöglicht Begegnungen mit den dortigen Jugendlichen und gemeinsame Arbeitseinsätze vor Ort.

Etwas Besonderes ist die Chrisam-Jugendmesse in Hildesheim: Am Mittwoch der Karwoche weiht der Bischof im Dom das Heilige Öl für die Gemeinden. Seit vielen Jahren treffen sich weit über 2 000 Jugendliche aus der ganzen Diözese, um die Feier mitzuerleben, sich auf die Ostertage vorzu-

*Der Katholische Kinder- und Jugendbuchpreis 2004 wurde am 24. März in Hildesheim verliehen. Erhalten hat ihn die Münchner Autorin Hildegard Kretschmer für ihr Buch »Wie Noah die Tiere gerettet hat. Berühmte Maler erzählen die Bibel«. Die Jury unter Vorsitz von Weihbischof Thomas Maria Renz (Rottenburg-Stuttgart) hat das Werk unter 225 eingereichten Büchern aus 58 Verlagen ausgewählt.*

bereiten und mit dem Bischof und anderen Verantwortlichen aus der Jugendarbeit ins Gespräch zu kommen.

## Ottberger Kreuzwallfahrt

Östlich von Hildesheim, auf dem Vorholz bei Ottbergen, steht eine Kreuzkapelle. Der Legende nach hat hier ein Schäfer im 17. Jahrhundert eine Erscheinung des Kreuzes gesehen. Es entstand bald ein Wallfahrtsort. Die Franziskaner, die ihn auch heute wieder betreuen, wurden zweimal vertrieben – das zweite Mal während des Nationalsozialismus: Damals kamen die Wallfahrer zur Kreuzkapelle, um hier die »Bekenntnis-Predigten« von Bischof Joseph Godehard Machens zu hören. Nach dem Krieg lebte die Tradition der Wallfahrt wieder auf. Heute kommen zur Diözesanwallfahrt am Sonntag nach dem 14. September noch mehrere tausend Wallfahrer.

Weitere bedeutende Wallfahrtsorte sind »Maria in der Wiese« in Germershausen und – als Ort einer besonderen Wallfahrt – Bergen-Belsen: Zu dem einstigen Konzentrationslager findet jährlich eine Sühnewallfahrt gegen das Vergessen statt.

### Adresse

Bischöfliches Generalvikariat
Domhof 18–21
31134 Hildesheim
Tel. 0 51 21 / 30 70
www.bistum-hildesheim.de

*Chrisam ist eine Wortschöpfung aus den griechischen Wörtern »chrisma« (Salbe) und »christos« (der Gesalbte). Es bezeichnet ein in der katholischen Kirche verwendetes Salböl, das aus Olivenöl und, zur Verbesserung des Geruchs, aus Balsamöl besteht. Chrisam wird für die Salbung nach der Taufe, bei der Firmung, der Priesterweihe, der Bischofsweihe und der Kirchweihe verwendet. Das heilige Öl ist ein Symbol für Gesundheit, Freude und Glück.*

# Diözese Osnabrück

Gründung durch Karl den Großen, später Fürstbistum, dann dem Königreich Hannover zugeschlagen und schließlich eine Zeit lang Mutterdiözese für den gesamten Norden – die Diözese Osnabrück war stets mächtigen Interessen ausgesetzt.

*Blick auf die berühmte Westfassade des Osnabrücker Doms: Nur noch die beiden Türme sowie die Vierung sind heute vom einstigen romanischen Dom erhalten. Zwischenzeitlich trugen die Türme Barockhelme, die nach dem Zweiten Weltkrieg jedoch nicht wiederhergestellt wurden.*

## St. Petrus in Osnabrück

Über Jahrhunderte hinweg hatte er zwei gleiche Türme – der Osnabrücker Dom St. Petrus, der um 780 zunächst als Missionskirche am linken Hase-Ufer gebaut wurde. Doch der südliche der beiden

Türme wurde im 16. Jahrhundert durch einen viermal so großen Turm ersetzt – man brauchte Platz für einen größeren Glockenstuhl. Bereits Mitte des 13. Jahrhunderts hatte man die Vierung mit einem achteckigen Turm gekrönt, dem Symbol für das himmlische Jerusalem. Weitere Neu- und Umbauten machten den Dom immer höher und heller. Während des Dreißigjährigen Krieges und später durch die barocke und anschließende neoromanische Ausgestaltung veränderte sich das Dominnere noch mehrfach. Altäre, Figuren und Grabmäler kamen hinzu. In der

## Weihbischof & Generalvikar

- Theodor Kettmann, Weihbischof

- Theo Paul, Generalvikar

jüngsten Vergangenheit schließlich hat der Dom umfangreiche Sanierungen erfahren.

# Von der Missionszelle zur modernen Diözese

Die Geschichte der Diözese Osnabrück beginnt um 780: mit einer Missionszelle, in der Nähe einer Furt über die Hase, an einem altbegangenen Heer- und Handelsweg gelegen. Zeitgleich entstanden weitere Missionszellen im emsländischen Meppen, im oldenburgischen Visbek und in

Wiedenbrück, die der Diözese Osnabrück zugerechnet wurden. Karl der Große bestimmte den hl. Wiho zum ersten Bischof. Die Diözese umfasste zunächst zehn Gaukirchen, die aus 22 Urpfarrkirchen gegründet wurden. Bis zur Reformation sollten es 165 Pfarrkirchen werden.

*Wie in anderen Diözesen, so wuchs auch in Osnabrück die weltliche Macht der Bischöfe in den ersten Jahrhunderten – zum Teil wurden sie als Fürstbischöfe Landesherren.*

*1252 kamen das Emsland und Südoldenburg unter die Herrschaft des Fürstbistums Münster. Geistlich blieb für diese Gebiete aber weiterhin der Fürstbischof von Osnabrück zuständig, dessen weltlicher Machtbereich sich nunmehr auf das Hochstift und die Exklave Wiedenbrück beschränkte.*

## Bischof Dr. theol. Franz-Josef Bode

- Geboren in Paderborn am 16. Februar 1951
- Zum Priester geweiht am 13. Dezember 1975
- Als Bischof von Osnabrück eingeführt am 26. November 1995

Wahlspruch *Maior est Deus corde nostro – Gott ist größer als unser Herz*

Franz-Josef Bode wuchs in Etteln bei Paderborn auf und studierte in Paderborn, Regensburg und Münster Theologie. Nach der Priesterweihe war er als Vikar, danach in der Theologenausbildung und als

Pfarrer tätig. 1991 wurde er in Paderborn zum Bischof geweiht. Als Bischofsvikar war er für die Priesterfortbildung in der Erzdiözese Paderborn zuständig, bis ihn Papst Johannes Paul II. zum Bischof von Osnabrück ernannte. Der »Jugendbischof« der Deutschen Bischofskonferenz betrachtet es als wichtige Aufgabe, sich mit den Fragen der Jugendlichen auseinander zu setzen und diesen Dialog zur glaubwürdigen Vermittlung christlicher Werte zu nutzen. Die äußere Form ist dabei für ihn nicht entscheidend: »Für Techno-Gottesdienste gilt das Gleiche wie für die Krönungsmesse von Mozart – im Mittelpunkt jeder Messfeier steht das Gedächtnis vom Leiden, vom Tod und von der Auferstehung Jesu Christi«, sagte der Bischof im Interview mit dem Ministranten-Magazin »turibulum«. Franz-Josef Bode ist Vorsitzender der Jugendkommission und Mitglied der Seelsorgekommission der Deutschen Bischofskonferenz.

*Aus dem rheinisch-westfälischen Raum stammt dieses Osnabrücker Kapitelkreuz, das um 1070 entstanden ist.*

*In der Grafschaft Lingen führten die niederländischen Oranier die evangelisch-reformierte Konfession ein. Hier mussten sich die Katholiken jahrzehntelang heimlich in Notkirchen oder auf freiem Feld treffen, bis mit der preußischen Herrschaft eine schrittweise Liberalisierung einsetzte.*

## Wechselnde Herrschaft

In der Reformationszeit behielt die so genannte »Bunte Messe« des lutherischen Stadtsuperintendenten Hermann Bonnus katholische Elemente bei. 1548 kam es in Osnabrück zum Nebeneinander der Konfessionen.

1650 schrieb die »Immerwährende Kapitulation« die Parität für das Hochstift Osnabrück fest: Abwechselnd regierten fortan ein frei zu wählender katholischer und ein evangelischer Bischof aus dem lutherischen Welfenhaus von Hannover. Während der evangelischen Herrschaft war der Erzbischof von Köln der geistliche Oberhirte für die katholische Bevölkerung. Die Ortschaften im Hochstift wurden eingeteilt in 34 katholische, 23 evangelische und vier gemeinsame Pfarrkirchen. Jenseits der Stiftsgrenzen, im Emsland, hielt sich der Katholizismus weitgehend.

1803 nahm der englische König Georg III., ein Welfe, das Fürstbistum endgültig in Beschlag und verband es mit dem Königreich Hannover; der Kölner Erzbischof entsandte künftig einen Generalvikar und Weihbischof nach Osnabrück.

1824 kamen die Gebiete westlich der Weser zur Diözese, die 1858 wiederhergestellt wurde. Erster Bischof war Paulus Melchers, bisher Generalvikar des Bistums Münster.

1866 annektierte Preußen das Königreich Hannover. In der Diözese Osnabrück erlebte der Katholizismus den für das 19. Jahrhundert typischen Aufschwung: mit neuen Ordensniederlassungen, Arbeitervereinen und Kolpingfamilien.

## Neuordnung im 20. Jahrhundert

Zwischen 1929 und 1932 kamen durch das Preußische Konkordat die Norddeutschen Missionen (Schleswig-Holstein, Hamburg, Bremen, Mecklenburg) zu Osnabrück. Sie bilden (Bremen ausgenommen) seit der Neuordnung der Kirchenlandschaft 1994 die Erzdiözese Hamburg.

Über 41 Jahre lang, von den letzten Jahren der Hohenzollern-Monarchie bis zu den Gründerjahren war Erzbischof Wilhelm Berning (1914–1955) im Amt. Er gehört aus Sicht der Historiker zu den Bischöfen, die versuchten, während des Dritten Reichs den Verfolgten durch Verhandlungen zu helfen, und dabei persönliche Demütigungen ertrugen, andererseits aber die Loyalitätspflicht gegenüber dem Staat nicht in Frage stellten. 1950 erhielt er die Würde eines Titularerzbischofs.

Nach dem Krieg siedelten sich Vertriebene aus den ehemaligen deutschen Ostgebieten in der Diözese an, neue Kirchen wurden notwendig.

Am 27. März 1957 sahen die anwesenden Gäste mit großer Betroffenheit, wie der neue Osnabrücker Bischof Franziskus Demann nach seiner Weihe beim Auszug

### Daten & Fakten*

| | |
|---|---|
| Pfarreien | 256 |
| Katholiken | rd. 582 000 |
| Fläche | 12 573 qkm |
| Dekanate | 16 |
| Priester | 376 |
| Ordensleute | 970 |
| Diakone | 56 |
| Gemeindereferenten/-innen | 167 |
| Pastoralreferenten/-innen | 76 |
| Taufen | 5 564** |
| Erstkommunionen | 6 791** |
| Trauungen | 1 363** |
| Bestattungen | 5 391** |

* Stand 2004   ** Stand 2003

aus dem Dom plötzlich tot zusammenbrach. Sein Nachfolger, Bischof Helmut Hermann Wittler, setzte die Beschlüsse des Zweiten Vatikanischen Konzils auf Diözesanebene um. 1987 folgte ihm Ludwig Averkamp als Oberhirte – 1994 übernahm er als Erzbischof die neu gegründete Erzdiözese Hamburg. Sein Nachfolger in Osnabrück wurde 1995 der bisherige Paderborner Weihbischof Franz-Josef Bode.

## »Pro Schöpfung« und »Bistumsbibel«

Ein Beispiel für die vielen Aktivitäten auf Gemeinde- und Diözesanebene ist die Aktion »Pro Schöpfung«: eine Initiative der Diözese zur Unterstützung und Umsetzung der lokalen Agenda 21. Sie fußt auf einem 1992 in Rio de Janeiro angestoßenen weltweiten »Fahrplan« für eine nachhaltige Entwicklung, die ökologische Tragfähigkeit, soziale Gerechtigkeit und wirtschaftliche Effizienz miteinander verbinden soll. Für Einrichtungen wie Kindergärten, Bildungsstätten, Pfarr- und Pflegeheime wurden Checklisten ausgearbeitet, die helfen, den Energieverbrauch zu erfassen und zu kontrollieren. Der Umweltbeauftragte der Diözese, Bernward Rusche, ist Ansprechpartner für alle an der lokalen Agenda 21 Interessierten.

Wie in der Diözese Görlitz, so ist auch in der Diözese Osnabrück im Jahr der Bibel 2003 eine Bistumsbibel entstanden, in Text und Bild gestaltet von den Pfarrgemeinden, Verbänden und kirchlichen Einrichtungen. Im Osnabrücker Dom ist sie ausgestellt, ein Faksimile wanderte ein Jahr lang durch alle Gemeinden.

*Franz-Josef Bode ist nicht nur Bischof von Osnabrück, sondern auch »Jugendbischof« der Deutschen Bischofskonferenz. Im August 2000 nahm er am 5. Weltjugendtreffen in Rom teil.*

*Rund 2 700 Sternsinger und Begleitpersonen stellten sich anlässlich der bundesweiten Eröffnung der »Aktion Dreikönigssingen 2001« vor dem Osnabrücker Dom in Form einer Krone auf.*

## Wallfahrtsorte

Über die Bistumsgrenze hinweg findet alljährlich am zweiten Sonntag nach Peter und Paul die große Osnabrücker Wallfahrt nach Telgte statt. Diese Tradition wird bereits seit 1852 gepflegt.
Gleich ein dreifaches Pilgerziel ist das ehemalige Zisterzienserinnenkloster Rulle bei Osnabrück: Zur Heilig-Blut-Wallfahrt aus dem Mittelalter kam später die Wallfahrt zur »Schmerzhaften Mutter« von Rulle hinzu. Und seit dem Zweiten Weltkrieg pilgern viele Vertriebene, vor allem aus Schlesien, zum Bild der hl. Hedwig, das in der Gnadenkapelle aufgehängt wurde.

Weitere Wallfahrtsorte der Diözese sind Lage, Wietmarschen im Emsland und die Kirche der Schlossanlage Clemenswerth nördlich von Meppen.

### Adresse

Bischöfliches Generalvikariat
Hasestraße 40a
49074 Osnabrück
Tel. 05 41 / 31 80
www.bistum-osnabrueck.de

# Glossar

**Basilika,** griech.-lat. für »Königshalle«; ursprünglich eine mehrschiffige altrömische Markt- und Gerichtshalle, die zum Vorbild altchristlicher, spätantiker Kirchenbauten mit einem überhöhten Mittelschiff sowie einer Altarnische (Apsis) am einen und einer Vorhalle am anderen Ende wurde. Die frühen Christen Europas orientierten sich für ihre öffentlichen Sakral- und Versammlungsbauten an der römischen Architektur und nicht am jüdischen Tempel, weil sie den Tempelkult ablehnten.

**Bischof,** von griechisch epískopos, Aufseher, bezeichnet den Amtsträger im Neuen Testament, so zum ersten Mal in Phil 1,1; seine Funktionen änderten sich vom ursprünglichen Aufsichts- und Verwaltungsbeamten hin zum obersten Hirten und Leiter, damit zum ranghöchsten Geistlichen einer → Diözese, dem zunächst Diakone zur Seite standen und dann Presbyter (heute → Priester). Seit dem frühen 2. Jahrhundert fielen ihm nach und nach alle Leitungsfunktionen des Presbyteriums zu, er wurde zum Garanten für die Einheit im Glauben der ihm anvertrauten Gemeinde(n) und damit auch der Gesamtkirche. Als das Christentum Staatsreligion wurde, reihten sich die Bischöfe in den Kreis der anderen Würdenträger des Reiches mit ihren Pflichten und Ehren ein. Höhepunkt dieser Entwicklung war der Ausbau des Bischofsamtes zu reichsfürstlicher Stellung im Mittelalter (→ Reichsdeputationshauptschluss).
Das Bischofsamt hat sowohl geistliche als auch juristische Bedeutung. Der Bischof ist oberster → Priester (Sakramentenspendung), Lehrer (Verkündigung) und Hirte (Seelsorger) eines Bistums. Gleichzeitig hat er hier die kirchliche Leitungsvollmacht bezüglich Gesetzgebung, Rechtsprechung und Verwaltung. Seinerseits ist er dem Papst verantwortlich. Er wird von ihm ernannt und mit dessen Zustimmung von drei anderen Bischöfen geweiht. Die → Weihe wird einmal zum Zeichen der »Apostolischen Sukzession«, d. h. in der Nachfolge der Apostel gespendet, sie ist unvergänglich. Das Amt ist immer an eine → Diözese als Verwaltungseinheit gebunden – beim Titularbischof an eine untergegangene Diözese (= Titelbistum), beim (Erz-)Bischof an die (Erz-)Diözese, in der er als Leiter residiert. Durch die Weihe gehört der Bischof zur Gemeinschaft aller Bischöfe (Episkopat) und trägt auf diese Weise Verantwortung für die → Weltkirche. Das Episkopat mit dem Papst als Bischof von Rom an der Spitze steht in der Nachfolge der Apostel, das heißt, es ist eingebunden in eine ununterbrochene Kette von Handauflegungen und Segnungen (vgl. Apg 6,1–6 und 2 Tim 1,6)

als Zeichen der »Gnadengabe Gottes« seit der Zeit der Apostel (→ Diözesanbischof, → Weihbischof).

**Bistum,** siehe Diözese.

**Bulle,** päpstliche Urkunde. Der Begriff leitete sich vom gleichnamigen, beidseitig geprägten Metallsiegel der Urkunde her. In der päpstlichen Kanzlei sind seit dem 6. Jahrhundert in der Regel Bleibullen üblich mit dem Namenszug des siegelnden Papstes und Petrus / Paulus auf der Rückseite.

**Caritas,** von lateinisch Nächstenliebe, ein in vielen Ländern aktives soziales Hilfswerk der katholischen Kirche. Das Spektrum der Tätigkeiten reicht von der Beratung über die Kinder-, Jugend- und Behindertenhilfe bis hin zu Projekten für sozial Benachteiligte. Im Leitbild sind christlicher Glaube, Schutz der Menschenwürde und Solidarität in einer pluralen Welt über Grenzen hinweg festgeschrieben. Im Deutschen Caritasverband sind 27 Diözesan-Caritasverbände organisiert, die sich jeweils bis auf Ortsebene untergliedern. Deutscher Caritasverband e.V. (DCV) Karlstraße 40 · 79104 Freiburg, Tel. 07 61 / 20 00 · www.caritas.de

**Dekanat,** Untergliederung eines Bistums. Mehrere Pfarreien bilden ein Dekanat. Ihm steht der Dechant bzw. Dekan vor.

**Deutsche Bischofskonferenz (DBK),** Zusammenschluss der Bischöfe aller Diözesen in Deutschland zwecks Studium und Förderung gemeinsamer pastoraler Aufgaben, gegenseitiger Beratung, Koordinierung der kirchlichen Arbeit, gemeinsamen Entscheidungen, Kontakt zu anderen Bischofskonferenzen und zum Papst. Ihr Vorsitzender repräsentierte die DBK nach außen gegenüber Staat und Gesellschaft. Seit 1987 hat Karl Kardinal Lehmann den Vorsitz inne. Rechtsträger der DBK ist der Verband der Diözesen Deutschlands. Sekretariat der Deutschen Bischofskonferenz Kaiserstraße 161 · 53113 Bonn Tel. 02 28 / 10 30 · www.dbk.de

**Diözesanadministrator,** der vom → Domkapitel gewählte Leiter einer Diözese für die Zeit, in der das Bischofsamt nicht besetzt ist, z. B. zwischen Rücktritt oder Tod eines Bischofs und Einführung seines Nachfolgers.

**Diözesanbischof,** leitender → Bischof einer Diözese. Das Bischofsamt ist immer an eine Diözese gebunden. Deshalb residiert ein

Bischof entweder in einer heute existierenden Diözese (Diözesanbischof) oder er steht als Titularbischof einer untergegangenen Diözese vor. Beispielsweise existieren in Nordafrika, Kleinasien und Italien solche untergegangenen Diözesen. Titularbischöfe sind als → Weihbischöfe tätig, als Beamte der römischen Kurie oder im diplomatischen Dienst des Heiligen Stuhls (Nuntius).

**Diözesanrat,** Zusammenschluss von Laien in einer Diözese. Seine Mitglieder werden von den Dekanats- und Pfarrgemeinderäten entsandt, aber auch aus den Verbänden, Organisationen und Initiativen in einem Bistum. Jeder Diözesanrat wählt drei Mitglieder in das → Zentralkomitee der deutschen Katholiken.

**Diözese,** von griechisch dioíkein, haushalten und verwalten, und dioíkēsis, Gerichts- und Verwaltungsbezirk, sowie von lateinisch diocesis, ein Verwaltungsbezirk des Römischen Reiches. Die Diözese ist seit dem 4. Jahrhundert allgemein und seit dem 9. Jahrhundert ein räumlich genau umschriebener kirchlicher Bezirk unter Leitung eines → Bischofs. Bis ins Mittelalter hinein konnten die Vorsteher einer → Kirchenprovinz (Metropoliten) neue Diözesen ernennen. Heute obliegt dieses Recht ausschließlich dem Papst. Die Diözese (das Bistum) ist Teilkirche der Weltkirche. Das Zweite Vatikanische Konzil hat in seinem Dokument »Christus Dominus« betont, dass man unter einer Diözese nicht einfach einen Ausschnitt aus der Weltkirche verstehen kann, sondern dass in dieser Teilkirche die gesamte Weltkirche ohne Einschränkung präsent ist. Die meisten kirchlichen Vereine, Gruppen und Bewegungen verfügen über Verbände oder zumindest Kontaktadressen für jede Diözese. So sind beispielsweise die → Frauen- und Jugendverbände, → Pax Christi, aber auch Malteserhilfsdienst, → Kolpingwerk oder Katholische Arbeitnehmerorganisation (KAB) in Diözesanverbänden organisiert.

**Dom,** von lateinisch domus Dei, Haus Gottes, im deutschsprachigen Raum üblicher Begriff für die Bischofskirche, die → Kathedrale. In Südwestdeutschland ist stattdessen der Begriff → Münster gebräuchlich.

**Domkapitel,** der »Senat« des Bischofs an einer Dom- oder Kathedralkirche. Es zelebriert mit ihm den Gottesdienst, unterstützt und berät ihn in der Diözesanverwaltung und legt für die Neubesetzung des Bischofsstuhls dem Papst eine Liste von Kandidaten für das Bischofsamt vor.

**Dompropst,** der erste Würdenträger eines → Domkapitels. Er vertritt als Vorsitzender das Domkapitel nach außen.

**Erzbischof,** von griechisch arché, Regierung, Obrigkeit, der ranghöchste Geistliche einer Erzdiözese. Neben den residierenden Erzbischöfen können auch hochrangige Prälaten der Kurie oder Diplomaten diesen Titel tragen.

**Erzdiözese,** von griechisch arché, Regierung, Obrigkeit, die Diözese, die in einer → Kirchenprovinz den übrigen Diözesen vorsteht. Die der Erzdiözese zugeordneten Bistümer heißen Suffragane.

**Frauenverbände** nehmen in der katholischen Kirche seelsorgerliche, beratende und unterstützende Aufgaben wahr.
• Der Sozialdienst katholischer Frauen (SkF), ein Fachverband im Deutschen Caritasverband, setzt sich für benachteiligte Frauen sowie gefährdete Kinder und Jugendliche ein und bietet Frauen und Familien in schwierigen Lebenssituationen Unterstützung an.
Sozialdienst katholischer Frauen
Agnes-Neuhaus-Str. 5 · 44135 Dortmund
Tel. 02 31 / 5 57 02 60 · www.skf-zentrale.de
• Die Katholische Frauengemeinschaft Deutschlands (kfd) ist der größte Frauenverband und der größte katholische Verband Deutschlands. Er versteht sich als Forum für Begegnung und gegenseitige Unterstützung sowie für Initiativen im politischen Raum.
Katholische Frauengemeinschaft Deutschlands (kfd) Bundesverband
Prinz-Georg-Str. 44 · 40477 Düsseldorf
Tel. 02 11 / 44 99 20 · www.kfd.de
• Der Katholische Deutsche Frauenbund setzt sich schwerpunktmäßig für die gleichberechtigte Mitwirkung und -verantwortung von Frauen in Kirche, Politik und Gesellschaft ein.
Katholischer Deutscher Frauenbund
Bundesgeschäftsstelle
Kaesenstraße 18 · 50677 Köln
Tel. 02 21 / 86 09 20 · www.frauenbund.de

**Fürstbischof,** mit der weltlichen Macht eines Fürsten ausgestatteter → Bischof (→ Hochstift, → Reichsdeputationshauptschluss).

**Geistliche Gemeinschaften bzw. Bewegungen,** Zusammenschluss von Menschen, die miteinander spirituelle und tätige Wege der Weltgestaltung gehen. In der einen Kirche sind sie Ausdruck der vielfältigen Wirksamkeit des Heiligen Geistes. Ihre Mitglieder sind überwiegend Laien. Geistliche Gemeinschaften entstehen als erneuernde Antworten auf die Fragen der jeweiligen Zeit. Sie agieren überregional und international, sind dabei mit ihren örtlichen Niederlassungen an die jeweilige Diözese angebunden und wichtige Impulsgeber für diese. Exemplarisch seien genannt: Fokolarbewegung, Schönstatt-Bewegung, Charismatische Erneuerung.

**Gemeinsame Konferenz,** hierzu kommen je 15 Vertreter des → Zentralkomitees der deutschen Katholiken (ZdK) und der → Deutschen Bischofskonferenz (DBK) zusammen. Das ZdK als höchste Vertretung der Laien in Deutschland und die DBK stimmen sich in der Gemeinsamen Konferenz über alle wichtigen Fragen auf überdiözesaner Ebene in Deutschland ab, beraten gemeinsam und empfehlen Maßnahmen je nach Zuständigkeit.

**Generalvikar,** von vicarius, lateinisch für Stellvertreter. Der Generalvikar vertritt den → Bischof bei allen Verwaltungsangelegenheiten und leitet die bischöfliche Verwaltung (Ordinariat, Generalvikariat). Er muss → Priester sein, über 30 Jahre alt und im kanonischen Recht erfahren. Der Generalvikar wird vom Bischof für die Dauer von dessen Amtszeit berufen.

**Hochstift,** Territorialbesitz eines fürstlichen Bischofs oder Erzbischofs. Die Gebiete der Hochstifte wurden 1803 im → Reichsdeputationshauptschluss säkularisiert, also den Territorien weltlicher Landesherren (Fürsten, Herzöge) zugeschlagen. Seit damals können Bistümer nicht mehr fürstlich sein.

**Investiturstreit,** Konflikt zwischen Papst und weltlichem Herrscher im Hochmittelalter um die Einsetzung (Investitur) der Bischöfe und Äbte in ihre Ämter. Weil im Heiligen Römischen Reich die Kirche in die Strukturen von Politik und Verwaltung eingebunden war, hatten sowohl Papst als auch König / Kaiser Interesse daran, über die Besetzung kirchlicher Ämter zu entscheiden. Der Streit erreichte seinen Höhepunkt mit Papst Gregor VII. und Heinrich IV. und wurde 1122 im Wormser Konkordat beendet.

**Jugendliche** können sich in der katholischen Kirche in vielen Verbänden engagieren und organisieren. Dachverband ist der Bund der Deutschen Katholischen Jugend (BDKJ). Die Interessenvertretung für Kinder und Jugendliche, Kirchen- und Jugendpolitik sowie Öffentlichkeitsarbeit sind seine Schwerpunkte. Er wirkt unter anderem mit an den Projekten Sternsingeraktion, ökumenischer Jugendkreuzweg, Freiwilliges Soziales Jahr, Jugendaktion mit Misereor. Er setzt sich für die Gleichberechtigung von Frauen und Mädchen in der Kirche ein. Seine eigenen Vorstandsämter werden laut Satzung paritätisch besetzt.
Bund der Deutschen Katholischen Jugend
Postfach 32 05 20 · 40420 Düsseldorf
Tel. 02 11 / 4 69 30 · www.bdkj.de

**Kathedrale,** von griechisch kathédra, Sitz, Lehrstuhl. Der Sitz des → Bischofs in der Bischofskirche heißt Kathedra. Die Kathedrale ist die Bischofskirche und damit Sitz des Bischofs: Im deutschsprachigen Raum wird die Kathedrale meist → Dom, in Südwestdeutschland → Münster genannt. Der Begriff Kathedrale – bis Ende des 18. Jahrhunderts sagte man Kathedralkirche – ist vor allem in England, Frankreich und Spanien für die großen Bischofskirchen gebräuchlich.

**Kirchenprovinz,** die Zusammenfassung mehrerer benachbarter oder historisch miteinander verbundener → Diözesen unter einem → Erzbischof (Metropolit). Sie besteht aus der Erzdiözese und den → Suffraganbistümern.

**Kolpingwerk,** aus dem 1849 von Pfarrer Adolf Kolping gegründeten Gesellenverein hervorgegangene Bildungs- und Aktionsgemeinschaft, in der das Anliegen des Gründers weiterlebt: den Einzelnen im christlichen Glauben zu stärken und für seine Aufgaben in Familie, Beruf, Kirche, Gesellschaft und Staat auszurüsten. Dies geschieht in Jugendarbeit und Erwachsenenbildung ebenso wie in nationalen und internationalen sozialen Projekten. Das Kolpingwerk Deutschland organisiert sich in 27 Diözesanverbänden und rund 2 800 örtlichen Kolpingfamilien.
Kolpingwerk Deutschland – Bundesverband
Kolpingplatz 5-11 · 50667 Köln
Tel. 02 21 / 20 70 10 · www.kolping.de

**Konkordat,** völkerrechtlicher Vertrag zwischen dem Heiligen Stuhl und einem Staat zur Regelung kirchenpolitischer Beziehungen.

**Kulturkampf,** 1871–1887, Auseinandersetzung zwischen Staat, Parteien und katholischer Kirche, besonders in Preußen. Nachdem Papst Pius IX. von Reichskanzler Bismarck verlangt hatte, alle Staatsbeamten aus dem Dienst auszuschließen, die sich aufgrund des Unfehlbarkeitsdogmas von 1870 gegen die katholische Kirche wandten, nutzte Bismarck dies, um den Einfluss der katholischen Kirche in der Öffentlichkeit und damit der katholischen Zentrumspartei mittels Gesetzen einzudämmen. So wurden u. a. die Jesuiten ausgewiesen und Orden nur noch für die Krankenpflege zugelassen. Der »Kanzelparagraph« verbot staatskritische Äußerungen von der Kanzel herab. Der Staat kontrollierte die Ausbildung der Geistlichen und beanspruchte Entscheidungsrecht bei der Besetzung von Pfarrstellen. Rechtlich war fortan nur noch die Zivilehe gültig. Auch im Schulwesen sollte der kirchliche Einfluss zurückgedrängt werden. Die Katholiken leisteten enormen passiven Widerstand. Viele Bischöfe widersetzten sich den Anordnungen, wurden teilweise verhaftet und abgesetzt oder gingen ins Exil, von wo aus

sie ihre Diözese notdürftig leiteten. Viele Pfarrstellen blieben unbesetzt. Zwischen 1880 und 1887 nahm Bismarck durch Vermittlung Leos XIII. die umstrittenen Gesetze größtenteils wieder zurück. Das ist nicht zuletzt der meinungsbildenden Wirkung der katholischen Presse und der Vereine zu danken.
Sie hatten nicht der bischöflichen Aufsicht unterstanden und waren daher auch nicht von Bismarcks Gesetzen betroffen gewesen. Geblieben sind aus jener Zeit bis heute die Zivilehe und die staatliche Schulaufsicht.
Das Selbstbewusstsein der Katholiken wurde durch ihren teilweisen Sieg sehr gestärkt. Nach dem Ende des Kulturkampfs galt es, die innere Konfrontationshaltung aufzugeben. Dies geschah nicht zuletzt dadurch, dass die soziale Frage verstärkt in den Mittelpunkt des katholischen Interesses rückte.

**Metropolit,** der Erzbischof, der einer Kirchenprovinz und deren vorgeordneter Erzdiözese vorsteht.

**Militärseelsorge;** mit dem Aufbau der Bundeswehr im Jahr 1955 haben evangelische und katholische Kirche je eine eigene Militärseelsorge eingerichtet. Dr. Walter Mixa/Eichstätt ist der fünfte (stets ehrenamtliche) katholische Militärbischof in der Geschichte der Bundesrepublik. Ihm ist die Seelsorge der zur Deutschen Bundeswehr gehörenden Katholiken anvertraut.
Katholisches Militärbischofsamt
Am Weidendamm 2 · 10117 Berlin
Tel. 0 30/20 61 70 · www.kmba.de

**Münster,** vorwiegend in Südwestdeutschland gebräuchliches Wort für die Bischofskirche, den → Dom. Es stammt aus dem Westgermanischen, wo hinein es als Lehnwort aus dem Lateinischen von monasterium/monisterium, Kloster, Eingang gefunden hat.

**Orden,** von lateinisch ordo, Stand. Klösterliche Gemeinschaft von Männern oder Frauen, die gemäß den drei Gelübden Armut, Keuschheit, Gehorsam leben. Man unterscheidet männliche und weibliche, Priester- und Laienorden sowie kontemplative und aktive Orden.

**Ordinariat,** die vom → Generalvikar geleitete zentrale Verwaltungsbehörde einer → Diözese. Man nennt sie auch (Erz-)Bischöfliches Generalvikariat.

**Pastoral,** von lateinisch pastor, Hirte. Die Pastoral umfasst alle Handlungsfelder der Kirche, insofern sie seelsorgerlich sind. So haben etwa Liturgie, Sakramentspendung, Predigt und gesellschaftliches Engagement immer auch pastorale Aspekte.

**Patron,** von lateinisch patronus, Schutzherr, Verteidiger, Beschützer. Heilige, die als Beschützer einer Kirche, eines Altars, einer Stadt, eines Berufsstandes oder einer Person (Namenspatron) verehrt und um Fürsprache bei Gott gebeten werden. Jedes Bistum und jede Kathedrale haben ihren Patron, manchmal auch mehrere. Oft ist der Bistumsgründer einer von ihnen. Die Schutzherrschaft eines Heiligen über die ihm geweihte Kirche nennt man Patrozinium.

**Pax Christi,** internationale katholische Friedensbewegung. Macht auf Menschenrechtsverletzungen aufmerksam, bemüht sich um gerechte Strukturen des Zusammenlebens in der Welt und um zivile Konfliktbewältigung. Die NGO (Nichtregierungsorganisation) wirkt in 53 Ländern auf allen Kontinenten.
Pax Christi · Internationale katholische Friedensbewegung · Deutsche Sektion
Postfach 13 45 · 61103 Bad Vilbel
Tel. 0 61 01/20 73 · www.paxchristi.de

**Priester,** von griechisch presbyteros, Ältester, abgeleitet.

**Reichsdeputationshauptschluss,** letzter Beschluss des Immerwährenden Reichstages und damit des Heiligen Römischen Reiches Deutscher Nation 1803 in Regensburg. Er setzte eine 1802 zwischen Frankreich und Russland getroffene Vereinbarung um, derzufolge die weltlichen Fürsten für alle linksrheinischen Gebiete entschädigt werden mussten, die sie an Frankreich abgetreten hatten. Zur Entschädigung wurden die geistlichen Fürstentümer herangezogen: Die Fürstbischöfe waren fortan keine Landesherren mehr, ihre einstigen Territorien gehörten nun zu weltlichen Fürsten- und Herzogtümern.

**Säkularisation,** die Auflösung der geistlichen Fürstentümer. Davon unterschieden ist die Säkularisierung als 1) gesamtgesellschaftlicher Ablösungsprozess von religiösen Normen und 2) Entbindung von Ordensgelübden.

**Suffraganbistum,** von lateinisch suffragium, Abstimmung, Votum, Stimmrecht, Hilfe (suffraganeus = Gehilfe des Metropoliten). → Diözese, die mit anderen und mit einer Erzdiözese an der Spitze zusammen eine → Kirchenprovinz (Metropolitanbezirk mit dem Metropoliten = → Erzbischof an der Spitze) bildet.

**Titularbischof,** siehe Diözesanbischof.

**Wallfahrt,** Reise oder Wanderung, die das Unterwegssein des Christen auf dem Weg des Glaubens durch eine reale Reise zu einer heiligen Stätte versinnbildlicht.

**Weihbischof,** deutsch für das in der Kirche ebenfalls gebräuchliche »Auxiliarbischof« (von lateinisch auxiliare, helfen). Der Weihbischof ist der → Weihe nach Bischof, er leitet aber keine eigene → Diözese. Meist unterstützt der Weihbischof den → Diözesanbischof als → Generalvikar, bei den Visitationen der Pfarreien, in der seelsorgerlichen Leitung des Bistums, bei den bischöflichen Weihehandlungen und bei der Spendung des Firmsakramentes. Sein Aufgabenbereich kann einen Gebietsanteil einer Diözese umfassen oder auch einen bestimmten Personen- oder Geschäftsbereich. Wird ein Weihbischof zum Diözesanbischof, also Leiter einer Diözese, vom Domkapitel gewählt und vom Papst ernannt, so wird die Bischofsweihe nicht wiederholt. Er wird dann in der neuen Kathedrale inthronisiert. Erfordert die → pastorale Situation in einem Bistum einen Weihbischof, so schlägt der Diözesanbischof dem Papst mehrere Kandidaten vor; der Papst entscheidet dann. Weil zum Bischofsamt aber immer eine Diözese gehört, wird dem Weihbischof eine untergegangene Diözese als sein Titularbistum zugeordnet.

**Weihe,** aus dem Mittelhochdeutschen, bedeutet die Aussonderung und endgültige Indienstnahme für Gott. Bischöfe, Priester und Diakone haben durch die Weihe an der Sendung Jesu teil.

**Weltkirche,** Gemeinschaft der Gläubigen in der katholischen Kirche über alle Länder- und Staatsgrenzen hinweg. Als Glieder dieser weltweiten Gemeinschaft übernehmen die Diözesen Verantwortung füreinander. Dies geschieht durch Entwicklungshilfe, Mission und Sozialarbeit vor allem in Afrika, Asien sowie in Mittel- und Lateinamerika, aber auch in den modernen Diaspora-Gebieten beispielsweise Osteuropas. In dieser Arbeit stehen die großen Hilfswerke Adveniat, Bonifatiuswerk, Misereor, Caritas International, Missio und Renovabis sowie das Kindermissionswerk »Die Sternsinger«. Auch die Gemeinden und Diözesen unterhalten Partnerschaften innerhalb der Weltkirche.

**Zentralkomitee der deutschen Katholiken (ZdK),** Zusammenschluss von Vertretern der → Diözesanräte und der katholischen Laien-Organisationen sowie von Persönlichkeiten aus Kirche und Gesellschaft.
Das ZdK vertritt die Anliegen sowohl der Katholiken in der Öffentlichkeit als auch der Laien in der katholischen Kirche. Es koordiniert und trägt die alle zwei Jahre stattfindenden Katholikentage und repräsentiert die deutschen Katholiken auf weltkirchlicher Ebene und im Ausland.

# Über dieses Buch

## Über die Autoren

Gerald Drews ist Autor und Herausgeber zahlreicher Bücher, darunter die Standardwerke »Der große Klosterführer« und »Kirchen, Klöster, Wallfahrtsorte«.

Dr. Christiane Schlüter war lange Zeit als Lokalredakteurin und Zeitschriftenredakteurin tätig. Heute ist sie freie Journalistin und Autorin und lebt in Augsburg.

## Dank der Autoren

Unser besonderer Dank gilt den Kolleginnen und Kollegen in den Pressestellen und Archiven der Diözesen und Kirchenzeitungen und bei der Deutschen Bischofskonferenz für ihre uneigennützige und freundliche Hilfe bei unserer Recherche und für die kritische Durchsicht unserer Manuskripte. Eine besondere Hilfe war für uns die Erlaubnis, die durchwegs hoch informativen Internet-Seiten der Bistümer nutzen zu können. Auch Mitarbeiterinnen und Mitarbeiter zahlreicher Diözesanmuseen und Fremdenverkehrsämter haben uns sehr geholfen. Besonders bedanken möchten wir uns (in alphabetischer Reihenfolge der Diözesen) bei Jürgen Damen, Jobst Rüthers und Reiner Schirra, Aachen; Anna-Maria Immerz, Augsburg; Michael Kleiner und Marion Krüger-Hundrup, Bamberg; Stefan Förner und Andreas Gräff, Berlin; Elisabeth Meuser, Dresden; Rudolf Schmidt, Eichstätt; Peter Weidemann, Erfurt; Ulrich Lota, Essen; Thomas Maier, Freiburg; Christof Ohnesorge und Anette Hergenhan, Fulda; Dr. Sylvia Otto und Bernd Richter, Görlitz; Andreas Hüser und Manfred Nielen, Hamburg; Dr. Petra Meschede und Horst Richter, Hildesheim; Christoph Heckeley, Köln; Matthias Holluba, Leipzig; Dr. Matthias Kloft und Michael Wittekind, Limburg; Thomas Lazar, Magdeburg; Dr. Barbara Nichtweiß, Mainz; Dr. Peter Pfister, München; Karl Hagemann, Joachim Schiek, Münster; Hermann Haarmann und Dr. Hermann Queckenstedt, Osnabrück; Markus Freckmann und Thomas Schäfers, Paderborn; Wolfgang Duschl, Passau; Gregor Tautz, Regensburg; Klaus Hälbig, Rottenburg-Stuttgart; Richard Schultz, Speyer; Hans Casel, Trier; Dr. Günter Henner, Würzburg; Manfred Kuhl und Stefanie Uphues, Deutsche Bischofskonferenz, Bonn; Dr. Monica Sinderhauf, Katholisches Militärbischofsamt, Berlin. Und last but not least: Danke, Jürgen – du warst uns weit mehr als ein Lektor!

## Haftungsausschluss

Die Inhalte dieses Buches sind sorgfältig recherchiert und erarbeitet worden. Dennoch können weder die Autoren noch der Verlag für die Angaben in diesem Buch eine Haftung übernehmen.

Weiterhin erklären Autoren und Verlag ausdrücklich, dass sie trotz sorgfältiger Auswahl keinerlei Einfluss auf die Gestaltung und die Inhalte der gelinkten Seiten haben. Deshalb distanzieren sich Verlag und Autoren hiermit ausdrücklich von allen Inhalten aller Seiten und machen sich diese Inhalte nicht zu Eigen. Diese Erklärung gilt für alle in diesem Buch aufgeführten Links.

## Bildnachweis

Archiv Schauber/Schindler: 29 oben, 32, 37 rechts, 38, 46, 60, 78, 79; Bildarchiv der Stadt Augsburg: 70; Diözesanmuseum Eichstätt: 93; Gerald Drews, Friedberg: 21 unten, 35, 84; Fotostudio Hahn: 147; KNA, Bonn: 11, 14 oben (Barbara Esser), 14 unten (Harald Oppitz), 15, 16, 17, 19 rechts, 20, 24 (Wolfgang Radtke), 25 unten, 26 (Harald Oppitz), 27 links (Nadine Loesaus), 27 rechts (Wolfgang Radtke), 28, 29 unten, 31 links (Wolfgang Radtke), 31 rechts, 37 links, 39, 41 (Wolfgang Radtke), 43 links, 44, 51, 53, 54, 56 (Wolfgang Radtke), 57 (Wolfgang Radtke), 58, 59, 61 oben, 61 unten (Barbara Esser), 63 links (Wolfgang Radtke), 63 rechts, 64, 65 (Harald Oppitz), 67, 68, 69 (Barbara Esser), 71 (Nadine Loesaus), 72, 74, 75 rechts, 77 links (Barbara Esser), 81, 83 (Tautz), 85, 87 links (Barbara Esser), 87 rechts (Wolfgang Radtke), 90, 91 (Wolfgang Radtke), 92 (Wolfgang Radtke), 93 rechts (Wolfgang Radtke), 94, 95 (Barbara Esser), 96 (Sohn), 97 (Wolfgang Radtke), 98, 99 (Harald Oppitz), 101, 104, 105 (Barbara Esser), 107, 108, 109, 110 (Gerd Vieler), 111, 112 (Harald Oppitz), 113, 114 (REUTERS/Jens Meyer/POOL), 115, 117 links (Ralph Leupold), 118, 119, 120, 121, 123 links (Wolfgang Radtke), 123 rechts, 124, 125, 126, 127 (Markus Nowak), 128, 129, 130, 131, 139, 140, 141 (Barbara Esser), 142, 143 (Harald Oppitz), 144, 145 (Harald Oppitz), 149, 151, 153 (Wolfgang Radtke), 154, 155; Thomas Lazar: 122; Mauritius Die Bildagentur GmbH, Mittenwald: 10 (Rossenbach), 25 oben (Otto), 33 (Otto), 42 (Kabes), 43 rechts (Candelier), 45 oben (Mehlig), 45 unten (K.W. Gruber), 47 (Otto), 49 (U. Kerth), 52 unten (Otto), 62 (U. + H. Kolley), 73 (Schubert), 76 (Hollweck), 77 rechts (Helmut Peters), 80 (Vidler), 86 (J. Beck), 88 (Vidler), 102 (Pöhlmann), 106 (Otto), 132 (Mattes), 138 (H. Blume), 150 (Hackenberg); Martina Schäfer: 103; MEV Verlag GmbH, Augsburg: 75, 89; Pressestelle der Stadt Fulda: 116 (Erich Gutberlet), 117 rechts (Erich Gutberlet); Pressestelle der Stadt Hildesheim: 146, 148; Presseamt der Stadt Köln: 12; Pressestelle der Stadt Münster: 30, 34; Pressestelle der Stadtverwaltung Görlitz: 136; Pressestelle der Diözese Aachen: 18, 19 links, 21 oben; Pressestelle der Diözese Dresden-Meißen: 133, 134 oben, 135; Pressestelle der Diözese Essen: 22, 23; Pressestelle der Diözese Görlitz: 137; Pressestelle der Diözese Magdeburg: 123; Pressestelle der Diözese Mainz: 4, 50, 52 oben, 55; Pressestelle der Diözese Osnabrück: 152; Pressestelle der Diözese Regensburg: 82; Pressestelle der Diözese Trier: 36; ProjectPhotos: 66

## Impressum

Weltbild Buchverlag
–Originalausgaben–
© 2004 Verlagsgruppe Weltbild GmbH,
Steinerne Furt 67, 86167 Augsburg
3., vollständig überarbeitete Auflage 2005
Alle Rechte vorbehalten

Projektleitung: Julia Kotzschmar
Redaktion: Jürgen Bolz, Friedberg
Umschlaggestaltung und Innenlayout: X-Design, München
Umschlagabbildungen: Vorderseite – oben: Altenberger Dom (Mauritius Die Bildagentur GmbH, Mittenwald/Rossenbach), unten links: Wallfahrt (MEV), unten Mitte: St. Bonifatius (KNA, Bonn), unten rechts: Wieskirche (MEV); Rückseite: Dom zu Fulda (Pressestelle der Stadt Fulda); Rücken: St. Ulrich und Afra, Augsburg (MEV)
Kartographie: Kartographisches Institut Borleis & Weis, Leipzig
Satz: Lydia Koch, Augsburg
Reproduktion: Point of Media GmbH, Augsburg
Druck und Bindung: aprinta Druck GmbH & Co. KG, Senefelderstraße 3–11, 86650 Wemding

Gedruckt auf chlorfrei gebleichtem Papier
Printed in Germany
ISBN 3-89604-064-7

# Stichwortverzeichnis